Managementwissen für Studium und Praxis

Herausgegeben von Professor Dr. Dietmar Dorn und Professor Dr. Rainer Fischbach

Bisher erschienene Werke:

Arrenberg · Kiy · Knobloch · Lange, Vorkurs in Mathematik
Behrens · Kirspel, Grundlagen der Volkswirtschaftslehre, 2. Auflage
Behrens, Makroökonomie – Wirtschaftspolitik
Bichler · Dörr, Personalwirtschaft – Einführung mit Beispielen aus SAP® R/3® HR®
Blum, Grundzüge anwendungsorientierter Organisationslehre
Bontrup, Volkswirtschaftslehre
Bontrup, Lohn und Gewinn
Bontrup · Pulte, Handbuch Ausbildung
Bradtke, Mathematische Grundlagen für Ökonomen
Bradtke, Übungen und Klausuren in Mathematik für Ökonomen
Bradtke, Statistische Grundlagen für Ökonomen
Breitschuh, Versandhandelsmarketing
Busse, Betriebliche Finanzwirtschaft, 5. Auflage
Clausius, Betriebswirtschaftslehre I
Clausius, Betriebswirtschaftslehre II
Dinauer, Allfinanz – Grundzüge des Finanzdienstleistungsmarkts
Dorn · Fischbach, Volkswirtschaftslehre II, 4. A.
Drees-Behrens · Kirspel · Schmidt · Schwanke, Aufgaben und Lösungen zur Finanzmathematik, Investition und Finanzierung
Drees-Behrens · Schmidt, Aufgaben und Fälle zur Kostenrechnung
Ellinghaus, Werbewirkung und Markterfolg
Fank, Informationsmanagement, 2. Auflage
Fank · Schildhauer · Klotz, Informationsmanagement: Umfeld – Fallbeispiele
Fiedler, Einführung in das Controlling, 2. Auflage
Fischbach, Volkswirtschaftslehre I, 11. Auflage
Fischer, Vom Wissenschaftler zum Unternehmer
Frodl, Dienstleistungslogistik
Götze, Techniken des Business-Forecasting
Götze, Mathematik für Wirtschaftsinformatiker
Gohout, Operations Research
Haas, Kosten, Investition, Finanzierung – Planung und Kontrolle, 3. Auflage
Haas, Marketing mit EXCEL, 2. Auflage
Haas, Access und Excel im Betrieb
Hans, Grundlagen der Kostenrechnung
Hardt, Kostenmanagement
Heine · Herr, Volkswirtschaftslehre, 2. Auflage
Hildebrand · Rebstock, Betriebswirtschaftliche Einführung in SAP® R/3®
Hofmann, Globale Informationswirtschaft
Hoppen, Vertriebsmanagement
Koch, Marketing
Koch, Marktforschung, 3. Auflage
Koch, Gesundheitsökonomie: Kosten- und Leistungsrechnung
Krech, Grundriß der strategischen Unternehmensplanung
Kreis, Betriebswirtschaftslehre, Band I, 5. Aufl.
Kreis, Betriebswirtschaftslehre, Band II, 5. Aufl.
Kreis, Betriebswirtschaftslehre, Band III, 5. Aufl.
Laser, Basiswissen Volkswirtschaftslehre
Lebefromm, Controlling – Einführung mit Beispielen aus SAP® R/3®, 2. Auflage
Lebefromm, Produktionsmanagement – Einführung mit Beispielen aus SAP® R/3®,4. Aufl.
Martens, Betriebswirtschaftslehre mit Excel
Martens, Statistische Datenanalyse mit SPSS für Windows
Martin · Bär, Grundzüge des Risikomanagements nach KonTraG
Mensch, Investition
Mensch, Finanz-Controlling
Mensch, Kosten-Controlling
Müller, Internationales Rechnungswesen
Olivier, Windows-C – Betriebswirtschaftliche Programmierung für Windows
Peto, Einführung in das volkswirtschaftliche Rechnungswesen, 5. Auflage
Peto, Grundlagen der Makroökonomik, 12. A.
Peto, Geldtheorie und Geldpolitik, 2. Auflage
Piontek, Controlling
Piontek, Beschaffungscontrolling, 2. Auflage
Piontek, Global Sourcing
Posluschny, Kostenrechnung für die Gastronomie
Posluschny · von Schorlemer, Erfolgreiche Existenzgründungen in der Praxis
Reiter · Matthäus, Marktforschung und Datenanalyse mit EXCEL, 2. Auflage
Reiter · Matthäus, Marketing-Management mit EXCEL
Rothlauf, Total Quality Management in Theorie und Praxis
Rudolph, Tourismus-Betriebswirtschaftslehre
Rüth, Kostenrechnung, Band I
Sauerbier, Statistik für Wirtschaftswissenschaftler
Schaal, Geldtheorie und Geldpolitik, 4. Auflage
Scharnbacher · Kiefer, Kundenzufriedenheit, 2. A.
Schuchmann · Sanns, Datenmanagement mit MS ACCESS
Schuster, Kommunale Kosten- und Leistungsrechnung, 2. Auflage
Schuster, Doppelte Buchführung für Städte, Kreise und Gemeinden
Specht · Schmitt, Betriebswirtschaft für Ingenieure und Informatiker, 5. Auflage
Stahl, Internationaler Einsatz von Führungskräften
Steger, Kosten- und Leistungsrechnung, 3. Aufl.
Stender-Monhemius, Marketing – Grundlagen mit Fallstudien
Stock, Informationswirtschaft
Strunz · Dorsch, Management
Strunz · Dorsch, Internationale Märkte
Weindl · Woyke, Europäische Union, 4. Auflage
Zwerenz, Statistik, 2. Auflage
Zwerenz, Statistik verstehen mit Excel – Buch mit CD-ROM

Geldtheorie und Geldpolitik

Von
Professor
Rudolf Peto

2., überarbeitete und aktualisierte Auflage

R. Oldenbourg Verlag München Wien

Die Deutsche Bibliothek - CIP-Einheitsaufnahme

Peto, Rudolf:
Geldtheorie und Geldpolitik / Rudolf Peto. – 2., überarb. und aktualisierte Aufl.. -
München ; Wien : Oldenbourg, 2002
(Managementwissen für Studium und Praxis)
ISBN 3-486-25964-4

Rosenheimer Straße 145, D-81671 München
Telefon: (089) 45051-0
www.oldenbourg-verlag.de

Gedruckt auf säure- und chlorfreiem Papier
Druck: Grafik + Druck, München
Bindung: R. Oldenbourg Graphische Betriebe Binderei GmbH

ISBN 3-486-25964-4

VORWORT ZUR ZWEITEN AUFLAGE

Die zweite Auflage erscheint zu einem historischen Zeitpunkt, und zwar zur Einführung des Euro in Form von Bargeld.
Die Deutsche Bundesbank mußte allerdings bereits Anfang 1999 ihre geldpolitische Kompetenz an das Eurosystem abgeben. Man kann ohne weiteres sagen, daß die bisherige deutsche Geldpolitik, die maßgeblich die europäische Geldpolitik bestimmte, endgültig europäisiert wurde.
Diese Entwicklung habe ich zwar in der ersten Auflage im Jahre 1993 berücksichtigt, doch war zu diesem Zeitpunkt u. a. weder die genaue Ausgestaltung des Instrumentariums noch die Strategie des Eurosystems bekannt. Es war daher notwendig, die erste Auflage dieses Buches zu aktualisieren und zu überarbeiten.
Bei der Darstellung der Geldtheorie bin ich im Prinzip bei der bisherigen Form geblieben. Allerdings habe ich auch in dieses Buch zusätzlich das IS-LM-Schema von J. R. HICKS übernommen, das ich bereits in meinen „Grundlangen der Makroökonomik" zur Darstellung des güterwirtschaftlichen und ökonomischen Gleichgewichts verwendet habe, nachdem mir von studentischer Seite gesagt wurde, damit würden die Wirkungen einer diskretionären keynesianischen Stabilisierungspolitik besser verständlich. Schließlich biete ich in dieser Auflage zusätzlich ein mathematisches Transmissionsmodell für die mathematisch Interessierten.
Der geldpolitische Teil wurde im Hinblick auf die neue institutionelle Lage komplett überarbeitet. So wird mit dieser zweiten Auflage eine Beschreibung des Instrumentariums des Eurosystems geboten. Da jedoch immer wieder in der Literatur und in der Presse auf das Instrumentarium der Deutschen Bundesbank Bezug genommen wird, habe ich mich entschlossen, die wichtigsten Instrumente der Deutschen Bundesbank im Anhang zu erläutern.
Auch diese zweite Auflage räumt den geldpolitischen Strategien einen relativ großen Raum ein. Dabei werden sowohl potentielle als auch realisierte Strategien erörtert. Die Untersuchung potentieller Strategien halte ich vor allem deshalb für notwendig, weil zu beobachten ist, daß die Zentralbanken eine Änderung ihrer Strategie vornehmen. So ist die amerikanische Zentralbank zu einer diskretionären Geldpolitik übergegangen, während das Eurosystem gerade noch die Reste einer trendorientierten Geldpolitik verteidigt.
Eine weitere Änderung bringt diese Auflage im Kapitel „Geldpolitik bei offener Volkswirtschaft". Da es inzwischen üblich geworden ist, die Mengennotierung für den Wechselkurs einzuführen, habe ich dies auch bei meinen Graphiken übernommen. Dadurch ist eine Aufwertung und eine Abwertung des Euro besser graphisch darstellbar, es muß aber ein Umdenken beim Angebot und bei der Nachfrage nach Euro gegenüber der Preisnotierung erfolgen.
Für die fachliche Durchsicht des Manuskripts danke ich auch bei dieser Auflage besonders herzlich meinem Kollegen Herrn Bundesbankdirektor Diplom-Volkswirt Thomas FEHRMANN von der Fachhochschule der Deutschen Bundesbank in Hachenburg.

Meiner Mitarbeiterin Frau Jin Tao danke ich für Ihre vielfältige Hilfe bei der Erstellung der dieser Auflage.
Last not least möchte ich Herrn Diplom-Volkswirt Martin Weigert vom Oldenbourg-Verlag danken, daß er geduldig auf die Fertigstellung dieser Neuauflage gewartet hat.

Rudolf Peto

Bielefeld-Jöllenbeck

VORWORT ZUR ERSTEN AUFLAGE

Die Geldtheorie und die Geldpolitik haben in den letzten zwanzig Jahren einen erheblichen Wandel erfahren, nicht zuletzt unter dem Einfluß der monetaristischen Theorie, was Karl Brunner die „monetaristische Revolution" genannt hat.
Die vorliegende Publikation versucht dieser Entwicklung gerecht zu werden, ohne den keynesianischen Ansatz völlig zu vernachlässigen.
Sie knüpft daher auch an die geldtheoretischen und geldstatistischen Ausführungen in meinen beiden Publikationen „Einführung in das volkswirtschaftliche Rechnungswesen" und „Grundlagen der Makroökonomik" (beide im gleichen Verlag erschienen) an.
Das Grundkonzept dieser Publikation ist es, die Geldtheorie als Basis der Geldpolitik darzustellen. Ob ein derart strenger Zusammenhang vorhanden ist, kann allerdings nicht immer bewiesen werden.
Mit dem ersten Kapitel soll eine Einführung in die Grundbegriffe der Geldtheorie und der Geldpolitik geboten werden. Das zweite Kapitel enthält eine kurze Übersicht über den Finanzsektor in der Bundesrepublik Deutschland. Das dritte Kapitel beschäftigt sich mit dem Geld- und Kreditangebot des Bankensektors und dessen Grenzen. Es wurde sowohl die traditionelle Theorie mit der Überschußreserve als Grundlage der Geld- und Kreditschöpfung als auch die monetaristische Theorie dargestellt. Schließlich wird im vierten Kapitel die Geldnachfrage nach klassisch-neoklassischer, keynesianischer, postkeynesianischer und monetaristischer Theorie geboten. Kapitel fünf beschäftigt sich mit der Zinsbildung und der Transmission monetärer Impulse auf den güterwirtschaftlichen Bereich. Auf die Darstellung des Hicksschen IS-LM-Modells wurde verzichtet, da ich diese Darstellung bereits ausführlich in den „Grundlagen der Makroökonomik" besprochen habe. Demgegenüber bot das fünfte Kapitel die Möglichkeit, neben der Transmission auch die anderen monetaristischen Grundpositionen zu behandeln. Kapitel sechs befaßt sich mit einem besonderen Transmissionsproblem, nämlich der Geldwertänderung, und zwar von der Messung dieser Änderung über die Ursachen bis zu den Effekten.
Das siebte Kapitel umfaßt den gesamten geldpolitischen Bereich. Dabei lag es nahe, sich sehr stark an der Deutschen Bundesbank zu orientieren. Von der Erörterung ihrer Zielsetzungen, Organisation und Autonomie bis zu den einzelnen Instrumenten. Etwas allgemeiner gehalten ist dagegen das Kapitel „geldpolitische Strategien", das auch andere Möglich-

keiten als die aktuelle Strategie der Bundesbank enthält.
Schließlich erschien es mir dringend notwendig, für eine außenwirtschaftlich so stark verflochtene Volkswirtschaft wie der deutschen das Thema „Geldpolitik bei offener Volkswirtschaft" zunächst allgemein (flexible und feste Wechselkurse) und dann institutionell (IWF und EWS) zu behandeln.
Am Schluß des Kapitels sieben wird außerdem das aktuelle Thema „Europäische Währungsunion" analysiert, wohl wissend, daß die Realisierung des Projekts in Form der Maastrichter Verträge auch scheitern kann.
Die Zielgruppe für dieses Buch umfaßt - wie bei meinen oben erwähnten Publikationen - Studierende der Wirtschaftswissenschaften an Hochschulen oder anderen Einrichtungen aber auch interessierte Praktiker. Ich habe daher die einzelnen Kapitel wieder mit Kontrollfragen versehen und (nicht zu umfangreiche) Literaturhinweise gegeben.
Das Buch ist als eine Einführung in die Geldtheorie und in die Geldpolitik gedacht, weshalb ich in vielen Fällen auf die letzten Feinheiten verzichten mußte. Ich hoffe aber, daß durch dieses Weglassen die Darstellung nicht verfälscht wurde.
Leider war es mir erst jetzt möglich, dieses Buch fertigzustellen, da ich in den Jahren 1981-1989 als Auslandsreferent meines Fachbereichs das Europäische Studienprogramm für Betriebswirtschaft und Management (E.S.B.M.) aufgebaut habe. Eine mühsame und zeitaufwendige Aufgabe, die ich aber im Interesse unserer Studierenden gerne gemacht habe.
Für die Durchsicht des Manuskripts und die entsprechenden Hinweise danke ich besonders herzlich meinen Kollegen Herrn Bundesbankoberrat Thomas Fehrmann von der Fachhochschule der Deutschen Bundesbank in Hachenburg und Herrn Prof. Dr. Hans Mayrzedt von der Fachhochschule Biberach in Biberach/Riß. Alle verbleibenden Unzulänglichkeiten und Fehler in diesem Buch gehen aber zu meinen Lasten.
Ich möchte mich auch besonders bei Herrn Hans Frank vom Florentz-Verlag bedanken, der mit einer Engelsgeduld auf dieses Buch gewartet hat.
Schließlich bedanke ich mich bei meiner Frau und meinen (inzwischen erwachsenen) Kindern Sylvia und Andreas, die mich im letztjährigen Sommerurlaub auf der Insel Römö an diesem Buch weiterarbeiten ließen.
Meine Frau hat sich im Frühjahr dieses Jahres während unseres Kurzurlaubs an der Nordsee die Mühe gemacht, wesentliche Teile des Buches mit mir gemeinsam durchzusehen, wofür ich ihr an dieser Stelle nochmals meinen besonderen Dank aussprechen möchte.

Rudolf Peto

Bielefeld-Jöllenbeck

INHALTSVERZEICHNIS

TABELLE DER VERWENDETEN SYMBOLE UND ABKÜRZUNGEN

Lateinische Buchstaben:

AMR	Anweisungen über Mindestreserve
A_{St}	Staatsausgaben für Güter
AWG	Außenwirtschaftsgesetz
b	auftragsfixe Kosten
B	monetäre Basis
B_a	adjustierte monetäre Basis
BBankG	Bundesbankgesetz
C	Barabhebung, Bargeld (cash), privater Konsum
c	Bargeldabhebungsquote
D	Giralgeld (Depositen), Nachfrage
D^r	reale Nachfrage
d	infinitesimale Änderung einer Variablen
E	Gleichgewichtspunkt (equilibrium)
ECOFIN	Ministerrat der Wirtschafts- und Finanzminister
ECU	European Currency Unit = Europäische Währungseinheit
EG	Europäische Gemeinschaft(en)
EGV	EG-Vertrag
ERP	European Recovery Program
ESZB	Europäisches System der Zentralbanken
EWI	Europäisches Währungsinstitut
EWR	Europäischer Wirtschaftsraum
EWS	Europäisches Währungssystem

Ex	Exporteinnahmen
EZB	Europäische Zentralbank
GE	Geldeinheiten
GG	Grundgesetz
GW	Geldwert
HDSW	Handwörterbuch der Sozialwissenschaften
HdWW	Handwörterbuch der Wirtschaftswissenschaft
I	Investition, Nettoinvestition, Nutzenindex
i	Zinssatz (p/100)
i*	erwartete Kapitalmarktrendite
i_b	langfristige Kapitalmarktrendite
i_e	Rendite aus Beteiligungen
Im	Importausgaben
i_t	Termineinlagenverzinsung
IWF	Internationaler Währungsfonds
k	Kassenhaltungskoeffizient
K	Kredit, Gesamtkosten
KWG	Kreditwesengesetz
L	Nettohorten, Lohn
L_S	Spekulationskasse
L_T	Geldnachfrage nach Transaktionskasse
LZB	Landeszentralbank
M	Geld, Geldmenge
M1, M2, M3	Geldmengen
MB	Monatsberichte der Deutschen Bundesbank oder der EZB

MFI	monetäres Finanzinstitut
Mio.	Million(en)
Mrd.	Milliarde(n)
Nicht-MFI	nicht-monetäres Finanzinstitut
O	Angebot
p	Preis
P	Preisniveau
$\hat{P}$	Inflationsrate
POS	Point of Sale
P_T	Preisniveau der Transaktionen
q	Menge
R	Mindestreservebetrag
r	Mindestreservesatz
r*	interne erwartete Rendite
S	Ersparnis
s	Spareinlagenkoeffizient
T	Transaktionen
t	Zeit (tempus), Termineinlagenkoeffizient
T^{ind}	indirekte Steuern
T^r	reale Transaktionen
u	Präferenzen
U	Umsatz
ÜR	Überschußreserve
V	Einkommensumlaufsgeschwindigkeit
VEU	Vertrag über die Europäische Union

V_T	Transaktionsumlaufsgeschwindigkeit
w	Verhältnis von Sachkapital zu Humankapital, Nominallohnsatz, Wechselkurs
WKM	Wechselkursmechanismus
w^r	Reallohnsatz
Y	Volkseinkommen (nominal)
Y^p	permanentes Einkommen
Y^r	reales Volkseinkommen
Z_U	Subventionen für Unternehmertätigkeiten

griechische Buchstaben:

Δ (Delta) Änderung einer Variablen

η (Eta) Elastizität

Σ (Sigma, Großbuchstabe) Summe

σ (Sigma, Kleinbuchstabe) Risikofaktor

sonstige Symbole:

∂	infinitesimale Änderung einer Variablen bei einer partiellen Ableitung, stilisiertes „d", auch Leibniz-d genannt
$	US-Dollar
€	Euro
£	Pfund Sterling

1. GRUNDBEGRIFFE

1.1 GELD

Spricht man vom **Geld einer Volkswirtschaft**, so vermutet man, daß es sich um deren **gesetzliches Zahlungsmittel** handelt. Geld wäre damit „ein Geschöpf der Rechtsordnung" wie es G. F. KNAPP in seiner staatlichen Theorie des Geldes formulierte.
J. LOCKE vertrat dagegen die Auffassung, daß die Entstehung und der Wert des Geldes auf eine Vereinbarung (Konvention) zwischen Menschen zurückgeführt werden können.
Die Auffassung, daß Geld durch ein staatliches Gesetz geschaffen wird und seinen Wert erhält, wird als **nominalistische Theorie** bezeichnet, während die Auffassung, daß Geld durch Vereinbarung zwischen den Menschen entsteht, eine **konventionalistische Theorie** des Geldes genannt wird.
In Krisenzeiten wird allerdings deutlich, daß das vom Staat durch Gesetz geschaffene Geld wichtige **ökonomische Funktionen**, wie beispielsweise die Funktionen als **Tauschmittel** oder als **Wertaufbewahrungsmittel** zu dienen, nur noch begrenzt erfüllen kann.
Andere Güter übernehmen seine Aufgaben, denn ökonomisch gilt: Money is what money does.
Aber selbst dann, wenn das gesetzliche Zahlungsmittel alle Geldfunktionen ausübt, bestehen daneben andere Vermögensgegenstände, die ebenfalls zumindest einzelne Geldfunktionen übernehmen können. Damit ist Geld ein Gut unter anderen Gütern, allerdings mit dem höchsten Liquiditätsgrad, das wie andere Güter für bestimmte Zwecke gehalten wird. Eine Auffassung, die als **Liquiditätsansatz** bezeichnet wird und auf die Vorstellungen von A. MARSHALL, A. C. PIGOU und J. M. KEYNES zurückgeht.

Im folgenden wird versucht, das Phänomen „Geld" mit Hilfe seiner Funktionen im Wirtschaftskreislauf zu bestimmen, was als **funktionalistische Theorie** bezeichnet wird.[1]

1.1.1 GELDFUNKTIONEN

Die Funktionen des Geldes im Wirtschaftskreislauf werden durch einen Vergleich zwischen einer reinen Naturalwirtschaft (Tauschwirtschaft) und einer Geldwirtschaft deutlich, weshalb zunächst auf eine **Naturalwirtschaft** eingegangen werden soll, wobei Abb. 1.01 den Konsumgütertausch zeigt:[2]

---

[1] Zur Gelddefinition und den Geldmengen vgl. auch Peto, R.: Einführung in das volkswirtschaftliche Rechnungswesen, 5. Auflage, München 2000, S. 203 ff. im folgenden zitiert als: VRW

[2] Reale Ströme (Güterströme) werden mit durchgezogenen Linien und monetäre Ströme (Geldströme) sowie Wertzuwächse durch unterbrochene (gestrichelte) Linien dargestellt. Vgl. Peto, R.: VRW, S. 5

Abb. 1.01: Naturaltausch zwischen zwei Wirtschaftssubjekten mit Konsumgütern

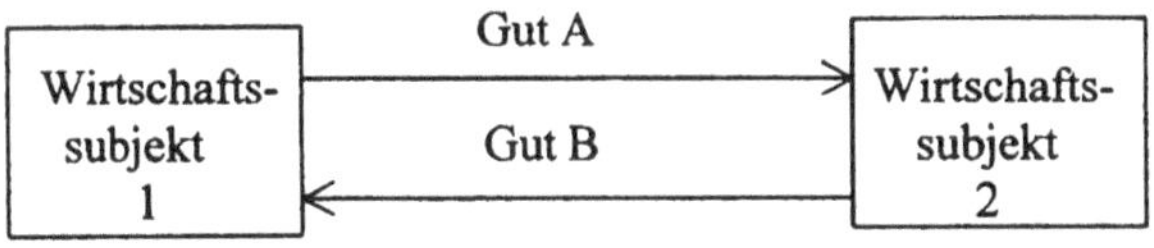

Abb. 1.02 zeigt dagegen den Tausch des Produktionsfaktors Arbeit (Produktionsgut) eines privaten Haushalts (als Verbraucherhaushalt) gegen das Konsumgut eines Unternehmens:

Abb. 1.02: Naturaltausch des Produktionsfaktors Arbeit gegen ein Konsumgut:

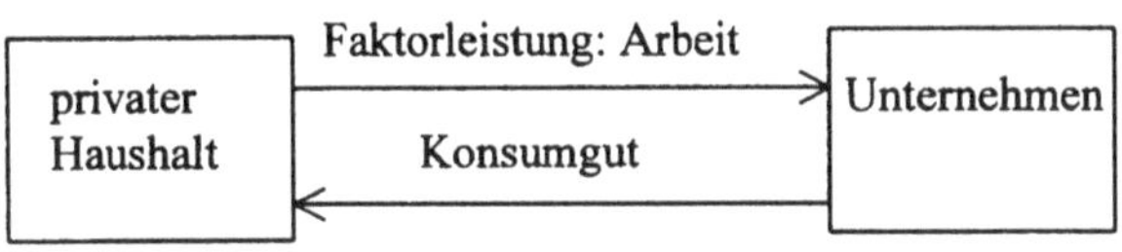

In Abb. 1.02 wird der Produktionsfaktor Arbeit sogar mit dem Konsumgut entlohnt, bei dessen Herstellung er mitgewirkt hat. So würden beispielsweise die Arbeiter des Volkswagenwerks mit VW-Autos entlohnt werden. Eine Form der Entlohnung, die als „Trucksystem" bekannt ist.[1]
Die beiden Beispiele zeigen, daß sich für die Tauschpartner beim **Naturaltausch** einige Probleme ergeben:
Für die Tauschpartner bestehen beim Naturaltausch erhebliche Schwierigkeiten, immer genau den entsprechenden **Marktpartner** zu finden („doppelte Koinzidenz" genannt). Dadurch entstehen den Wirtschaftssubjekten hohe Suchkosten (Informationskosten), eventuell auch Verluste durch einen „Ringtausch". Außerdem muß der Wert der beiden Tauschgüter richtig eingeschätzt werden.[2] Beim Trucksystem taucht zusätzlich das Problem der Weiterveräußerung der erhaltenen Konsumgüter durch die Arbeitnehmer auf, da sie in der Regel nicht von den erhaltenen Gütern leben können.

Um die Schwierigkeiten zu zeigen, die sich in einer Naturalwirtschaft bei der **Ermittlung und Festlegung der Wertverhältnisse** zwischen den getauschten Gütern ergeben, sollen mit Hilfe einer Matrixdarstellung alle möglichen Wertverhältnisse (auch Tauschverhältnisse oder relative Preise genannt) von nur vier Gütern gezeigt werden.

[1] Das Trucksystem ist nach der Gewerbeordnung (§ 115) in Deutschland nicht erlaubt. Allerdings gibt es noch die Deputate in der Landwirtschaft, der Tabakwarenindustrie, bei den Brauereien und bei anderen Wirtschaftszweigen: Neben der Entlohnung erhalten die Mitarbeiter noch Sachleistungen in Form des hergestellten Gutes.

[2] Die großen Schwierigkeiten, die Wertverhältnisse richtig einzuschätzen, wurden im Märchen „Hans im Glück" der Brüder Grimm beschrieben.

Tab. 1.01: Matrix der Wertverhältnisse

Menge des Gutes	A	B	C	D
A	A/A	A/B	A/C	A/D
B	B/A	B/B	B/C	B/D
C	C/A	C/B	C/C	C/D
D	D/A	D/B	D/C	D/D

Die Matrix zeigt, daß es bei vier Gütern maximal 16 Wertverhältnisse gibt. Allgemein gilt: Bei „n" Gütern gibt es „n^2" Wertverhältnisse. Allerdings sind nicht alle Wertverhältnisse relevant. So ergibt die Matrix, daß eine Mengeneinheit des Gutes A genau eine Mengeneinheit des Gutes A wert ist. Diese Information ist uninteressant. Läßt man daher die Wertverhältnisse der Hauptdiagonalen (A/A, B/B usw.) weg, so vermindert sich die Zahl der Wertverhältnisse um „n". Es verbleiben noch (n^2 - n) Wertverhältnisse. Außerdem ist es möglich, wenn das Wertverhältnis A/B bekannt ist, das umgekehrte Wertverhältnis zu berechnen. Man benötigt folglich bei „n" Gütern nur (n^2 - n)/2 Wertverhältnisse.
Bei vier Gütern ergeben sich demnach sechs relevante Wertverhältnisse. Allerdings erhöht sich die Zahl der Wertverhältnisse bei nur 100 Gütern auf 4.950 und bei den 751 Gütern, die im Warenkorb des Preisindexes für die Lebenshaltung aller privater Haushalte (Basis 1995) enthalten sind, ergeben sich sogar 281.625 (!) Wertverhältnisse.
Diese Zahlenbeispiele zeigen, daß fast zwangsläufig in einer Volkswirtschaft ein **Standardgut** eingeführt werden muß, um die Zahl der Wertverhältnisse drastisch zu vermindern. Wird dieses Standardgut mit dem Wert 1 versehen, so reduzieren sich die Wertverhältnisse bei nur 100 Güter von 4950 auf 99.
Damit wird deutlich, daß bei den einzelnen Völkern schon früh Standardgüter auftraten, und zwar in Form von **Warengeld**. Diese Form taucht aber auch immer wieder bei Krisen in den heutigen Volkswirtschaften auf, wenn das gesetzliche Zahlungsmittel in der Form von **Papiergeld** nicht mehr seine ökonomischen Funktionen erfüllt, wie beispielsweise in der Zeit von 1945-1948 die sogenannte „Zigarettenwährung" in Deutschland.[1]
Die **Einführung des Geldes als Standardgut** bringt folglich eine wesentliche Erleichterung des Tausches. Das Geld übernimmt damit auch die Funktion als **Wertmaßstab oder Recheneinheit** (Rechenmittel).
Diese Funktion wird als **abstrakt** bezeichnet, da das Geld selbst nicht unbedingt konkret vorhanden sein muß: Ein Unternehmen in der Bundesrepublik kann seine Bilanz in US-

[1] Amerikanische Zigaretten dienten bis zur Währungsreform am 20.6.1948 als Wertmaßstab. Der Schwarzmarktpreis für eine amerikanische Zigarette lag kurz vor der Währungsreform bei 6 Reichsmark.

Dollar ausweisen, ohne im Besitz eines einzigen Dollars zu sein.

Geht man von der Naturalwirtschaft zur **Geldwirtschaft** über, so übt das Geld die **konkrete** Funktion als **allgemeines Tauschmittel** aus. In einer Geldwirtschaft ist es nicht notwendig, den „richtigen" Tauschpartner **sofort** zu finden. Es wird erst das Gut gegen Geld getauscht und dann der Partner gesucht.

Dies kann mit Hilfe eines Schaubilds (Abb. 1.04) gezeigt werden:

Das Wirtschaftssubjekt 1 möchte das Gut A gegen das Gut C tauschen. Da es den entsprechenden Marktpartner (Wirtschaftssubjekt 3) nicht sofort findet, tauscht es das Gut A im Zeitpunkt t gegen Geld (M_t).

Das Wirtschaftssubjekt 1 kann dann mit Geld im späteren Zeitpunkt t+1 das Gut C erwerben. Danach könnte das Wirtschaftssubjekt 3 mit diesem Geldbetrag im Zeitpunkt t+2 das Gut B vom Wirtschaftssubjekt 2 eintauschen. Damit wäre es nicht mehr nötig, daß eine **doppelte Koinzidenz** der Wünsche (doppeltes Zusammenfallen der Wünsche) vorliegen müßte, sondern nur eine **einfache Koinzidenz**:

Abb. 1.03: Tausch in der Geldwirtschaft mit Konsumgütern

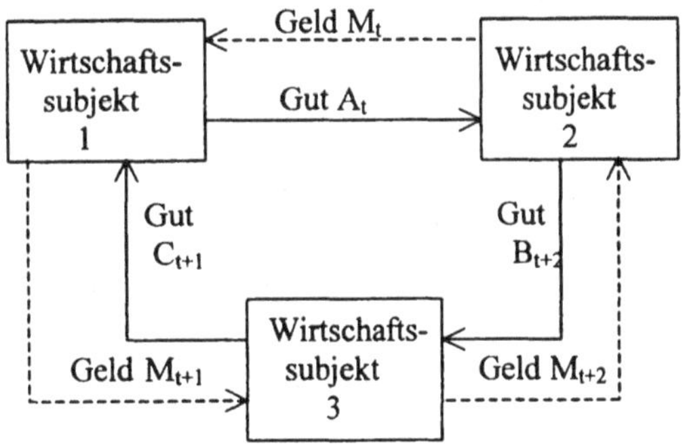

Das nachfolgende gesamtwirtschaftliche Kreislaufbild zeigt dagegen den Tausch von **Faktorleistungen gegen Geld**.

Abb. 1.04: Tausch von Faktorleistungen und Konsumgütern gegen Geld in der Geldwirtschaft:

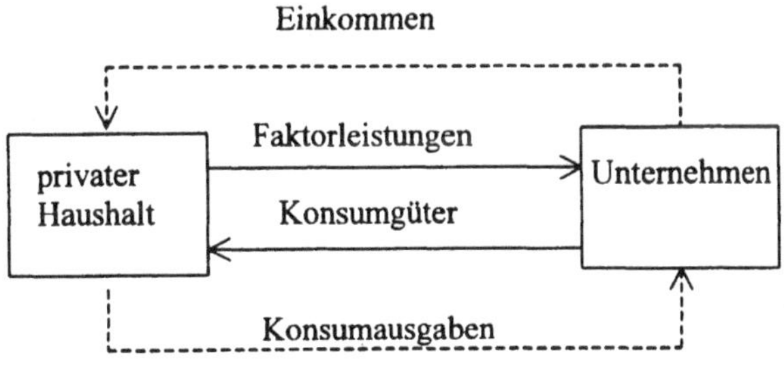

Die privaten Haushalte (als Konsumenten) erhalten für ihre Faktorleistungen, die sie Unternehmen zur Verfügung stellen, Einkommen in Form von Geld mit dem sie Konsumgüter ihrer Wahl erwerben können.

Da es auch **einseitige Transaktionen** gibt, denen keine direkt zurechenbare Gegenleistung gegenübersteht, wie beispielsweise Geldgeschenke zwischen Privatpersonen, besteht eine weitere Aufgabe des Geldes darin, als Zahlungsmittel einseitiger Leistungen zu dienen, d. h. als **Wertübertragungsmittel**.

Wie bereits erwähnt, gibt Geld die Möglichkeit, sich erst später den richtigen Marktpartner auszusuchen. In der Zwischenzeit läßt es mehrere Optionen offen.
Es wird **Kaufkraft gespeichert**, d. h. Geld dient außerdem als **Wertaufbewahrungsmittel.**
Es ist damit ein Mittel, Ersparnis zu bilden und ermöglicht es dem Besitzer, in der Zukunft Güter zu erwerben, d. h. „eine Brücke zwischen der Vergangenheit und der Zukunft" wie J. M. KEYNES dies genannt hat. Geld hat somit auch eine zeitliche Funktion zu erfüllen.
Geld kann wie andere Vermögensgegenstände gehalten werden. Es ist allerdings ein besonderes Gut, d. h. ein Gut, das von jedem akzeptiert wird, da mit ihm im direkten Tausch andere Güter erworben werden können. Geld besitzt die höchste Liquidität unter den Vermögensgegenständen, allerdings steht es in substitutiver Beziehung zu ihnen, vor allem was die Wertaufbewahrung betrifft.
Wie die letztgenannte Funktion der Wertaufbewahrung zeigt, kann die gespeicherte Kaufkraft in Form von Geld nur erhalten werden, wenn der Wert des Geldes nicht sinkt. Es ist daher notwendig, daß der Bestand des gesetzlichen Zahlungsmittels einer Volkswirtschaft so gesteuert wird, daß der **Geldwert** stabil bleibt. Dadurch werden gleichzeitig auch die anderen Geldfunktionen gesichert.
Damit ist die wichtigste **Aufgabe einer Notenbank** bereits vorgegeben: **Die Erhaltung der Geldwertstabilität**.
In einer marktwirtschaftlichen Ordnung ist dies gleichbedeutend mit „Preisstabilität".[1]

1.1.2 GELDFORMEN

Geld als Standardgut ist in den einzelnen Volkswirtschaften historisch in unterschiedlichen Formen aufgetreten, und zwar überwiegend als **Warengeld**, wie z.B. Pelze in Kanada, Tee in Tibet, Vieh bei den Römern, Glasperlen in Afrika, Muscheln an der indischen Küste oder die von Adam SMITH erwähnten Metallnägel in einem Dorf in Schottland.[2]
Der Wert des Geldes wurde beim reinen Warengeld durch den Warenwert selbst bestimmt.

Diese Warengeldformen hatten meist einige praktische Nachteile, denn es genügte nicht, die oben erwähnten Geldfunktionen zu erfüllen. Das Standardgut sollte auch besondere

[1] Vgl. dazu auch das Kapitel 6: Geldwertänderung, S. 139 ff. Vgl. außerdem zum gesamtwirtschaftlichen Ziel „Preisstabilität": Peto, R.: Grundlagen der Makroökonomik, 12. Auflage, München 2000, S. 23 ff.
[2] Vgl. Smith, A.: An Inquiry into the Nature and Causes of the Wealth of Nations, Vol. I, London 1776, S. 28

Eigenschaften besitzen: Unzerstörbarkeit, Homogenität (wegen der Teilbarkeit), Seltenheit und Übertragbarkeit. Außerdem sollten die Aufbewahrungs- und Transportkosten niedrig sein.
Betrachtet man die aufgezählten historischen Warengeldformen im Hinblick auf diese Kriterien, so erkennt man, daß viele dieser historischen Geldformen diese Eigenschaften nicht besaßen und daher von anderen Geldformen abgelöst wurden.
Die geforderten praktischen Eigenschaften deuten auf die Entwicklung zu den Edelmetallen Gold und Silber als Warengeld hin. Daher bilden Gold und Silber als Metallumlaufswährungen in Form von Münzen den Abschluß der Entwicklung des Warengeldes.
Bei der **Metallumlaufswährung** bestand die Besonderheit darin, daß der „Aussteller" der Münze den „aufgedruckten" Wert garantierte, und zwar mit seinem Stempel (Prägung). Probleme entstanden aber insbesondere durch die gleichzeitige Verwendung unterschiedlicher Metalle wie z. B. bei Bimetallwährungen in Form von Gold und Silber: Fiel der Warenwert des Silbers beispielsweise durch Silberfunde relativ zum Goldwert, so wich das Tauschverhältnis vom offiziellen Wertverhältnis ab. Es wurde Gold gehortet. Das „gute" Goldgeld wurde vom „schlechteren" Silbergeld verdrängt. Ein Phänomen, das der Engländer Sir Thomas GRESHAM (1519-1579) bereits Mitte des 16. Jahrhunderts entdeckte (Greshamsches Gesetz).

In den modernen Volkswirtschaften haben sich folgende **staatliche Geldformen** herausgebildet:

1. Münzen
2. Banknoten (Papiergeld)

Beide Geldformen zusammen werden **Bargeld** genannt.
Die heutigen **Münzen** entwickelten sich aus den vollwertigen Umlaufsmünzen (Kurantmünzen) aus Edelmetall, wobei der aufgeprägte Wert der heutigen Münzen, Nominalwert oder Emissionswert genannt, mit dem Warenwert nicht übereinstimmt. Da es sich um Legierungen handelt, werden sie unterwertige Scheidemünzen genannt.
Das Recht, Münzen zu prägen und in Umlauf zu bringen (Münzregal), liegt im Eurosystem bei den beteiligten Regierungen, d. h. in Deutschland bei der Bundesregierung. Ihr steht der Münzgewinn als Differenz zwischen dem Nennwert der Münze und den Herstellungskosten zu.
Der Münzgewinn entsteht dann, wenn die Zentralbank die Münzen zum Nennwert von der Regierung kauft. Die Ausgabe der Münzen erfolgt durch die Europäische Zentralbank im Auftrag der Regierungen. Allerdings können die Regierungen nicht unbegrenzt Münzen prägen lassen und damit Ihren Staatshaushalt finanzieren, weil das Ausgabevolumen von der Europäischen Zentralbank genehmigt werden muß.
Die Münzen lauten auf Euro (€) und Cent (1 Euro = 100 Cent), und zwar mit einer Stückelung von 1, 2, 5, 10, 20 und 50 Cent sowie ein und zwei Euro.
Die Vorderseite ist einheitlich, während die Rückseite der Münzen individuell von den

einzelnen Ländern gestaltet wird, so daß es in der Europäischen Währungsunion 96 verschieden gestaltete Münzen gibt. Trotz des Unterschieds sind alle Münzen im ganzen Euro-Währungsgebiet gesetzliches Zahlungsmittel.

Die **Euro-Banknoten** werden von der Europäischen Zentralbank und den nationalen Notenbanken ausgegeben. Es gibt dabei keine nationalen Unterschiede im Aussehen.
Die Banknotenserie umfaßt sieben Werte: Noten zu 5, 10, 20, 50, 100, 200 und 500 Euro.[1]
Für die Europäische Zentralbank gibt es keine Obergrenze für die Ausgabe der Banknoten. Sie orientiert sich aber bei der Banknotenausgabe an ihrem Primärziel „Preisstabilität".
Banknoten und **Münzen sind gesetzliche Zahlungsmittel**, die in unbegrenzter Höhe als Zahlungsmittel angenommen werden müssen. Sie werden daher auch als **obligatorisches Geld** bezeichnet.
An dieser Stelle dürfte ein **historischer Exkurs** über die **Deckungsprinzipien** und über die **Geldformen** im 19. Jahrhundert angebracht sein, und zwar über das Currency- und das Bankingprinzip:[2]

Die Vertreter des **Currencyprinzips** (unter ihnen David Ricardo) forderten eine vollständige Golddeckung der umlaufenden Banknoten. Mit dieser Golddeckung des Banknotenumlaufs sollten inflationäre Entwicklungen verhindert werden. Das Currencyprinzip entstand wohl aus der Erfahrung mit der Inflation in Großbritannien in der Zeit der napoleonischen Kriege als die umlaufenden Banknoten nicht vollständig durch Gold gedeckt waren. Dieses Prinzip wurde (allerdings nur in modifizierter Form) bei der Bank von England durch die Peelschen Bankakte (1844) durchgesetzt. Das Prinzip erwies sich in einer wachsenden Wirtschaft mit konjunkturellen Schwankungen als nicht besonders geeignet, weshalb es dreimal im 19. Jahrhundert (mit Genehmigung des Parlaments) durchbrochen werden mußte.

Das **Bankingprinzip** sah dagegen eine Deckung des Banknotenumlaufs einer Volkswirtschaft mit guten Handelswechseln vor, die die Zentralbank von den Geschäftsbanken aufkaufte. Auch damit sollte die Inflation verhindert werden, da nach einer Geldschöpfung durch den Ankauf eines Wechsels durch die Zentralbank bei Fälligkeit des Wechsels automatisch eine Geldvernichtung durch Geldrückfluß zur Zentralbank erfolgt. Dabei konnte die Geldschöpfung auch in Form einer Gutschrift bei der Zentralbank bestehen. Die Banking-Theorie sah also auch Sichtguthaben bei der Zentralbank als Geld an.

Bei der Gründung der **Deutschen Reichsbank** (1.1.1876) wurde eine Mischung aus dem Bankingprinzip und aus dem Currencyprinzip angewandt, wobei das Bankingprinzip dominierte: Die Vorschriften für die Reichsbank sahen (im Prinzip) eine Dritteldeckung durch Gold und eine Zweidritteldeckung durch Handelswechsel vor.

Beide Prinzipien zeigen den Versuch, durch institutionelle Regelungen die Ausweitung des Geldumlaufs zu begrenzen, um inflationäre Entwicklungen zu verhindern, wobei allerdings die Vertreter der Currency-Theorie annahmen, daß die Höhe der Geldmenge durch die

[1] internet: http://www.bundesbank.de/de/presse/banknoten/euro/euronoten.htm vom 26.7.2000
[2] Vgl. dazu die ausführliche Darstellung bei Born, K. E.: Geld und Banken im 19. und 20. Jahrhundert, Stuttgart 1977, S. 20 ff.

Zentralbank gesteuert wird und damit auch die wirtschaftlichen Aktivitäten. Das bedeutet, daß das Geldangebot abhängig war vom Goldbestand und damit von einem exogenen Faktor.
Die Vertreter der Banking-Theorie gingen dagegen davon aus, daß die Geldmenge durch die wirtschaftlichen Aktivitäten und damit endogen bestimmt wird. Das Geldangebot ist daher von der Nachfrage nach Geld abhängig.

Bei ihrer Bindung des Banknotenumlaufs an den Goldbestand der Zentralbank gingen die Vertreter der **Currency-Theorie** davon aus, daß nur Gold **definitives** Geld sei während die Banknoten als **provisorisches** Geld (Geldsurrogat) angesehen wurden. Eine Auffassung vom Gelde, die als Metallismus bezeichnet wird. Bei dieser „Goldwährung" bestand (im Gegensatz zur Papierwährung) eine Goldeinlösepflicht der Zentralbanken.
Die Parlamente haben (vor 1914) durch eine Bindung des Notenumlaufs an eine exogen bestimmte Größe wie den Goldbestand der Zentralbank eine Beschränkung auferlegt. Sie mußte den Banknotenumlauf nach einer bestimmten Regel regulieren. Dies wird als **Regelbindung der Geldpolitik** bezeichnet.[1]

Das Parlament der Bundesrepublik Deutschland ist bei Errichtung der Deutschen Bundesbank nicht diesen Weg gegangen. Es hat für sich eine Selbstbeschränkung durch die Gewährung der Autonomie an die Bundesbank vorgenommen. Außerdem hatte es der Bundesbank keine Regelbindung zur Auflage gemacht.
Bis Ende 1998 steuerte und regelte die Deutsche Bundesbank unabhängig von der Regierung die Geld- und Kreditversorgung der Wirtschaft. Eine Bindung des Notenumlaufs an eine externe Größe oder Höchstbetragsregelung existierte nicht.
Auch für die Europäische Zentralbank besteht keine Beschränkung bei der Ausgabe von Banknoten. Der EZB-Rat beschließt nach eigenem Ermessen über die Banknotenausgabe.

Neben den Münzen und Banknoten entwickelte sich das **Giralgeld** oder **Buchgeld** als eine weitere Geldform. Bei dieser Geldart handelt es sich um **nichtverbriefte Forderungen an die Zentralbank oder an Geschäftsbanken**. Dabei bedeutet **„nichtverbrieft"**, daß die Forderung nicht durch ein besonderes Papier ausgewiesen, sondern nur in den Geschäftsbüchern der Banken vermerkt wird. Über diese Forderung kann der Bankkunde (als Gläubiger der Bank) allerdings mit Scheck und Überweisungen jederzeit verfügen. Giralgeld ist im Gegensatz zum obligatorischen Geld nur **fakultatives** Geld, d. h. es herrscht kein Annahmezwang: Eine Überweisung oder ein Scheck kann abgelehnt werden.
Da die Geschäftsbücher der Banken heute in Form von gespeicherten Daten auf Computerdatenträgern bestehen, wird diese Geldform heute auch als „**Computergeld**" bezeichnet.
Das Giralgeld entsteht u. a. durch die Einräumung eines Kredits und der Gutschrift dieses Betrages auf einem Girokonto, auch Kontokorrent oder laufendes Konto genannt. Mit dieser Gutschrift entsteht ein **Sichtguthaben**, auch **Sichteinlage** genannt, was gleichbedeu-

[1] Vgl. S. 190

tend mit der Entstehung von Giralgeld ist.

Die quantitative und praktische Bedeutung des Giralgeldes nimmt immer stärker relativ zu den anderen Geldformen zu. Der Anteil des Giralgeldes an der Geldmenge, d. h. die **Giralgeldquote** betrug in der Bundesrepublik ca. 76 % (Ende 1998). Dies bedeutet andererseits, daß die **Bargeldquote** in der Bundesrepublik bei etwa 24 % lag.[1]

In neuerer Zeit ist das sogenannte „**Plastikgeld**" in Form der Kreditkarte im Vormarsch: Der Kunde bezahlt die Rechnung mit Hilfe seiner Kreditkarte und Unterschrift. Diese Rechnung wird seiner Bank zur Begleichung eingereicht. Voraussetzung ist also die Existenz von Giralgeld oder eines Kredits des Kunden bei der Bank. Allerdings muß diese Voraussetzung erst bei Vorlage der Rechnung bei der Bank gegeben sein. Es ist ein Lieferantenkredit, der bargeldlos zurückgezahlt wird. Die Tauschmittelfunktion kann damit ausgeübt werden.

Eine weitere Neuentwicklung der Zahlungsweise ist das **Electronic-Cash-Verfahren**, bei dem an der Ladenkasse (Point of Sale = POS) des Einzelhandels mit Hilfe der Eurocheque-Karte direkt vom Bankkonto des Kunden der Betrag abgebucht wird. Eine andere Möglichkeit besteht heute in der aufladbaren Geldcard, von der direkt abgebucht werden kann. Damit entfällt ein Lieferantenkredit.

Der überwiegende Teil der Zahlungen von Rechnungen erfolgt heute bargeldlos, d. h. durch Überweisungen, Kreditkarten, Schecks oder Electronic-Cash.

Neben den Münzen, Banknoten und den Sichtguthaben treten immer mehr andere Forderungen als **Liquiditätsformen** und damit auch als Anlageformen in den Vordergrund.

Für einen Teil dieser Liquiditätsformen kann der Sammelbegriff „**Near Money**" (A. C. HART) oder **geldnahe Aktiva** verwendet werden. Meist sind es Finanzaktiva, auch Geldsubstitute genannt, die nicht unmittelbar als Tauschmittel, sondern als Wertaufbewahrungsmittel dienen.[2]

Zu diesen **Finanzaktiva** gehören u. a.

- Spar- und Termineinlagen,
- Guthaben bei Versicherungen,
- Guthaben bei Bausparkassen,
- Wertpapiere aller Art und
- Guthaben in ausländischer Währung (Devisen).

Zur Liquidität im weitesten Sinne können schließlich auch noch andere Vermögensgegenstände, d. h. sogar Waren, gezählt werden.[3]

---

[1] Im internationalen Vergleich lag diese Quote (jeweils Ende des Jahres) im Mittelfeld: Frankreich (1995: 15 %), Japan (1998: 25,3 %); Schweiz (1998: 23,7 %) und USA (1998: 35,7 %). Vermutlich ist die hohe Quote der USA, dadurch bedingt, daß der amerikanische Dollar international als Bargeld dient. (Vgl. Statistisches Bundesamt: Statistisches Jahrbuch 200 für das Ausland, S. 296)

[2] Vgl. dazu auch die Ausführungen im Kapitel „Liquidität", S. 38 ff.

[3] Dieser sehr weite Geldbegriff wurde im deutschen Sprachraum vor allem von O. Veit vertreten. Vgl. dazu die Ausführungen von Claassen, E. M.: Probleme der Geldtheorie, Berlin 1970, S. 46 ff.

Damit wird nochmals deutlich, daß auch andere Aktiva Geldfunktionen übernehmen können, wie z. B. die Wertaufbewahrungsfunktion, weshalb es notwendig ist, **andere Liquiditätsformen** als Geld und auch neben den Geschäftsbanken **andere Finanzinstitute** in die Analyse mit einzubeziehen, wie es von den Vertretern des **Liquiditätsansatzes** gefordert wird.[1]

1.1.3 MONETÄRE AGGREGATE

Für die Geldpolitik und für die Geldtheorie ist es von großer Bedeutung, die Entwicklung bestimmter monetärer Aggregate - auch monetäre Globalgrößen genannt - im Zeitablauf zu beobachten.
Sie können als **Indikatoren** der monetären Entwicklung aber auch als **Zwischenzielgrößen** der Geldpolitik dienen, wobei insbesondere auch ihre Bestandsänderungen interessant sind.
Monetäre Aggregate entstehen durch Zusammenfassung bestimmter Geldbestände und eventuell Bestände an Finanzaktiva (z. B. Bestand an Sparguthaben) der Wirtschaftssubjekte. Mit Hilfe monetärer Aggregate soll die Entwicklung der Liquidität der gesamten Volkswirtschaft, aber auch einzelner Sektoren, beobachtet werden.
Die Zentralbank versucht, über die Ausgabe von Bargeld (Münzen und Banknoten), aber auch durch die Einwirkung auf den Bestand des Giralgelds, die gesamte Geldmenge einer Volkswirtschaft zu beeinflussen, um damit ihr wichtigstes Ziel „Preisstabilität" zu erreichen.
Um sinnvolle Geldmengen ermitteln zu können, müssen die Wirtschaftseinheiten in Sektoren eingeteilt werden. Die Zentralbanken bemühen sich dabei, zwischen **geldschaffenden** und anderen Sektoren zu unterscheiden.
Die Zentralbanken interessieren sich besonders für die Geldmenge der nicht geldschaffenden Sektoren, da sie befürchten, daß eine übermäßige Ausweitung der Geldmenge zu einer Nachfrageerhöhung nach Gütern und dann unter Umständen zu einer Inflation führen könnte. Das Ziel „Preisstabilität" wäre dann verletzt.
In der Bundesrepublik Deutschland hatte die **Deutsche Bundesbank** bis zum 31.12.98 unterschiedliche Geldmengen definiert, um die Liquidität der Volkswirtschaft zu beobachten und zu beeinflussen. Die Deutsche Bundesbank hat bei der Sektorenabgrenzung zwischen dem Banken- und dem Nichtbankensektor unterschieden. . Zum Bankensektor gehörte die Bundesbank und die Geschäftsbanken, während zum Nichtbankensektor die öffentlichen Haushalte (= Staat) und der private Sektor (= private Haushalte und Nichtbankunternehmen) gezählt wurden.

[1] Vgl. dazu S. 41

Diese Unterscheidung ist deshalb von Bedeutung, da es sich bei einer Forderung gegenüber einer Bank um Buchgeld handelt, wenn über diese Forderung mit einem Scheck oder mit einer Überweisung jederzeit verfügt werden kann, während eine Forderung gegenüber einer Nichtbank kein „Geld" im engeren Sinne darstellt, da über diese Forderung nicht sofort verfügt werden kann.
Wie die nachfolgende Synopse zeigt, hat die Bundesbank den Bankensektor (Geldschöpfungssektor) noch weiter in Zentralbank und Kreditinstitute unterteilt. Der Sektor „Kreditinstitute" wird auch als „Geschäftsbankensektor" bezeichnet.

Beim **Eurosystem** wird zwischen dem Sektor **„Monetäre Finanzinstitute (MFIs) und Nicht-Monetäre Finanzinstitute (Nicht-MFIs), auch nichtfinanzieller Sektor genannt,** unterschieden.
Der Sektor „Monetäre Finanzinstitute" ist der Geldschöpfungssektor. Er umfaßt die Zentralbanken, die Kreditinstitute im Sinne des Gemeinschaftsrechts und alle anderen gebietsansässigen Finanzinstitute, deren wirtschaftliche Tätigkeit darin besteht, Einlagen bzw. Einlagensubstitute im engeren Sinne von Nicht-MFIs entgegenzunehmen und auf eigene Rechnung Kredite zu gewähren und/oder in Wertpapiere zu investieren. In Deutschland gehören zu diesem Sektor auch die Geldmarktfonds und die Bausparkassen.

Tab. 1.02 zeigt die unterschiedlichen Sektoreneinteilungen.

Tab. 1.02

Sektoreneinteilungen zur Ermittlung von Geldmengen

Deutsche Bundesbank bis Ende 1998	Eurosystem ab Anfang 1999
1. Bankensektor	1. Monetäre Finanzinstitute (MFIs)
a) Zentralbank	a) Zentralbanken
b) Kreditinstitute (Geschäftsbankensektor)	b) Kreditinstitute (einschl. Bausparkassen) und andere Finanzinstitute (Geldmarktfonds)
Nichtbankensektor	2. Nicht-MFIs
a) Privater Sektor (= private Haushalte und Nichtbankunternehmen)	a) Privater Sektor (private Haushalte und nichtfinanzielle Kapitalgesellschaften
b) öffentliche Haushalte (Staat)	b) öffentliche Haushalte (Staat)

Im einzelnen sollen folgende Geldgesamtheiten kurz erläutert werden:

A. BARGELDUMLAUF

Der **gesamte Bargeldumlauf** setzt sich aus dem Banknotenumlauf und dem Umlauf an Münzen **außerhalb** der Zentralbank zusammen. Diese Größe kann von der Zentralbank direkt beeinflußt werden, da sie das Recht der Notenausgabe (Banknotenregal) besitzt und die Münzen im Auftrag der Regierung bzw. der Regierungen ausgibt, die das Münzregal hat bzw. haben.

Die Zentralbank ermittelt den **Bargeldumlauf im Nichtbankensektor** (Bundesbankkonzept) bzw. im nichtfinanziellen Sektor (ESZB-Konzept) dadurch, daß sie vom gesamten Bargeldumlauf die Kassenbestände der Kreditinstitute (Bundesbank) bzw. der monetären Finanzinstitute (Eurosystem) abzieht.

B. ZENTRALBANKGELD

Neben dem Bargeld werden auch die Sichtguthaben des Finanzsektors und der Nichtfinanzinstitute bei der Zentralbank als Geld der Zentralbank betrachtet. Der Bestand an **Zentralbankgeld** einer Volkswirtschaft ist daher wie folgt definiert:

gesamter Bargeldumlauf (außerhalb der Zentralbank)
zuzüglich Bestand an Sichtguthaben bei der Zentralbank

Das Zentralbankgeld wird auch **Basisgeld** oder high-powered-money genannt, da es als Geldbasis für andere monetäre Aggregate angesehen wird. Das **Geldbasiskonzept der Monetaristen** geht davon aus, daß die Zentralbank mit Hilfe dieser Geldbasis die Geldmengen- und die Kreditentwicklung in einer Volkswirtschaft hinreichend genau autonom steuern kann.[1]

Die Geldbasis kann aus der Bilanz der Zentralbank ermittelt werden, und zwar von ihrer Entstehungsseite und ihrer Verwendungsseite. Konto 1.01 zeigt die Bilanz des Eurosystems zum 31.12.2000.

Ausgehend von der Zentralbankbilanz muß zur Darstellung der Geldbasis eine vereinfachte und um den Münzumlauf erweiterte Zentralbankbilanz erstellt werden, die überwiegend durch den Nettoausweis von Forderungen und einige Zusammenfassungen von Positionen entsteht.

Die vereinfachte Bilanz zeigt auf der linken Seite die **Entstehung der Geldbasis**, u.a. aufgrund von Nettoforderungen gegenüber Ansässigen außerhalb des Euro-Währungsgebiets, Refinanzierung des Finanzsektors, die Kreditgewährung an die öffentliche Hand durch die Zentralbank, Wertpapiererwerb durch die Zentralbank und die Münzausgabe. Auf der Passivseite zeigt die Bilanz die **Verwendung der Geldbasis** in Form des Bargeldumlaufs (Banknoten- und Münzumlaufs) und der Einlagen des Finanzsektors beim Eurosystem.

[1] Vgl. dazu S. 67 und die Darstellung des Monetarismus, S. 130

Konto 1.01: Bilanz des Eurosystems
31.12.2000 (in Mrd. EUR)

Aktiva		Passiva	
A.1 Gold und Goldforderungen, und Forderungen in Fremdwährung u. Euro gegenüber Ansässigen außerhalb des Eurogebiets	379,7	P.1 Banknotenumlauf	371,4
A.2 Forderungen in Fremdwährung an Ansässige im Eurogebie	15,8	P.2 Verbindlichkeiten gegenüber dem Finanzsektor	124,9
A.3 Forderungen an den Finanzsektor	269,2	P.3 Schuldverschreibungen	3,7
A.4 Wertpapiere	26,1	P.4 Einlagen öffentlicher Haushalt	53,4
A.5 Forderungen an die öffentliche Hand	57,7	P.5 Verbindlichkeiten in Fremdwährung u. Euro gegenüber Ansässigen außerhalb des Eurogebiets	23,2
A.6 sonstige Aktiva	87,5	P.6 Verbindlichkeiten in Fremdwährung an Ansässige im Eurogebiet	0,8
		P.7 Ausgleichsposten Sonderziehungsrechte	6,7
		P.8 sonstige Passiva	76,0
		P.9 Ausgleichsposten aus der Neubewertung	118,0
		P.10 Kapital und Rücklagen	57,9
Bilanzsumme	836,0	Bilanzsumme	836,0

Quelle: Europäische Zentralbank, Jahresbericht 2000, S. 206 f.

Konto 1.02: Bilanz des Eurosystems
31.12.200 (in Mrd. EUR)
(vereinfachte und erweiterte Form)

Entstehungsseite		Verwendungsseite	
1. Gold und Nettoforderungen gegenüber Ansässigen außerhalb des Eurogebiets	349,8	1. Banknotenumlauf	371,4
2. Nettoforderungen in Fremdwährung an Ansässige im Eurogebiet	15,0	2. Münzumlauf	18,8
3. Wertpapiere	26,1	3. Einlagen des Finanzsektors	124,9
4. Refinanzierung des Finanzsektors	269,2	4. Schuldverschreibungen	3,7
5. Kredite an die öffentliche Hand (netto)	4,3	5. sonstige Passiva	76,0
6. sonstige Aktiva	87,5	6. Ausgleichsposten aus der Neubewertung	118,0
7. Münzumlauf	18,8	7. Kapital und Rücklagen	57,9
Bilanzsumme	770,7	Bilanzsumme	770,7

Quelle: Konto 1.01; EZB MB 6/2001, S. 12*

Die einzelnen Positionen wurden in Konto 1.02 wie folgt aus Konto 1.01 ermittelt:
Entstehungsseite: Pos. 1: A.1 – P.5 – P.7; Pos. 2: A.2-P.2; Pos.5:A.5-P.4; Pos. 7: Erweiterung, entspricht der Pos.2 auf der Verwendungsseite.
Verwendungsseite: Pos. 2: entspricht der Pos. 5 auf der Entstehungsseite.

Die Deutsche Bundesbank hat den Begriff **„Zentralbankgeldmenge"** (von der Verwendungsseite) im Zusammenhang mit dem von ihr verfolgten Geldmengenziel sehr speziell definiert und von 1974-1987 diese Globalgröße als Zwischenziel verwendet:[1]

Bargeldumlauf (abzüglich Kassenbestände der Kreditinstitute)
zuzüglich
Mindestreserve-Soll der Geschäftsbanken für Inlandsverbindlichkeiten
(mit konstanten Reservesätzen, Basis Januar 1974)

Die Geschäftsbanken mußten bei der Bundesbank eine bestimmte Liquiditätsreserve in Form von Sichtguthaben halten. Die Höhe dieser Pflichtreserve, Mindestreserve genannt, berechnete sich nach der Höhe der Einlagen der Nichtbanken bei der jeweiligen Geschäftsbank.[2]

C. BARRESERVE UND ÜBERSCHUSSRESERVE

Der aktuelle Bestand an Zentralbankgeld des Finanzsektors (der MFIs), kann anhand der Barreserve des Finanzsektors aber auch mit Hilfe des Bestands an Überschußreserve beobachtet werden, wobei unter

- **Barreserve** des Finanzsektors der Bestand an Zentralbankgeld (Bargeldbestand und Sichtguthaben bei der Zentralbank) verstanden wird, und die
- **Überschußreserve** sich aus dem Bestand des Finanzsektors an Zentralbankgeld abzüglich des Mindestreservebetrags ergibt.

Der Bestand an Überschußreserve des Finanzsektorssektors zeigt allerdings nur den aktuellen Bestand an **verfügbarer Primärliquidität** des Finanzsektors. In aller Regel haben die monetären Finanzinstitute die Möglichkeit, sich beispielsweise bei der Zentralbank durch die Aufnahme eines Kredits zusätzlich Zentralbankgeld zu beschaffen und damit die Überschußreserve zu erhöhen, wenn sie dieses Zentralbankgeld als Basis für die Gewährung eines Kredits benötigen.[3]

D. GELDMENGEN

Die Bundesbank und das Eurosystem haben unterschiedliche Geldmengen (M1, M2, M3) entwickelt, wobei es sich ausschließlich um **Geldmengen des inländischen Nichtbankensektors** bzw. des **Nicht-MFI-Sektors des Euro-Währungsgebiets** handelt. Im EZB-Monatsbericht wird dabei nicht von Geldmengen, sondern von Geldmengenaggregaten ge-

[1] Vgl. S. 195
[2] Vgl. S. 181 ff.
[3] Vgl. S. 61 ff.

sprochen und diese Aggregate als Verbindlichkeiten des Finanzsektors betrachtet und wie folgt definiert: Die **Geldmengenaggregate** umfassen die monetären Verbindlichkeiten der MFIs und der Zentralstaaten (Post, Schatzämter) gegenüber im Euro-Währungsgebiet ansässigen Nicht-MFIs (ohne Zentralstaaten).
Bei der Ermittlung der Geldmengen wird von einer sehr engen Geldmenge M1 ausgegangen und danach immer mehr Geldsubstitute (geldnahe Forderungen) in die Betrachtung einbezogen.

Die **Geldmengen M1** umfassen den Bestand an Geld im engeren Sinne:

Tab. 1.03: Geldmengendefinitionen M1

Deutsche Bundesbank bis Ende1998	Eurosystem ab Anfang 1999
= Bargeldumlauf (abzüglich Kassenbestände der Kreditinstitute) und Sichteinlagen inländischer Nichtbanken bei inländischen Kreditinstituten (ohne Einlagen des Bundes)	= Bargeldumlauf zuzüglich täglich fällige Einlagen (einschließlich elektronisches Geld auf vorausbezahlten Karten und monetärer Verbindlichkeiten der Zentralregierung)

Die Geldmengendefinition M1 des Eurosystems ist im Prinzip etwas enger als die Definition der Deutschen Bundesbank, da sie nicht die Einlagen mit einer Fälligkeit von über einem Tag bis zu einem Monat enthält.
Die **Geldmengen M2** und **M3** sind wie folgt definiert:

Tab. 1.04: Geldmengendefinitionen M2

Deutsche Bundesbank bis Ende1998	Eurosystem ab Anfang 1999
M1 zuzüglich Termineinlagen mit einer Befristung bis unter 4 Jahren	M1 zuzüglich Einlagen mit einer vereinbarten Laufzeit von bis zu zwei Jahren und Einlagen mit einer vereinbarten Kündigungsfrist von bis zu drei Monaten (einschließlich monetärer Verbindlichkeiten der Zentralregierung)

Die Geldmenge M2 des Eurosystems ähnelt der Geldmenge M3 der Deutschen Bundesbank wie die Definitionen zeigen, denn in der Geldmenge M3 der Bundesbank waren auch die Spareinlagen mit vereinbarter Kündigungsfrist von drei Monaten enthalten.

Tab. 1.05: Geldmengendefinitionen M3

Deutsche Bundesbank bis Ende 1998	Eurosystem ab Anfang 1999
M2 + Spareinlagen mit vereinbarter Kündigungsfrist von drei Monaten	M2 + Begebene Geldmarktfondsanteile und Geldmarktpapiere (netto), ohne die von Ansässigen außerhalb des Euro-Währungsgebiets gehaltenen Geldmarktfondsanteile + Begebene Schuldverschreibungen mit vereinbarter Laufzeit von bis zu zwei Jahren (netto) + Repogeschäfte

Wie Tab. 1.05 zeigt, hat das Eurosystem die ursprüngliche Geldmenge M3 der Deutschen Bundesbank um Geldmarktfonds, Geldmarktpapiere, Schuldverschreibungen und Repogeschäfte erweitert.[1] Das Eurosystem hat aber bereits ab Mai 2001 die Geldmenge M3 um die Geldmarktfondsanteile bereinigt, die im Besitz von Ansässigen außerhalb des Euroraums sind. Es wird beabsichtigt, die Geldmenge auch um kurzfristige Schuldtitel (Geldmarktpapiere und Schuldverschreibungen mit einer Ursprungslaufzeit von bis zu zwei Jahren) im Besitz von Gebietsfremden zu bereinigen, da diese Aktiva zu einer Verzerrung der Jahreswachstumsrate von M3 um rund 3/4 %-Punkt nach oben geführt haben. Die EZB begründet diese Bereinigung damit, daß diese kurzfristigen Anlagewerte, die von den Gebietsfremden bei den MFIs gehalten werden, kaum eine Beziehung zu der Kassenhaltung für Transaktionszwecke haben, die für den Konsum um Euro-Währungsgebiet verwendet wird.

Die unterschiedlichen Geldmengen wurden geschaffen, um einerseits durch eine enge Definition reine Umschichtungen bei den Geldanlagen erkennen zu können, andererseits aber auch durch eine weite Definition diese Umschichtungseffekte zu eliminieren.
Ein Beispiel anhand der Geldmengen des Eurosystems soll dies erläutern:
Wandelt ein privater Haushalt Termineinlagen (Einlagen mit einer vereinbarten Laufzeit von bis zu zwei Jahren) in Sichteinlagen um, so steigt M1 und M2 bleibt konstant. Eine derartige Umschichtung ist für eine Zentralbank interessant, da diese Umschichtung eventuell zu einer erhöhten Nachfrage nach Gütern führen könnte. Es könnte aber auch sein,

[1] Unter Repo (repurchasing operations) werden hier Offenmarktgeschäfte mit Rückkaufsvereinbarung verstanden, auch Wertpapierpensionsgeschäfte genannt, die zwischen den Geschäftsbanken und Nicht-MFIs abgeschlossen werden können. Die Nicht-MFIs verkaufen beispielsweise Wertpapiere an die MFIs, mit der Vereinbarung, sie zu einem bestimmten Termin wieder zurückzukaufen. Dies ist zwar in Deutschland nicht üblich, aber in anderen Länder des Euro-Währungsraumes. (Vgl. S. 172 ff.)

daß das Nicht-MFI Sichtguthaben hält, um später Wertpapiere kaufen zu können, um eine höhere Rendite zu erzielen im Vergleich zu der Verzinsung als Termineinlage. Bei einer Umschichtung von Termineinlagen zu Einlagen mit einer vereinbarten Laufzeit bis zu drei Monaten (Spareinlagen) handelt es sich dagegen um eine reine Portfolio-Umschichtung in Form einer Umwandlung von Termineinlagen in Spareinlagen. Diese Umschichtungen sind damit in aller Regel im Zusammenhang mit Zinssatzänderungen (Renditeüberlegungen) zu sehen. Um diese Umschichtungseffekte (Portfolioeffekte) zu eliminieren, hat das Eurosystem die Geldmenge M2 geschaffen, die auch die Spareinlagen umfaßt.

Die sehr weite Geldmenge M3 verändert sich bei Portfolioumschichtungen (bei Laufzeiten bis zu zwei Jahren) nicht. M3 erhöht sich aber bei der Kreditgewährung einer Geschäftsbank an eine Nichtbank. Sie erhöht sich ebenfalls, wenn eine Nichtbank eine Schuldverschreibung einer Bank an diese zurückverkauft und dafür eine Termineinlage erhält. M3 ändert sich nicht, wenn beispielsweise lediglich Geldmarktfonds in Termineinlagen getauscht werden.

Mit Hilfe von M3 soll die kaufkraftfähige Nachfrage im weitesten Sinne beschrieben werden.

Die nachfolgende Tab. 1.06 zeigt die zeitliche Entwicklung der Geldmengen der Eurozone mit ihren Komponenten und die Änderungsraten. Die Änderungsraten wurden exemplarisch für sechs Monate (April bis Oktober 2001) noch in den Abb. 1.05 graphisch dargestellt, allerdings nur die Änderungsraten von M3, der täglich fälligen Einlagen und der Einlagen bis zu zwei Jahren sowie bis zu drei Monaten.

Es ist hier die bereits erwähnte Tatsache zu beobachten, daß es zwar erhebliche Änderungen bei den einzelnen Teilkomponenten durch Portfolioumschichtungen geben kann, die sehr weite Geldmenge M3 des Eurosystems aber fast unberührt bleibt.

So gab es im Juli 2001 eine Erhöhung der Einlagen mit einer Laufzeit bis 2 Jahren (Termineinlagen) um 0,6 %gegenüber dem Vormonat, dafür aber eine Abnahme des Bargeldes um 1,5 % und der täglich fälligen Einlagen (Sichtguthaben) um 1 %. Die Geldmenge M3 verminderte sich nur minimal um 0,1 % (Tab.1.06 und Abb. 1.05).

Die Deutschen Bundesbank hielt ihre Geldmenge M3 in besonderem Maße als Indikator für die Zentralbank geeignet.[1] Sie diente aber auch von 1987-1998 gleichzeitig als **Zwischenzielgröße** für die Deutsche Bundesbank.[2]

Für die EZB ist die oben definierte Geldmenge M3 zwar keine Zwischenzielgröße mehr, sondern nur noch ein Indikator, für den sie allerdings jährlich einen sogenannten **Referenzwert** festlegt.[3]

[1] Die Bundesbank war auch mit dieser M3-Größe nicht zufrieden und hat daher die erweiterte Geldmenge M3e geschaffen, die auch Einlagen inländischer Nichtbanken bei Auslandsfilialen und Auslandstöchtern inländischer Kreditinstitute sowie den Bestand an Inhaberschuldverschreibungen erfaßte.

[2] Von 1974 bis 1987 hatte die Bundesbank den Indikator „Zentralbankgeldmenge" verwendet. (Vgl. S. 195 ff.)

[3] Vgl. dazu S. 198 ff.

Tab. 1.06: Geldmengen des Nicht-MFI-Sektors (Mrd. EUR)

Ende	M3	M2	M1	Bargeld	täglich fällige Eineinl.	Einlagen bis zu 2 J.	Einlagen bis zu 3 Mon.	Repogeschäfte	Geldmarktpapiere a)	Schuldverschreib. bis 2 J.
3/00	4845	4133	1977	335	1643	888	1268	177	444	91
4/00	4896	4175	2019	338	1681	896	1260	180	451	90
5/00	4892	4166	2000	338	1663	914	1252	181	457	88
6/00	4879	4173	2015	341	1674	913	1245	167	452	87
7/00	4887	4175	2015	343	1672	923	1237	172	463	77
8/00	4886	4165	1981	338	1643	953	1230	169	471	81
9/00	4884	4170	1993	339	1654	956	1220	171	462	82
10/00	4902	4177	1994	337	1657	972	1211	171	467	88
11/00	4934	4200	2012	337	1675	985	1202	174	464	97
12/00	5009	4288	2076	348	1729	991	1221	175	440	106
Erweiterung des Euro-Währungsgebiets durch Griechenland										
1/01	*5139*	*4398*	*2099*	*355*	*1744*	*1028*	*1271*	*195*	*440*	*107*
1/01	5122	4345	2028	335	1693	1042	1275	214	456	107
2/01	5151	4351	2027	334	1693	1055	1270	216	469	115
3/01	5200	4379	2039	335	1703	1071	1270	226	475	120
4/01	5243	4416	2071	335	1736	1072	1273	225	477	125
5/01	5289	4437	2091	332	1759	1073	1273	237	480	134
6/01	5339	4484	2131	332	1798	1070	1283	226	485	145
7/01	5335	4472	2107	327	1780	1077	1287	226	493	143
8/01	5331	4451	2066	318	1747	1093	1293	234	499	147
9/01	5379	4500	2126	309	1817	1075	1299	229	504	147
Veränderung gegenüber dem Vormonat in Prozent										
4/00	1,1	1,0	2,1	0,9	2,3	0,9	-0,6	1,4	1,7	-1,1
5/00	-0,1	-0,2	-0,9	-0,1	-1,1	2,0	-0,7	0,8	1,2	-2,5
6/00	-0,3	0,2	0,7	1,1	0,7	-0,2	-0,6	-7,7	-1,0	-0,8
7/00	0,2	0,1	0,0	0,5	-0,1	1,1	-0,6	2,8	2,4	-11,6
8/00	-0,0	-0,2	-1,7	-1,5	-1,7	3,3	-0,5	-1,5	1,6	5,6
9/00	-0,0	0,1	0,6	0,3	0,7	0,3	-0,8	1,2	-1,9	0,6
10/00	0,4	0,2	0,0	-0,6	0,1	1,7	-0,8	-0,5	1,1	8,2
11/00	0,7	0,5	0,9	0,0	1,1	1,4	-0,7	1,7	-0,6	10,3
12/00	1,5	2,1	3,2	3,2	3,2	0,5	1,6	0,8	-5,2	9,4
1/01	2,6	2,5	1,1	2,2	0,9	3,7	5,0	11,6	0,0	0,2
1/01	-0,3	-1,2	-3,4	-5,7	-2,9	1,4	0,3	9,5	3,8	0,3
2/01	0,6	0,1	-0,0	-0,3	0,0	1,2	-0,4	0,9	2,8	7,7
3/01	0,9	0,6	0,6	0,4	0,6	1,5	0,0	4,7	1,4	3,9
4/01	0,8	0,9	1,6	-0,0	1,9	0,1	0,3	-0,4	0,3	4,8
5/01	0,9	0,5	1,0	-1,0	1,3	0,1	-0,0	5,5	0,7	6,9
6/01	1,0	1,1	1,9	0,0	2,2	-0,2	0,8	-4,8	1,0	8,0
7/01	-0,1	-0,3	-1,1	-1,5	-1,0	0,6	0,3	0,3	1,7	-1,0
8/01	-0,1	-0,5	-2,0	-2,7	-1,8	1,4	0,4	3,3	1,2	2,4
9/01	0,9	1,1	2,9	-3,1	4,0	-1,6	0,5	-2,0	0,9	0,0

a) einschließlich Geldmarktfondsanteile, aber ohne die von Ansässigen außerhalb des Euro-Währungsgebiets gehaltenen Geldmarktfondsanteile

Quelle: EZB MB 11/01, S. 16*f.

Abb.1.05: M3 mit Komponenten
(Änderungsraten)

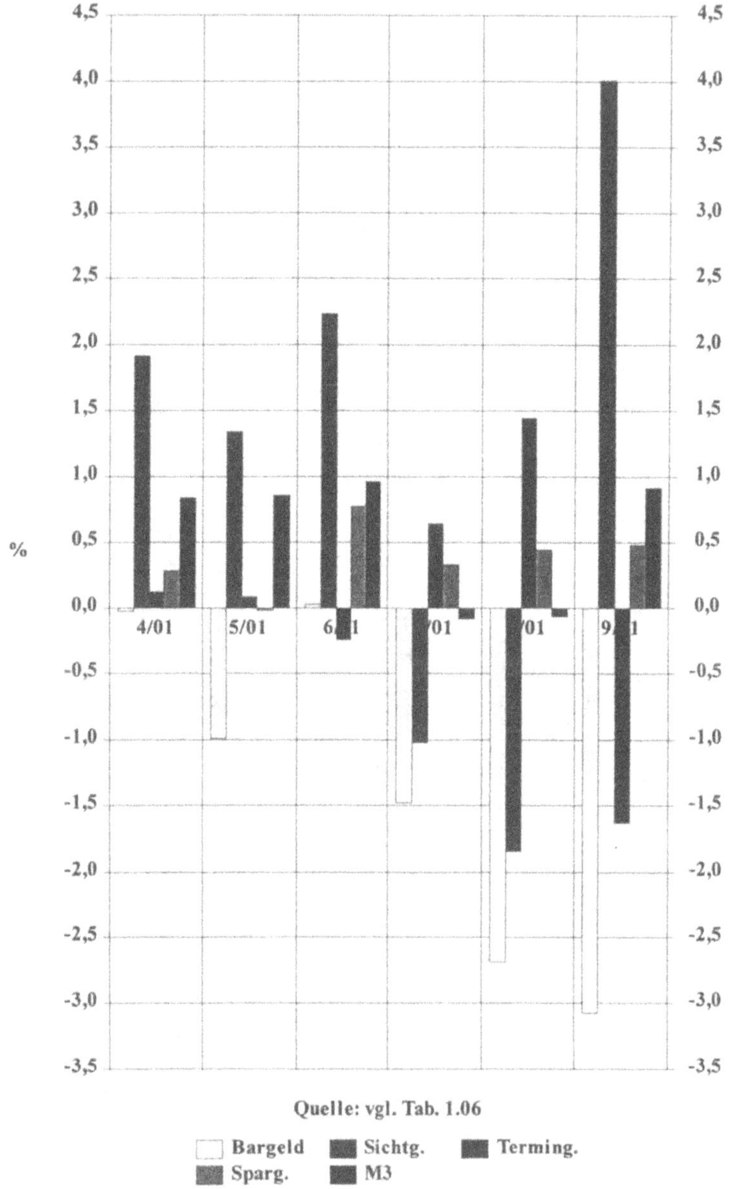

Quelle: vgl. Tab. 1.06

1.2 KREDIT

1.2.1 KREDITDEFINITIONEN

Zur Abwicklung von Transaktionen zwischen Wirtschaftssubjekten ist es nicht immer notwendig, daß im Augenblick des Güterübergangs vom liefernden zum empfangenden Wirtschaftssubjekt sofort die Gegenleistung erfolgen muß. Die Lieferung kann auch **auf Kredit** erfolgen, d. h. die Gegenleistung wird zu einem späteren Zeitpunkt erbracht.
Die folgenden drei Kreditgeschäfte zeigen diese Möglichkeit:

A. Tausch auf Kredit
Das Gut A wird im Zeitpunkt t geliefert (A_t) und später im Zeitpunkt t+1 mit dem Gut B bezahlt (B_{t+1}). Dies wird als **Naturalkredit** bezeichnet:

Abb. 1.07: Naturalkredit

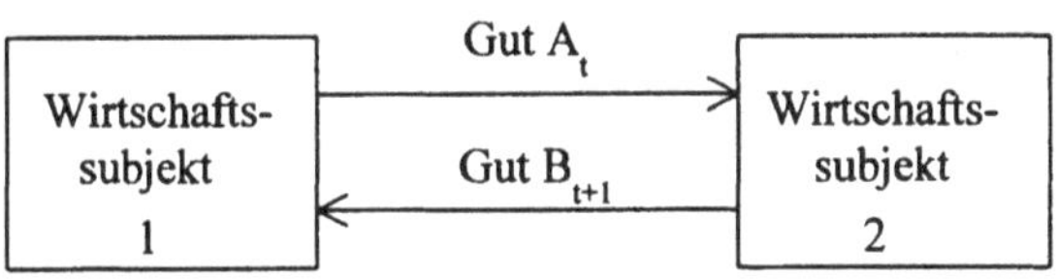

B. Kauf auf Kredit

Das Gut A wird im Zeitpunkt t geliefert (A_t) und zu einem späteren Zeitpunkt t+1 mit Geld (M_{t+1}) bezahlt.
Es handelt sich um einen **Lieferantenkredit** oder um ein **Abzahlungsgeschäft**. Beim Abzahlungsgeschäft wird allerdings der Betrag (in der Regel) in Raten und nicht in einer Summe bezahlt.

Abb. 1.08: Lieferantenkredit

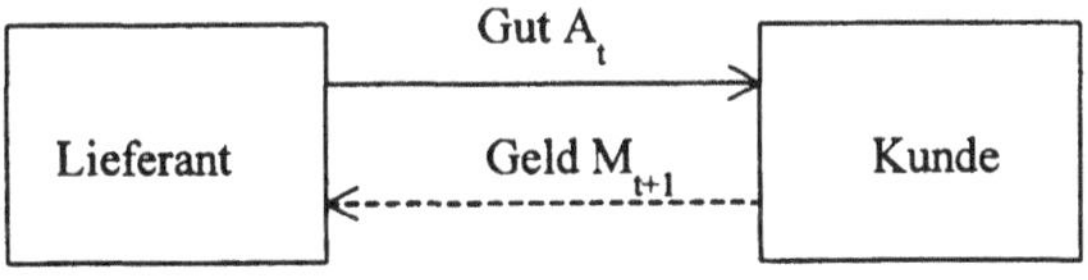

Beim Lieferantenkredit überläßt der Lieferant dem Kunden zeitweilig die Kaufkraft und verzichtet bis zum Ablauf des Zahlungsziels im Zeitpunkt t+1 auf die Ausübung seiner Kaufkraft.

C. Geldkredit

Beim Geldkredit wird gegenwärtiges Geld (M_t) gegen später zu leistendes Geld (M_{t+1}) getauscht:

Abb. 1.09: Geldkredit

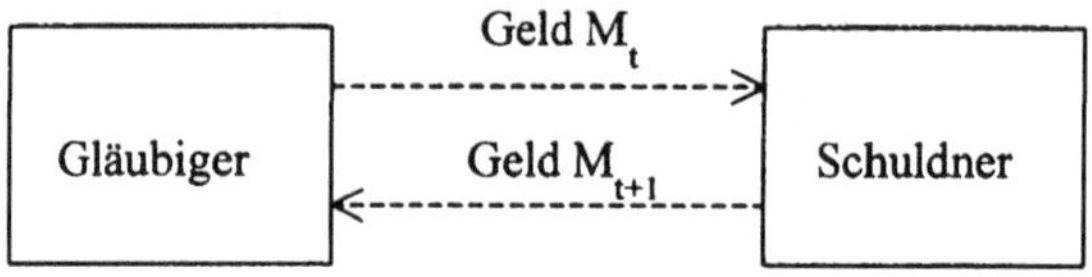

Dies ist der übliche Geldkredit, der überwiegend in Form des Bankkredits gewährt wird. Der Gläubiger überläßt dem Schuldner einen bestimmten Geldbetrag im Zeitpunkt t (M_t), den der Schuldner zum (späteren) Zeitpunkt t+1 zurückzuzahlen verspricht (M_{t+1}).
Versucht man nun aufgrund dieser drei beschriebenen Kreditgeschäfte eine **Kreditdefinition** zu finden, so ergibt sich die Schwierigkeit, daß eventuell nicht alle drei Fälle von der Definition erfaßt werden.
Nimmt man beispielsweise die Kreditdefinition von W. EHRLICHER, der unter **Kredit**

> „die zeitweilige Überlassung von Verfügungsmacht über eine bestimmte Summe mit dem Versprechen der Rückzahlung“[1]

versteht, so erkennt man, daß es sich um eine spezielle Definition für den Geldkredit handelt. Die beiden anderen Fälle können nur mit einer Hilfskonstruktion hier untergebracht werden, so der Lieferantenkredit: Der Kunde möchte sofort zahlen, aber der Lieferant erklärt sich bereit, ihm die Summe zeitweilig zu überlassen.
Daher ist es sinnvoller, eine umfassende Kreditdefinition zu wählen und

> „die zeitweilige Überlassung von Kaufkraft“

als **Kredit** zu bezeichnen. Dabei fällt es leicht, die Kreditgeschäfte Nr. 2 und 3 zu subsumieren. Beim Naturalkredit müßte eben unter „Kaufkraft“ auch ein Gut verstanden werden, unter Zugrundelegung eines sehr weiten Liquiditätsbegriffs (wie beim Near Money-Konzept).
Eine andere Möglichkeit besteht darin, die Begriffe „Gegenwartsgut“ und „Zukunftsgut“ einzuführen und damit unter einem **Kredit** den

> Tausch eines Gegenwartsguts gegen ein Zukunftsgut

[1] Ehrlicher, W.: Geldtheorie, in: Kompendium der Volkswirtschaftslehre, Bd. 1, 5. Auflage, Göttingen 1975, S.356

zu verstehen.[1]

Aus allen Definitionen ist deutlich geworden, daß es sich immer nur um eine „zeitweilige" und keine „dauerhafte" Überlassung handelt, womit eine Abgrenzung zum Geschenk erfolgte. Der Kredit ist auf eine Rückzahlung oder eine spätere Gegenleistung ausgelegt.

Die bisherigen Kreditdefinitionen haben allerdings nicht den Zins erwähnt. Der Zins gilt als Entgelt für die leihweise Überlassung von Geld oder Gütern (Agiotheorie). Der Zins wird aber auch mit der Tatsache begründet, daß ein Kaufkraftverzicht des Gläubigers vorliegt, der mit dem Zins vom Schuldner dafür belohnt wird (Abstinenztheorie).
Der Zins ist allerdings **nicht konstitutiv** für den Kredit, was der Lieferantenkredit zeigt.[2]

Was nun den **Zusammenhang zwischen Geld und Kredit** betrifft, so muß nicht jede **Kreditschöpfung** (als Einräumung eines Kredits), auch Kreditgewährung genannt, automatisch und sofort zu einer **Geldschöpfung** (Geldproduktion) führen.
Handelt es sich um einen Bankkredit, so wird erst dann eine Geldschöpfung eintreten, wenn der Kredit in Anspruch genommen und der Betrag auf das laufende Konto gutgeschrieben wird.
Erfolgt eine Kreditschöpfung im Rahmen eines Lieferantenkredits, so kann dieser Kreditschöpfung erst dann eine Geldschöpfung folgen, wenn der Lieferant versucht, die Buchforderung an seinen Kunden zu „verbriefen", d. h. einen Wechsel vom Kunden unterschreiben zu lassen. Allerdings entsteht erst in dem Augenblick Geld, wenn dieser Wechsel von einer **Bank** gegen Geld angekauft wird.

1.2.2 KREDITFORMEN

Der Kredit tritt in unterschiedlichen Formen auf, die nach verschiedenen Kriterien eingeteilt werden können:

Geht man von dem Kriterium **„Haftungsgrundlage"** aus, so kann zwischen einem

- Realkredit und einem
- Personalkredit

unterschieden werden.
Beim (ungesicherten) **Personalkredit** steht die Person des Kreditnehmers als Haftungsgrundlage im Vordergrund. Das Vertrauen des Gläubigers stützt sich auf die persönliche Leistungswilligkeit und Leistungsfähigkeit des Schuldners.
Hier wird besonders deutlich, daß die Grundlage für die Kreditgewährung das Vertrauen des Kreditgebers in den Kreditnehmer ist. Dies drückt das Wort „Kredit" aus, das vom

---

[1] Vgl. Guitton, H.: Economie politique, Tome II, Paris 1965, S. 16
[2] Der Lieferantenkredit ist allerdings nicht „kostenlos", da der Lieferant in seinen Preis Skonto einkalkuliert.

lateinischen Wort „credere = glauben, vertrauen" abgeleitet ist.

Beim **Realkredit** sichert der Gläubiger seine Forderung durch Pfandrechte auf Vermögensteile des Schuldners ab (dingliche Sicherung).

Ein weiteres mögliches Einteilungskriterium ist die **„Herkunft des Kredits"** bzw. der **„Gläubiger"**, so kann zwischen

- Privatkrediten (Lieferantenkredit, Anzahlungen),
- Bankkrediten (Kredite der Geschäftsbanken, der Notenbank) und
- Krediten öffentlicher Körperschaften (Bund, Länder, Gemeinden, Kreditanstalt für Wiederaufbau)

differenziert werden.

Auch die **„Verwendung des Kredits"** bzw. der **„Schuldner"** kann als Kriterium dienen:

- Kredite an private Nichtbankunternehmen als Produzentenkredite (Betriebsmittelkredite, Investitionskredite) oder an private Haushalte als Konsumentenkredite (Abzahlungsgeschäfte),
- Kredite an Banken (Sichtguthaben, Spareinlagen, Termineinlagen der Nichtbanken) und
- Kredite an öffentliche Körperschaften (Bundesanleihe, Bundesschatzbriefe).

Für unsere weitere Analyse ist schließlich auch das Kriterium **„Fristigkeit (Laufzeit)"** wichtig:
Man kann zwischen kurz-, mittel- und langfristigen Krediten unterscheiden, wobei in der Regel unter **„kurzfristig"** eine Laufzeit bis zu einem Jahr, unter **„mittelfristig"** von einem Jahr bis unter vier Jahren und unter **„langfristig"** ab vier Jahre in der Bundesrepublik verstanden wird. Allerdings gibt es für diese Fristeneinteilung kein eindeutiges ökonomisches Kriterium.

In diesem Zusammenhang muß auf eine wichtige **Funktion der Geschäftsbanken** hingewiesen werden: Sie transformieren kurzfristige Einlagen in langfristige Kredite und langfristige Einlagen in kurzfristige Kredite, d. h. sie haben eine **Transformationsfunktion** bezüglich der Fristigkeit (Laufzeit) der Kredite und Einlagen.

Ein weiteres Einteilungskriterium ist der **Ort der Kreditgewährung oder der Kreditaufnahme (Territorium)**, und zwar im Inland oder Ausland.

1.2.3 DIE VOLKSWIRTSCHAFTLICHE FUNKTION DES KREDITS

Wie die bisherigen Ausführungen über den Kredit deutlich machten, hat der Kredit in erster Linie eine

zeitliche Überbrückungsfunktion,

und zwar bei allen Wirtschaftssubjekten.
Bei **Unternehmen** tritt er beispielsweise als **Produzentenkredit** in der speziellen Form des Betriebsmittelkredits auf, sofern nicht genügend Eigenkapital vorhanden ist. Er hat die Aufgabe, die Zeit von der Entlohnung der Produktionsfaktoren (Zeitpunkt t) bis zum Erlös für die erstellten Leistungen (Zeitpunkt t+1) zu überbrücken, d. h. die Fertigungszeiten und Lagerzeiten (Rohstofflager, Zwischenlager, Fertigwarenlager).
Der Kredit hat natürlich auch im **Handel** eine zeitliche Überbrückungsfunktion, und zwar vom Einkauf bis zum Verkauf des Gutes. Abb. 1.10 zeigt schematisch die Überbrückungsfunktion in Unternehmen.

Abb. 1.10

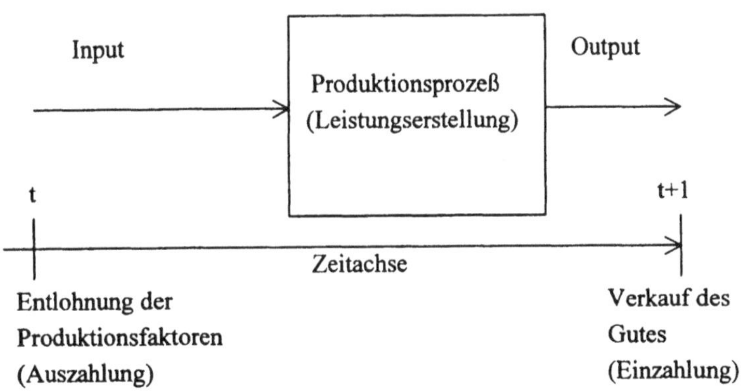

Eine zeitliche Überbrückungsfunktion liegt auch bei den **privaten Haushalten** in Form des **Konsumentenkredits** vor: Ein Gut wird im Zeitpunkt (t) gekauft und erst später (eventuell in einzelnen Raten) bezahlt. Der Kredit hilft hier, den Konsum früher als sonst möglich zu realisieren. Die Zeit von der Anschaffung bis zur möglichen Zahlung aus dem eigenen Einkommen wird überbrückt.

Der Kredit hat insbesondere die Aufgabe, die **Gesamtnachfrage einer Volkswirtschaft** zu sichern oder sogar zu erhöhen.
Eine Sicherung der bestehenden Gesamtnachfrage liegt dann vor, wenn dem Kreditnehmer andere Wirtschaftssubjekte gegenüber stehen, die in gleicher Höhe auf die Ausübung ihrer Kaufkraft verzichten, d. h. sparen. Man spricht dann von einem **kompensatorischen Kredit**, d. h. einem Kredit, der Nachfrageausfälle kompensiert.

Ist der aufgenommene Kredit höher als der Kaufkraftverzicht der anderen Wirtschaftssubjekte, so spricht man von einem **zusätzlichen Kredit** wie aus Abb. 1.11 erkennbar:

Abb. 1.11

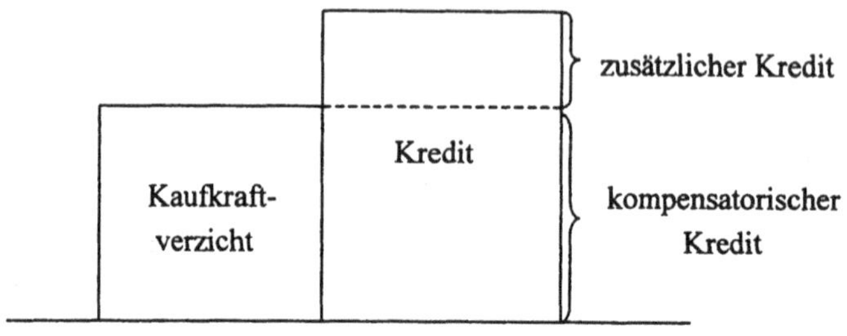

Mit diesem Kredit wird zusätzliche Kaufkraft geschaffen, was für die Volkswirtschaft einen expansiven Impuls bedeuten kann, sofern keine Inflation dadurch ausgelöst wird.
Nach Auffassung von Joseph A. SCHUMPETER ist dieser Kredit eine notwendige aber keine hinreichende Bedingung für das Wachstum einer Volkswirtschaft.[1]

1.3 LIQUIDITÄT

Wie bereits bei der Einführung des Begriffs „Near Money" und der Darstellung der Geldmengen der Deutschen Bundesbank und der Europäischen Zentralbank deutlich wurde, steht der Begriff „Liquidität" im Mittelpunkt der Geldtheorie und der Geldpolitik.[2]
Dabei wurde der Begriff „Liquidität" bereits in zweifacher Weise benutzt, und zwar als

- Eigenschaft von Vermögensobjekten und als
- Eigenschaft von Wirtschaftssubjekten.

A. Liquidität als Eigenschaft eines Vermögensobjektes

Unter „Liquidität" wird hier die Eigenschaft eines Vermögensobjektes verstanden, selbst als Zahlungsmittel verwendet oder in Zentralbankgeld (mehr oder weniger leicht) umgewandelt zu werden: Einzelne Aktiva besitzen daher unterschiedliche **Liquiditätsgrade,** wofür das Kriterium „Geldnähe" entscheidend ist. Der Liquiditätsgrad wird dadurch bestimmt, in welcher Frist und mit welchen Umtauschkosten ein Vermögensobjekt in die höchste Form der Liquidität, nämlich in Zentralbankgeld, umgetauscht werden kann. Bei diesem Liquiditätsbegriff steht die **Liquidierbarkeit** im Vordergrund, was auch als

[1] Vgl. Schumpeter, J.A.: Konjunkturzyklen, Bd. I, S. 117 ff.
[2] Zum Liquiditätsbegriff vgl. die ausführliche Darstellung von Claassen, E. M.: Probleme der Geldtheorie, Berlin 1970, S. 41 ff.

„absolute Liquidität“ (H. NICKLISCH) bezeichnet werden kann.[1]

B. Liquidität als Eigenschaft eines einzelnen Wirtschaftssubjektes

„Liquidität“, als Eigenschaft eines Wirtschaftssubjektes, wird als die Fähigkeit eines Wirtschaftssubjektes verstanden, termingerecht seinen Zahlungsverpflichtungen nachkommen zu können.[2] Diese Liquiditätsart wird auch als **Zeitpunktliquidität** bezeichnet.
Die **Zeitpunktliquidität** eines einzelnen Wirtschaftssubjektes wird durch folgende Größen bestimmt:

1. Bestand an Zahlungsmittel (Banknoten, Münzen, Sichtguthaben bei Banken),
2. Bestand an Forderungen, für die Kreditinstitute oder die Zentralbank feste Ankaufs- oder Beleihungszusagen gegeben haben,
3. Bestand an Forderungen ohne solche Zusagen, die nur mit geringen Umtauschkosten gegen Geld eintauschbar sind (z. B. börsengängige Wertpapiere) und
4. fest zugesagte Kredite.

Die Positionen 3 und 4 können auch als „Near Money“ bezeichnet werden.

Diese Liquiditätsbestände oder Beschaffungsmöglichkeiten müssen den fälligen Verbindlichkeiten zeitpunktgerecht entsprechen, weshalb diese Zeitpunktliquidität auch als **Solvenz**, d. h. Zahlungsfähigkeit eines Wirtschaftssubjektes bezeichnet wird.
Neben den Zahlungsmitteln und den Finanzaktiva können auch Vermögensobjekte in Form von Sachgütern (Waren) im weitesten Sinne der Liquidität zugerechnet werden, denn die meisten Vermögensobjekte eines Unternehmens wie Anlagegüter und Vorräte werden innerhalb einer bestimmten Frist wieder in Geld umgewandelt: Über die erzielten Umsätze erhalten die Unternehmen die im Preis einkalkulierten Abschreibungsgegenwerte für die Anlagen und den einkalkulierten Materialverbrauch wieder in Geldform zurück. Dies wird als **Selbstliquidation** bezeichnet.
Natürlich können auch Aktiva veräußert werden, ohne den Produktionsprozeß zu stören, sofern es sich um das nicht betriebsnotwendige Vermögen handelt.
Mit Hilfe einer Liquiditätsanalyse versucht man bei einzelnen **Unternehmen** durch Gegenüberstellung des Bestandes an liquiden Mitteln und Verbindlichkeiten die Zeitpunktliquidität zu ermitteln. Liquidität wird hier als ein **Deckungsverhältnis** verstanden, weshalb sie auch als **relative Liquidität** bezeichnet wird.[3]

---

[1] Mit einigen Einschränkungen sind beim aktienrechtlichen Bilanzschema Liquiditätsgesichtspunkte in der Weise berücksichtigt worden, daß die Aktivseite nach steigender Flüssigkeit und die Passivseite nach steigender Dringlichkeit aufgegliedert wurde.

[2] So schreibt das Gesetz über das Kreditwesen in § 11 für Banken vor: „Die Kreditinstitute müssen ihre Mittel so anlegen, daß jederzeit eine ausreichende Zahlungsbereitschaft gewährleistet ist.“

[3] Vgl. Wöhe, G.: Allgemeine Betriebswirtschaftslehre, 17. Auflage, München 1990, S. 752 ff.

Neben dieser statischen Analyse werden bei der Finanzplanung zukünftig erwartete Geldeingänge den erwarteten fälligen Verbindlichkeiten zugeordnet. Damit wird zu einer dynamischen Analyse übergegangen.

C. Sektorale und gesamtwirtschaftliche Liquidität

Was für ein einzelnes Wirtschaftssubjekt gilt, läßt sich analog auf eine **Gruppe von Wirtschaftssubjekten**, d. h. auf **Sektoren** nur dann übertragen, wenn die intrasektoriellen Forderungen und Verbindlichkeiten verrechnet werden.
So erhöht sich die Liquidität des Sektors „Nichtbanken" bzw. der Nicht-FMIs dann, wenn der Sektor geldnahe Forderungen bei einer Bank monetisiert, was eine Erhöhung der **äußeren Liquidität** bedeutet. Die **innere Liquidität** des Sektors verändert sich aber **nicht** beim Verkauf eines Wechsels der Nichtbank A an eine andere Nichtbank B gegen Bargeld. Dies führt nur zu einer Verschiebung der Primärliquidität innerhalb des Sektors der Nichtbanken.
Im Kapitel „Monetäre Aggregate" wurden bereits Liquiditäten einzelner Sektoren definiert, so der

- Bargeldumlauf im Nichtbankensektor bzw. Nicht-MFI-Sektor und die
- Überschuß- und Barreserve des Finanzsektors.

Dabei wurde aber nur ein Teil der jeweiligen sektoralen Gesamtliquidität erfaßt.
Bis 1982 hat die Bundesbank die sektorale Liquidität des Geschäftsbankensektors, d. h. die **Bankenliquidität**, mit dem Indikator „**freie Liquiditätsreserve der Geschäftsbanken**" ermittelt.
Dieser Indikator enthielt

- aktuelles Zentralbankgeld in Form des Bestandes an Überschußreserve und an inländischen Geldmarktpapieren (die die Bundesbank jederzeit zurücknahm) sowie
- potentielles Zentralbankgeld in Form der unausgenutzten Rediskontkontingente, was dem verbliebenen Wechselkreditspielraum der Geschäftsbanken entsprach.

Die Deutsche Bundesbank hat diesen Indikator schon seit längerem aufgegeben, da er nicht alle Liquiditätsbeschaffungsmöglichkeiten der Geschäftsbanken erfaßte wie den Lombardkredit und das Wertpapierpensionsgeschäft.
Der Indikator konnte damit nicht mehr als das „gesamtwirtschaftlich relevante Maß für die tatsächlichen Rückgriffsmöglichkeiten des Bankensystems auf die Notenbank"[1] angesehen werden.
Die EZB veröffentlicht monatlich im Zusammenhang mit der Mindestreserve-Entwicklung eine Darstellung über den Beitrag des Eurosystems zur Liquidität des Bankensystems, um die Entwicklung der Bankenliquidität darzustellen.[2]
Für die zusammengefaßte Gruppe „**Nichtbanken und Geschäftsbanken**" bzw. **Nicht-**

[1] Vgl. BBank MB 4/82, S. 22
[2] Vgl. EZB MB 6/2001, S. 27

MFIs und MFIs ist es wichtig, nicht nur Liquidität innerhalb der Gruppe zu verschieben, sondern sich Liquidität bei der Zentralbank beschaffen zu können.
Dies geschieht in der Regel dadurch, daß sich der **Geschäftsbankensektor bzw. der Finanzsektor** bei der Zentralbank auf unterschiedliche Weise (z. B. über die Refinanzierungspolitik) Zentralbankgeld beschafft und damit die Bankenliquidität erhöht. Die Zentralbank versucht, mit Hilfe dieser Größe auch die **Liquidität des Nichtbankensektors** (Nicht-MFI-Sektors) zu steuern, um damit gesamtwirtschaftliche Ziele zu erreichen.
Im Gegensatz zur monetaristischen Theorie geht die **Liquiditätstheorie des Geldes** nicht von der Geldbasis als entscheidender Größe aus, sondern von der **gesamtwirtschaftlichen Liquidität**. Dieses Liquiditätskonzept wurde besonders in dem 1959 erschienenen Radcliffe-Report vertreten, bei dem es sich um eine Untersuchung des britischen Finanzsektors handelte. Die Zentralbank sollte danach ihre Politik auf die **Kontrolle der gesamtwirtschaftlichen Liquidität** konzentrieren, wobei nicht gewährleistet ist, daß sie diese immer autonom steuern kann. So knüpft der Radcliffe-Report wieder an die Banking-Theorie an.[1]
Die Deutsche Bundesbank versuchte und die Europäische Zentralbank versucht mit Hilfe ihrer Geldmengenkonzepte M1, M2 und M3 die Entwicklung der gesamtwirtschaftlichen Liquidität zu erfassen.
Diese Geldmengen enthalten allerdings nur einen Teil der Bestandsliquidität zu einem bestimmten Zeitpunkt, und zwar nur des **Nicht-MFI-Sektors**. Immerhin erfassen M2 und M3 außer dem Geldbestand noch weitere liquide Mittel.

D. Internationale Liquidität

Wie noch bei der Darstellung des Geldangebots zu zeigen ist, hat auch eine Zentralbank dann ein Liquiditätsproblem, wenn sie eine Zahlung leisten soll mit einem Geld, das sie nicht selbst schaffen kann, und zwar mit ausländischen Zahlungsmitteln.
Bei der internationalen Liquidität handelt es sich damit um den **Bestand an ausländischen Zahlungsmitteln**.
Der IWF zählt zu dieser Liquidität, neben dem monetären Gold, Guthaben in konvertierbarer und nicht konvertierbarer Währung (Devisenguthaben) sowie nicht ausgenutzte Sonderziehungsrechte (beim IWF).

[1] Zum Liquiditätsansatz vgl. insbesondere die ausführliche Darstellung und Würdigung: Schittko, R.: Der Liquiditätsansatz in der Geldtheorie, Bochum 1980

KONTROLLFRAGEN ZU KAPITEL 1

1. Welche ökonomischen Funktionen müssen erfüllt sein, damit das gesetzliche Zahlungsmittel als Geld in einer Volkswirtschaft akzeptiert wird?
2. Welche Vorteile bietet die Einführung eines „Standardgutes" in Form von Geld in einer Volkswirtschaft gegenüber einem Naturaltausch?
3. Was versteht man unter dem Trucksystem, und welche Reste sind heute noch vorhanden?
4. Warum wird die Funktion „Wertmaßstab" als abstrakt bezeichnet?
5. Welches gesamtwirtschaftliche Ziel muß eine Zentralbank verfolgen, um die Geldfunktion „Wertaufbewahrung" zu sichern? Nennen sie die beiden Bezeichnungen dieses Zieles!
6. Nennen Sie einige historische Geldformen, und erklären Sie die praktischen Vor- und Nachteile dieser Geldformen!
7. Was versteht man unter dem Greshamschen Gesetz?
8. Welche Geldformen gibt es in den modernen Volkswirtschaften?
9. Wie entsteht der Münzgewinn und wem steht er in der Bundesrepublik zu?
10. Wie kommen die Münzen in den Umlauf?
11. Wer hat in der Bundesrepublik Deutschland das Recht der Notenausgabe?
12. Erläutern Sie die Banking- und die Currency-Theorie!
13. Gibt es für den Banknotenumlauf in der Eurozone eine Obergrenze?
14. Wodurch unterscheidet sich das Buchgeld von den Banknoten?
15. Was versteht man unter „Computergeld"?
16. Zählen Sie einige geldnahe Liquiditätsformen (Near Money) auf!
17. Welcher Unterschied besteht zwischen Near Money und Banknoten?
18. Wie ermittelt die EZB statistisch den „Bargeldumlauf im Nicht-MFI-Sektor", und welchen systematischen Fehler nimmt sie damit in Kauf?
19. Was versteht man unter Zentralbankgeld? Welche anderen Bezeichnungen kennen Sie dafür?
20. Welchen Indikator hat die Bundesbank bis 1987 für Geldmengenziel verwendet, und welchen verwendet die EZB für ihren Referenzwert heute?
21. Was versteht man unter der „Überschußreserve des Finanzsektors"?
22. Warum ist es sinnvoll, ja sogar notwendig, sonstige Finanzaktiva durch die Schaffung der Geldmengen M2 und M3 in die Analyse der Entwicklung der gesamtwirtschaftlichen Liquidität mit einzubeziehen?
23. Was versteht man unter „Tausch auf Kredit"?
24. Was unterscheidet den Kredit vom Geschenk?
25. Geben Sie eine umfassende Kreditdefinition!
26. Welcher Zusammenhang besteht zwischen der Kredit- und der Geldschöpfung?
27. Nach welchen Kriterien können Kreditformen unterschieden werden?
28. Welche Funktion hat der Kredit in bezug auf Unternehmen und private Haushalte?
29. Was versteht Schumpeter unter einem zusätzlichen Kredit, und welche volkswirtschaftliche Funktion schreibt er ihm zu?

30. Erläutern Sie die Liquidität eines Vermögensobjektes!
31. Was versteht man unter der Zeitpunktliquidität?
32. Durch welche Faktoren wird die Zeitpunktliquidität eines Wirtschaftssubjektes bestimmt?
33. Wie wird die Zeitpunktliquidität eines Unternehmens ermittelt?
34. Warum ist bei Wirtschaftssektoren streng zwischen „äußerer" und „innerer" Liquidität zu unterscheiden?
35. Was hat die Bundesbank (bis 1982) unter der „freien Liquiditätsreserve der Geschäftsbanken" verstanden? Warum verwendete sie diesen Indikator nicht mehr?
36. Welche Indikatoren werden zur Beurteilung der gesamtwirtschaftlichen Liquidität herangezogen?
37. Was versteht der IWF unter der „internationalen Liquidität"?

LITERATURVERZEICHNIS ZU KAPITEL 1

Deutsche Bundesbank	Die Geldpolitik der Bundesbank, Oktober 1995
Ehrlicher, W.	Geldtheorie, in: HDSW, Bd. 4, S. 231-258
Ehrlicher, W.	Geldtheorie, in: HdWW, Bd. 3, S. 374-391
Ehrlicher, W.	Geldtheorie, in: Kompendium der Volkswirtschaftslehre, Bd. 1, S. 339
Föhl, C.	Kredit, in: HDSW, Bd. 6, S. 301-317
Guitton, H.	Economie politique, Tome 2, 4e éd., Paris 1965
Issing, O.	Einführung in die Geldtheorie, 7. Auflage, München 1990
Jacob, K.-D.	Geldlehre, Wiesbaden 1981
Krümmel, H.-J.	Liquidität, in: HDWW, Bd. 5, S. 47-54
Ott, A. E.	Wirtschaftstheorie, Eine erste Einführung, Göttingen 1989
Peto, R.	Einführung in das volkswirtschaftliche Rechnungswesen, 5., überarbeitete Auflage, München; Wien 2000
Peto, R.	Grundlagen der Makroökonomik, 12., überarbeitete und erweiterte Auflage, München; Wien 2001
Stützel, W.	Liquidität, in: HDSW, Bd. 6, S. 622-629
Wagner, V. F.	Kredit (I) Geschichte, in: HDSW, Bd.6, S. 296-301
Woll, A.	Allgemeine Volkswirtschaftslehre, 12. Auflage, München 1996

2. FINANZINSTITUTE IN DEUTSCHLAND UND MONETÄRE MÄRKTE

Da bei den Darlegungen der Geldtheorie und Geldpolitik überwiegend die institutionellen Besonderheiten in der Bundesrepublik Deutschland berücksichtigt werden sollen, erweist es sich als notwendig, einige grundlegende institutionelle Fakten und Zusammenhänge darzustellen. Dabei werden zunächst die Finanzinstitute erläutert und danach die monetären Märkte beschrieben.

2.1 INSTITUTE DES FINANZSEKTORS

Der Finanzsektor besteht aus Instituten, die sich auf Finanzgeschäfte spezialisiert haben und zwar in der Form, daß sie vor allem Finanzmittel hereinnehmen und Kredite gewähren. Ihre wichtigste Funktion ist die Tätigkeit als Kreditvermittler, weshalb sie auch als Finanzintermediäre (financial intermediaries) bezeichnet werden. Da von diesem Sektor außerdem die Geldschöpfung ausgeht, kann er auch als Geldschöpfungssektor bezeichnet werden.
Diese Einrichtungen treten überwiegend als

- Zentralbanken (Europäischen Zentralbank und Deutschen Bundesbank),
- Kreditinstitute (Geschäftsbanken) aber auch als
- andere Finanzierungseinrichtungen wie Finanzdienstleistungsinstitute, Finanzholding-Gesellschaften und Finanzunternehmen und
- ein Teil des Nichtbankensektors

auf.
Unter „**Kreditinstitute**" werden Unternehmen verstanden, die Bankgeschäfte betreiben, so u.a. das Einlagengeschäft, Kreditgeschäft, Diskontgeschäft, Depotgeschäft, Investmentgeschäft und die Abwicklung des bargeldlosen Zahlungsverkehrs (§ 1 Abs. 1 KWG).

Zu den Kreditinstituten zählen u. a. nicht die Zentralbanken, die Kreditanstalt für Wiederaufbau, die Sozialversicherungsträger und die Bundesanstalt für Arbeit (§ 2 KWG).
Ebenfalls nicht zu den Kreditinstitute zählen die **Finanzdienstleistungsinstitute**, zu deren Aufgaben u. a. die Anlagenvermittlung, die Finanzportfolioverwaltung und das Sortengeschäft gehören (§ 1a KWG). Auch die **Finanzunternehmen** sind keine Kreditinstitute. Ihre Aufgabe besteht u. a. darin, Beteiligungen zu erwerben, Geldforderungen entgeltlich zu erwerben, Leasingverträge abzuschließen usw. (§ 3 KWG).[1]
Zum **Nichtbankensektor** gehören eindeutig die privaten Versicherungsunternehmen. Diese üben allerdings einige der oben erwähnten Bankgeschäfte aus, so das Kreditgeschäft. Sie sind ausdrücklich keine Kreditinstitute im Sinne des Kreditwesengesetzes (§ 2 Abs. 1

[1] In § 3a bis 3e werden weitere Finanzierungseinrichtungen aufgezählt, die nicht zu den Kreditinstituten zählen.

Ziff. 4 KWG).
Ein Einordnungsproblem gibt es jedoch für die Kreditanstalt für Wiederaufbau. Sie gilt zwar nicht als Kreditinstitut, wird aber in der Statistik teils dem Bankensektor teils dem Nichtbankensektor zugeordnet.

2.1.1 DAS DEUTSCHE BANKENSYSTEM (ÜBERBLICK)

Das heutige Bankensystem der Bundesrepublik Deutschland wurde mit der Gründung der Deutschen Bundesbank (BBankG vom 26.7.57) im Jahre 1957 geschaffen.
Es besteht aus einer **Zentralbank**, der Deutschen Bundesbank, dem Geschäftsbankensektor und Instituten mit Sonderaufgaben.
Die Zentralbank (in Form einer Einheitsbank) „Deutsche Bundesbank" löste das 1948 von den Alliierten in Westdeutschland (vor Gründung der Bundesrepublik Deutschland) geschaffene zweistufige Zentralbanksystem ab. An der Spitze dieses damaligen Systems, das dem Federal Reserve System der USA nachgebildet war, stand die „Bank deutscher Länder". Diese „Bank deutscher Länder" war die gemeinsame Tochter der damals selbständigen Landeszentralbanken, die in den einzelnen westdeutschen Ländern als selbständige Zentralbanken fungierten.
Nach der Gründung der Bundesrepublik Deutschland im Jahre 1949 wurde der Bund gemäß Art. 88 GG verpflichtet, eine Bundesbank zu errichten, was dann im Jahre 1957 geschehen ist.
Die Selbständigkeit der Landeszentralbanken wurde aufgehoben. Sie sind heute ein Teil der Bundesbank als deren Hauptverwaltungen in den einzelnen Bundesländern.
Typisches Kennzeichen der Deutschen Bundesbank ist ihre Unabhängigkeit (Autonomie) gegenüber politischen Stellen.
Seit dem 1.1.1999 ist die Deutsche Bundesbank Teil des Europäischen Systems der Zentralbanken (ESZB) geworden. Die deutsche Geldpolitik wurde damit überwiegend an das ESZB übertragen. Die Deutsche Bundesbank wirkt an der Erfüllung der vorrangigen Zielsetzung des ESZB mit, die darin besteht, „...die Preisstabilität zu gewährleisten, ..." (§ 3 BBankG).[1]
Da zu Beginn der Wirtschafts- und Währungsunion nicht alle Länder den Euro eingeführt haben, muß zwischen dem ESZB und dem Eurosystem unterschieden werden. Das Eurosystem umfaßt die Europäische Zentralbank und die nationalen Zentralbanken des Euro-Währungsgebiets.

Was die **Geschäftsbanken** (Kreditinstitute) betrifft, so ist festzustellen, daß diese Gruppe in

- Universalbanken und
- Spezialbanken

eingeteilt werden kann, wobei noch zusätzlich zwischen den

[1] Vgl. dazu ausführlich S. 159 ff.

- privaten und den
- öffentlich-rechtlichen

Banken unterschieden wird.

Die dominierende Bankenform in der Bundesrepublik ist die **Universalbank**. Die Universalbank bietet ein breites Sortiment an Bankdiensten an. Der einzelnen Universalbank bleibt es überlassen, welche Leistungen sie erbringt. Im Gegensatz dazu hat die **Spezialbank** ihre Leistungen auf ganz bestimmte Gebiete und Aktivitäten zu beschränken.
In anderen Staaten werden die Leistungen der Banken durch Konventionen und/oder Gesetze beschränkt. So hat der Gesetzgeber in den USA eine Trennung des Kreditgeschäfts einerseits und des Emissions- und Wertpapiergeschäfts andererseits vorgesehen, um eventuelle Interessenkonflikte auszuschließen.
In Großbritannien hat die Konvention dazu geführt, daß sich einzelne Banken auf ganz bestimmte Bankgeschäfte spezialisiert haben. Ein derartiges System mit ausschließlich Spezialbanken wird auch als **Trennbankensystem** bezeichnet.
In der Bundesrepublik Deutschland liegen weder gesetzliche Beschränkungen noch Konventionen vor, weshalb der Universalbankentyp hier überwiegt.

Die Universalbanken in der Bundesrepublik können in drei große Gruppen eingeteilt werden:

1. Die Kreditbanken
2. Die Sparkassen
3. Die Kreditgenossenschaften

Die einzelnen Bankengruppen bieten zwar alle Bankleistungen an, haben sich aber auch zum Teil, historisch bedingt, im Laufe der Zeit auf bestimmte Nichtbankengruppen spezialisiert:
So sind die Kreditbanken überwiegend als Hausbanken für die Groß- und Mittelindustrie tätig, während sich die Sparkassen besonders um die Kleinsparer bemühen und Hausbanken der Kommunen und Kreise sind. Die Kreditgenossenschaften konzentrieren sich (insbesondere bei ihrer Kreditgewährung) auf das Handwerk, Kleingewerbe und die Landwirtschaft.
Zu den Kreditbanken (private Geschäftsbanken) gehören insbesondere die drei Großbanken (Deutsche Bank, Dresdner Bank, Commerzbank) und ab 1999 die Bayerische Hypo- und Vereinsbank, die Regionalbanken (einschließlich Privatbankiers und Postbank) und die Zweigstellen ausländischer Banken.
Die Sparkassen und deren Landesbanken (Girozentralen) sind dagegen öffentlich-rechtliche Kreditinstitute, deren Eigentümer überwiegend die Kommunen und Kreise aber auch die Bundesländer sind.
Die Kreditgenossenschaften und ihre Genossenschaftlichen Zentralbanken sind private Einrichtungen in genossenschaftlicher Rechtsform.

Die **Spezialbanken** führen, wie ihr Name bereits andeutet, nur ganz bestimmte Bankgeschäfte aus:
So haben sich die **Realkreditinstitute** wie die privaten Hypothekenbanken und Öffentlich-rechtlichen Grundkreditanstalten auf die langfristige Kreditgewährung an Grundbesitzer gegen Sicherung durch Hypotheken spezialisiert. Die notwendigen Mittel werden durch Ausgabe von Pfandbriefen beschafft.
Neben den Realkreditinstituten gibt es weitere **Banken mit Sonderaufgaben**:
So beispielsweise die (private) AKA Ausfuhrkredit-Gesellschaft mbH, die von deutschen Banken für die mittel- und langfristige Finanzierung des Exports gegründet wurde.
Zu den Banken mit Sonderaufgaben zählt auch die **staatlichen Spezialbank** „Kreditanstalt für Wiederaufbau", die 1948 im Zusammenhang mit den Geldern aus dem Marshallplan (ERP = European Recovery Program) gegründet wurde und im Besitz des Bundes und der Länder ist. Nach dem Wiederaufbau sind ihr heute Aufgaben in der Kreditgewährung für die Strukturanpassung der deutschen Wirtschaft und der Kapitalhilfe für Entwicklungsländer aber auch im Zusammenhang mit dem Aufbau in Ostdeutschland zugefallen.

Zur **Beurteilung der Bedeutung** der einzelnen Bankengruppen können mehrere Kriterien herangezogen werden, und zwar

1. die Anzahl der Bankinstitute,
2. der Anteil an der Bilanzsumme der Banken,
3. die Höhe der gewährten Kredite an Nichtbanken (Nicht-MFIs),
4. die Höhe der Einlagen der Nichtbanken (Nicht-MFIs) und
5. die Zahl der Niederlassungen.

Tab. 2.01 zeigt die Kriterien Nr. 1-4, und Abb. 2.01 macht das Kriterium ,"Anteil an der Bilanzsumme Banken" nochmals optisch deutlich.
Die wichtigste Gruppe aufgrund der drei Kriterien „Anteil an der Bilanzsumme", „Höhe der Kredite an Nichtbanken (Nicht-MFIs)" und „Höhe der Einlagen von Nichtbanken (Nicht-MFIs) ist die Gruppe der öffentlich-rechtlichen Kreditinstitute: **Sparkassen und Landesbanken**.
Das bedeutet, daß in Deutschland nicht die privaten Geschäftsbanken, sondern die Banken im Besitz von Gebietskörperschaften die wichtigste Gruppe darstellen.
Geht man von dem Kriterium „Anzahl der Bankinstitute" aus, so dominieren mit 1651 Institute die **Kreditgenossenschaften**, da sie vor allem im ländlichen Raum (fast flächendeckend) tätig sind.

Tab. 2.01: Bankengruppen in Deutschland
(Stand: September 2001)

Nr.	Bankengruppe	Anzahl	Bilanzsumme Mrd. EUR	%	Kredite an Nichtbanken Mrd. EUR	%	Einlagen von Nichtbanken Mrd. EUR	%
1	Universalbanken	2489	4789,6	75,4	2600,2	73,3	1946,3	83,5
11	Kreditbanken	282	1784,9	28,1	944,5	26,6	625,1	26,8
11a	Großbanken	4	1027,8	16,2	541,8	15,3	333,2	14,3
11b	Regionalbanken u. sonstige Kreditbanken	196	625,2	9,8	351,0	9,9	278,9	12,0
11c	Zweigstellen ausländischer Banken	82	131,9	2,1	51,7	1,5	13,0	0,6
12	Öffentlich-rechtliche Kreditinstitute	553	2242,1	35,3	1225,4	34,5	904,2	38,8
12a	Landesbanken	13	1282,7	20,2	545,1	15,4	304,6	13,1
12b	Sparkassen	540	959,4	15,1	680,3	19,2	599,6	25,7
13	Genossenschaftliche Kreditinstitute	1654	762,6	12,0	430,3	12,1	417,0	17,9
13a	Genossenschaftliche Zentralbanken	3	225,4	3,5	59,9	1,7	38,5	1,7
13b	Kreditgenossenschaften	1651	537,2	8,5	370,4	10,4	378,5	16,2
2	Spezialbanken	70	1559,7	24,6	946,7	26,7	385,7	16,5
21	Realkreditinstitute	27	915,0	14,4	649,4	18,3	142,2	6,1
22	Bausparkassen	29	155,6	2,5	113,0	3,2	96,6	4,1
	Banken mit Sonderaufgaben	14	489,1	7,7	184,3	5,2	146,9	6,3
	Alle Bankengruppen	2559	6349,3	100,0	3546,9	100,0	2332,0	100,0

Quelle: BBank MB 11/01, S. 24*f.

Seit Jahren nimmt jedoch ihre Zahl durch Fusionen ab. Eine Entwicklung, die von den Genossenschaftsverbänden gefördert wird.
Mit diesen beiden Kriterien kann allerdings nur unvollkommen die **wirtschaftliche Macht** der einzelnen Gruppen erfaßt werden.
So haben beispielsweise die **Großbanken** mit einem Anteil an der Bilanzsumme von nur ca. 16 % einen erheblichen Einfluß auf das wirtschaftliche Geschehen durch ihre Zusammenarbeit mit Großunternehmen. Darüber hinaus ist es ihnen möglich, durch ihre Beteiligungen an Großunternehmen und mit Hilfe des Depotstimmrechts (das sie im Auftrag ihrer Kunden ausüben), auf die Politik der Großunternehmen entscheidenden Einfluß zu nehmen. Die Diskussion über die „Macht der Banken" ist immer noch im Gange.[1]

Abb. 2.01: Bankengruppen
Anteile an der Bilanzsumme

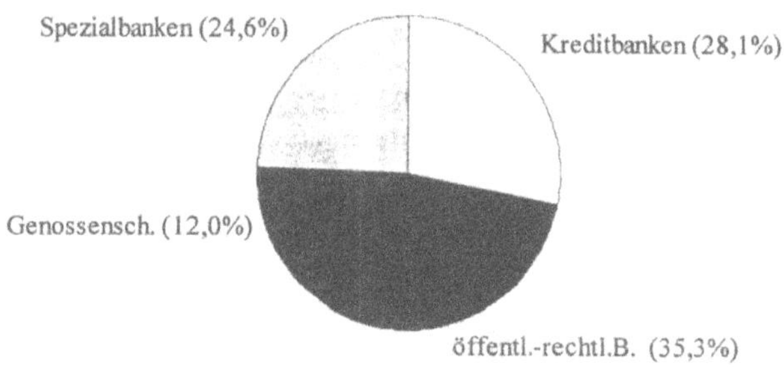

Quelle: Vgl. Tab. 2.01

2.1.2 WEITERE EINRICHTUNGEN DES FINANZSEKTORS

Es wurde bereits darauf hingewiesen, daß neben den Banken auch noch Nichtbanken (Nicht-MFIs) zum Finanzsektor zählen, die Bankgeschäfte durchführen wie die **privaten Versicherungen**. Diese Gruppe ist seit Jahren in ihrer Funktion als Kapitalsammelstelle gegenüber den konkurrierenden Banken auf dem Vormarsch wie die Finanzierungsrechnungen der Deutschen Bundesbank zeigen.[2] Diese Entwicklung empfinden die Banken als so bedrohlich, daß sie Abwehrstrategien beispielsweise in Form eines Angebots von Sparverträgen mit Versicherungsschutz entwickelt haben. Daneben wird immer mehr das **Allfinanzkonzept** verfolgt, d. h. die Bank gründet oder kauft eine Versicherung (und eine Bausparkasse), um die wichtigsten Anlageformen der privaten Haushalte selbst unter einem Dach anzubieten.
Andere besondere Einrichtungen des Finanzsektors sind die bereits erwähnten Finanzie-

[1] Vgl. Schuster, L.: Moral und Macht der Banken, Bern 1977
[2] Vgl. Peto, R.: VRW, S. 195 ff.

rungseinrichtungen wie Finanzdienstleistungsinstitute, Finanzholding-Gesellschaften und Finanzunternehmen usw. Zu ihnen gehören auch die Wertpapiersammelbanken, deren Aufgabe in der Sammelverwahrung von Wertpapieren besteht, und die Kapitalanlagegesellschaften (Investmentgesellschaften), die die in ihr Sondervermögen eingelegten Finanzmittel unter Beachtung der Risikostreuung in Wertpapieren oder Grundstücken anlegen und darüber Fondsanteile ausgeben.

Im weiteren Sinne gehören zum Finanzsektor auch große Teile der als **Parafisci** (oder als Finanzintermediäre im Sinne der Finanzwissenschaft) bezeichneten Institutionen, die aus dem allgemeinen Staatshaushalt ausgegliedert sind, aber öffentliche Aufgaben erfüllen und Zwangsabgaben erheben dürfen wie z. B. die Träger der Sozialversicherung (gesetzliche Renten-, Kranken-, Unfall-, Arbeitslosenversicherung).

2.2 DER FINANZMARKT

Faßt man das Angebot von Krediten und die Nachfrage nach Krediten gedanklich zusammen, bezeichnet man dies als **„Finanzmarkt“** oder **„Kreditmarkt im weitesten Sinne“.**

Der **nationale Finanzmarkt bzw. Kreditmarkt** kann in folgende Teilmärkte gegliedert werden:

1. Geldmarkt
2. Kapitalmarkt
3. Markt für Bankkredite (Kreditmarkt im engeren Sinne)
4. Markt der sonstigen Finanzintermediäre

Bei der Abgrenzung der Teilmärkte spielt das Kriterium „Fristigkeit“ (Nr. 1 und 2), „Kreditgeber“ (Nr.3 und 4) eine Rolle.[1]

Dabei ist zu beachten, daß seit der Errichtung des Europäischen Systems der Zentralbanken die nationalen Märkte nicht mehr abgeschottet sind. Die Kredit werden im Euro-Währungsgebiet vielfach in Euro aufgenommen und die Aktien in Euro emittiert.

2.2.1 DER GELDMARKT

Der **„Geldmarkt im weitesten Sinne“** ist in der Geldtheorie das Zusammentreffen von Geldangebot und Geldnachfrage.

In der Wirtschaftspolitik und -praxis wird aber meist nur der **„Geldmarkt im engeren Sinne“** als Geldmarkt bezeichnet, wobei sich der Begriff auf

- den Handel von Zentralbankgeld mit unterschiedlicher Fristigkeit

[1] Die folgende Darstellung konzentriert sich auf die Teilmärkte Nr. 1,2 und 3.

(zwischen der Zentralbank und den Geschäftsbanken als auch unter den Geschäftsbanken) und

- dem Handel mit Geldmarktpapieren (als Handel unter den Geschäftsbanken bzw. mit der Zentralbank)

bezieht.
Das Instrumentariums des Eurosystems gibt den Geschäftsbanken im Rahmen des sogenannten Hauptrefinanzierungsgeschäftes die Möglichkeit, wöchentlich einen Kredit mit einer Laufzeit von 14 Tagen und im Rahmen der Spitzenrefinanzierungsfazilität einen Übernachtkredit aufzunehmen. Zusätzlich werden nun die Mindestreserveguthaben der Geschäftsbanken auf dem laufenden Konto bei der Bundesbank und Guthaben im Rahmen der Einlagenfazilität verzinst.[1]

Der andere Teil des Geldmarktes ist der **Handel mit Geldmarktkrediten**: Es werden kurzfristige Gelder zwischen den Geschäftsbanken (Interbankhandel) gehandelt, dabei kann zwischen einem Handel mit Festgeldern und einem Handel mit Kündigungsgeldern noch unterschieden werden.
Beim **Festgeldhandel** wird die Laufzeit des Kredits im voraus festgelegt (Tagesgeld, Einmonatsgeld, Dreimonatsgeld, Sechsmonatsgeld und Zwölfmonatsgeld), während beim **Kündigungsgeld** die Laufzeit unbestimmt ist, die mögliche Kündigungsfrist (z. B. tägliches Geld) aber vorher festgelegt wurde.
Der Markt für Geldmarktkredite hat die wichtige Funktion des **Liquiditätsausgleichs** innerhalb des Geschäftsbankensektors (innere Liquidität), da von Banken mit Liquiditätsengpässen kurzfristige Gelder bei Banken mit Liquiditätsüberschüssen aufgenommen werden können, ohne daß sich die Liquidität des Geschäftsbankensektors ändern muß.
Der Geldmarkt ist - wie gezeigt wurde - ein Markt mit starker Institutionalisierung, d. h. es sind nur bestimmte Teilnehmer und bestimmte Kredite bzw. Papiere zugelassen.

2.2.2 DER KAPITALMARKT

Auf dem Kapitalmarkt werden mittel- und langfristige Finanzmittel gehandelt. Es ist der Markt für mittel- und langfristige Verschuldung (Nachfrage) und Geldvermögensanlage (Angebot).
Der Markt tritt zum Teil in organisierter Form auf, und zwar als

- Wertpapierbörse für festverzinsliche Wertpapiere (Rentenmarkt) und der Aktienbörse aber auch
- in nicht organisierter Form als „Markt für direktes Kapital" zwischen den Banken und Nichtbanken.

[1] Vgl. S. 177 ff.

Bei Aktien handelt es sich allerdings nicht um Kredittitel im üblichen Sinne, sondern um Beteiligungspapiere. Die Aktie kann zwar an andere Banken und Nichtbanken (Nicht-MFIs) verkauft werden, das Aktien emittierende Unternehmen muß (genauer darf) den Betrag aber nicht an den Aktieninhaber zurückzahlen. Es handelt sich bekanntlich um Eigenkapital der Aktiengesellschaft.
Der Kapitalmarkt ist zwar hoch organisiert durch die Einrichtung der Börsen, aber nicht so stark institutionalisiert:
Es herrschen an der Börse sehr strenge Regeln, der Teilnehmerkreis ist jedoch nicht auf bestimmte Wirtschaftssubjekte beschränkt wie beim Geldmarkt. Allerdings werden die Käufe und Verkäufe von Wertpapieren in der Bundesrepublik üblicherweise von den Geschäftsbanken abgewickelt.

Was die **Beziehungen zwischen den Teilmärkten des Finanzmarktes** betrifft, so soll dies am Beispiel der Abhängigkeit von Geldmarkt und Kapitalmarkt erläutert werden:
Da die einzelnen Teilmärkte über die Geschäftsbanken miteinander verbunden sind, ergibt sich ein direkter Zusammenhang (auch der Zinsen), aber keine eindeutige Gesetzmäßigkeit:
So ist immer wieder zu beobachten, daß eine Liquiditätsanspannung auf dem Geldmarkt, durch restriktive Maßnahmen der Zentralbank bedingt, zu einer Reduzierung der Wertpapierkäufe und zu Wertpapierverkäufen führt und somit eine „Geldmarktabhängigkeit des Kapitalmarktes“ festgestellt werden kann.
Andererseits werden die Banken bei hoher Liquidität nicht nur Bankkredite gewähren, sondern auch Anlagen am Kapitalmarkt suchen, um das Risiko zu streuen. Dabei sind zeitliche Verzögerungen zu beobachten.

2.2.3 DER MARKT FÜR BANKKREDITE

Es handelt sich hier um den **Kreditmarkt im engeren Sinne**, d. h. um das Angebot von Krediten durch die Geschäftsbanken und die Nachfrage nach Krediten überwiegend von inländischen Nichtbanken.
Dabei gewähren die Geschäftsbanken (als Universalbanken) in der Bundesrepublik Kredite mit unterschiedlicher Fristigkeit (Laufzeit) und unterschiedlicher Art, d. h. vom Kontokorrentkredit über den Konsumentenkredit bis hin zum Investitionskredit.

Tab. 2.02 zeigt den Umfang der Kreditgewährung an Nichtbanken (Nicht-MFIs) in Deutschland nach den beiden Kriterien „Fristigkeit“ und „Schuldner“ gegliedert:

Aus Tab. 2.02 wird deutlich, daß 82,1 % des Kreditbestandes aus der Kreditgewährung an Nichtbankunternehmen und an Privatpersonen und 17,9 % an öffentliche Haushalte Ende 1999 entstanden ist.
Außerdem wird aus Tab. 2.02 der Anteil der langfristigen Kredite Ende 1992 mit 77,8 %,

der mittelfristigen mit 8,4 % und der kurzfristigen mit 13,9 % deutlich.

Tab. 2.02: Kreditgewährung der Geschäftsbanken (MFIs) in Deutschland an inländische Nichtbanken (Nicht-MFIs) in Mrd. EUR und prozentuale Anteile Ende 2000

Kreditnehmer	Fristigkeit				
	kurzfristig	mittelfristig	langfristig	Summe	%
öffentliche Haushalte	21,2	30,4	425,5	477,1	17,9
Unternehmen und Privatpersonen	348,2	192,8	1646	2187,0	82,1
Summe	369,4	223,2	2071,5	2664,1	100,0
%	13,9	8,4	77,8	100,0	

Quelle: BBank MB 6/01, S. 30* f.

KONTROLLFRAGEN ZU KAPITEL 2

1. Zählen Sie einige Geschäfte auf, die typisch sind für die ökonomischen Aktivitäten der Finanzunternehmen!
2. In welchen Jahr wurde die Deutsche Bundesbank gegründet, und wie hieß ihre Vorgängerin?
3. Nach welchem Vorbild war die Vorgängerin der Deutschen Bundesbank organisiert?
4. Welchen rechtlichen Status haben heute die Landeszentralbanken?
5. Welche Funktionen hat die Deutsche Bundesbank immer noch zu erfüllen?
6. Was unterscheidet eine Universalbank von einer Spezialbank?
7. Welche Banken werden in der Bundesrepublik zu den Großbanken gezählt?
8. Welche Aufgaben hat die Spezialbank „Kreditanstalt für Wiederaufbau"?
9. Welche Bankengruppe ist die dominierende nach dem Kriterium „Bilanzsumme" und welche nach dem Kriterium „Anzahl der Bankinstitute"?
10. Auf welche Weise üben die Großbanken ihre wirtschaftliche Macht aus?
11. Was versteht man unter dem „Allfinanzkonzept"?
12. Welche Teilmärkte umfaßt der Finanzmarkt im weitesten Sinne?
13. Welcher Unterschied besteht zwischen dem Festgeld- und dem Kündigungsgeldhandel?
14. Welcher Unterschied besteht zwischen dem Geldmarkt und dem Kapitalmarkt?

LITERATURVERZEICHNIS ZU KAPITEL 2

Borchert, M.	Geldmarkt, in: Vahlens Großes Wirtschaftslexikon (Hg. Dichtl, E. und Issing, O.), Bd. 2, S. 674 f.
Borchert, M.	Kreditmarkt, in: ebenda, Bd. 2, S. 1108
Deutsche Bundesbank	Die Geldpolitik der Bundesbank, Oktober 1995
Deutsche Bundesbank	Währung und Wirtschaft in Deutschland 1876-1975, Frankfurt/M. 1976
Franke, H.	Das Bankensystem, Wesen, Arten, Funktionen, Veränderungen, Diss. Mainz 1974
Jacob, K.-D.	Geldlehre, Wiesbaden 1981
Peto, R.	Einführung in das volkswirtschaftliche Rechnungswesen, 5., überarbeitete Auflage, München; Wien 2000
Schmidt, H./ Schurig, M./ Welcher, J.	Bank- und Börsenwesen, Band 1: Struktur und Leistungsangebot, München 1981

3. GELDANGEBOT

Die Analyse des Geldangebots hat zum Ziel, darzustellen

- wie und warum die Geldemittenten (Zentralbank und Geschäftsbanken) Geld zur Verfügung stellen, und
- welche Grenzen ihnen beim Geld- und Kreditangebot gesetzt sind.

Dabei wird zunächst das Geld- und Kreditangebot der Zentralbank erläutert, und dann das Angebot des Geschäftsbankensektors untersucht, wobei zu zeigen ist, auf welche Weise das Angebot des Geschäftsbankensektors von der Zentralbank abhängig ist.
Bei unserer Analyse gehen wir von einer Modell-Volkswirtschaft mit einer einzigen Zentralbank und einem Geschäftsbankensektor aus. Der Zahlungsverkehr wird sowohl in Bargeld als auch in Giralgeld abgewickelt: Es wird ein Mischgeldsystem unterstellt.
Bei der Darstellung des Geldangebots wird sowohl die Geld- und Kreditschöpfung auf der Basis des traditionellen Überschußreserve-Konzepts erläutert als auch das monetaristische Geldbasiskonzept. Daneben werden Überlegungen von Verhaltensänderungen der Zentralbank, der Geschäftsbanken und der Nichtbanken in die Analyse mit einbezogen.

3.1 DAS GELD- UND KREDITANGEBOT DER ZENTRALBANK

Wir gehen davon aus, daß die Zentralbank nur mit Geschäftsbanken und dem Staat Geschäfte tätigt, nicht aber mit den Nichtbanken.
Diese Geschäfte bestehen im Ankauf von verschiedenen Aktiva (meist Forderungen wie Devisenguthaben) und/oder in der Gewährung von Krediten.
Der Kauf dieser Aktiva und die Kreditgewährung erfolgen gegen Zentralbankgeld, d.h. gegen Bargeld oder Zentralbankguthaben.
Auf diese Weise kommt Zentralbankgeld in den Wirtschaftskreislauf.

Anhand einzelner typischer Fälle soll der Kauf von Aktiva und die Kreditgewährung der Zentralbank näher erläutert werden:

Kauft die Zentralbank von einer Geschäftsbank X **Devisenguthaben** (= Guthaben in ausländischer Währung) in Höhe von 10.000 inländischen Geldeinheiten (GE), so erhöht sich der Devisenbestand der Zentralbank im Wert von 10.000 GE und gleichzeitig steigen die Sichtguthaben bei der Zentralbank um den gleichen Betrag wie die Änderung der Zentralbankbilanz zeigt:

Konto 3.01:

Aktiva	Zentralbankbilanz (Bilanzänderungen)		Passiva
(1) Devisenbestand	+ 10.000	(1) Sichtguthaben X	+ 10.000

Zentralbankgeld in Höhe von 10.000 GE wurde geschaffen.

Die Geschäftsbank X hat nun die Möglichkeit diese Sichtguthaben bei der Zentralbank in Banknoten umzuwandeln (Fall 1a), wodurch sich in der Zentralbankbilanz nur ein Passivtausch ergibt. Dieser Vorgang zeigt wie Bargeld in den Wirtschaftskreislauf gelangt:

Konto 3.02:

Aktiva	Zentralbankbilanz (Bilanzänderungen)		Passiva
		(1a) Sichtguthaben	X - 10.000
		(1a) Banknoten	X + 10.000

Der Bestand an Zentralbankgeld ändert sich damit nicht, aber der Banknotenumlauf außerhalb der Zentralbank.

Eine weitere Möglichkeit der Geschäftsbanken sich Zentralbankgeld zu beschaffen, besteht in der **Kreditaufnahme** bei der Zentralbank (Fall 2), wobei der Kredit in der Regel durch Wertpapiere gesichert ist. Auch diese Kreditgewährung wird als Refinanzierung der Geschäftsbank bezeichnet.

Nimmt die Geschäftsbank X einen Kredit in Höhe von 40.000 GE auf, so ändert sich die Zentralbankbilanz wie Konto 3.03 zeigt:

Konto 3.03:

Aktiva	Zentralbankbilanz (Bilanzänderungen)		Passiva
(3) Kredit	+ 40.000	(3) Sichtguthaben X	+ 40.000

Das Zentralbankgeld nimmt um 40.000 GE zu.

Wir unterstellen, daß auch der Staat direkt einen Kredit bei der Zentralbank aufnehmen kann (Fall 3).[1] Dadurch kann das Zentralbankgeld ebenfalls ansteigen wie das folgende Beispiel zeigt, wobei ein Kredit in Höhe von 50.000 GE unterstellt wird:

[1] Es muß an dieser Stelle darauf hingewiesen werden, daß eine staatliche Kreditaufnahme beim ESZB nicht erlaubt ist.

Konto 3.04:

Aktiva | Zentralbankbilanz (Bilanzänderungen) | Passiva

Aktiva		Passiva	
(4) Kredit an Staat	+ 50.000	(4) Sichtguthaben Staat	+ 50.000

Das Zentralbankgeld erhöht sich um 50.000 GE.

Ein Vergleich der einzelnen Fälle zeigt, daß der Fall 1 (Devisenkauf) von den anderen Fällen 2-3 zu unterscheiden ist, was die Folgewirkung betrifft:
Beim Devisenkauf durch die Zentralbank geht die Geschäftsbank X keine zukünftige Verpflichtung ein. Für die Geschäftsbank X ist der Fall endgültig abgeschlossen, genauso als ob sie eine Ware verkauft hätte. Man nennt diese Art eines Aktivums ein **primäres** Aktivum.
Den Fällen 2-3 liegt eine Kreditgewährung zugrunde, mit der Folge, daß der Erhöhung des Zentralbankgelds zum Zeitpunkt der Kreditgewährung eine Reduzierung des Zentralbankgelds bei der Rückzahlung der Kredite folgt (Rückstromprinzip). Diese Art von Aktiva, die eine Geldvernichtung in einer späteren Periode nach sich zieht, nennt man ein **sekundäres Aktivum**.
Faßt man die Fälle in einer einzigen Bilanz zusammen, so ergibt sich das folgende Konto:
Konto 3.05:

Aktiva | Zentralbankbilanz (Zusammenfassung der Bilanzänderungen) | Passiva

Aktiva		Passiva	
(1) Devisenbestand	+ 10.000	(1a) Banknoten	X + 10.000
(2) Kredit an X	+ 40.000	(2) Sichtguthaben	X + 40.000
(3) Kredit an Staat	+ 50.000	(3) Sichtguthaben Staat	+ 50.000
Summe	100.000	Summe	100.000

Die Zentralbankbilanz zeigt auf der Aktivseite deutlich, auf welcher Grundlage Zentralbankgeld in Höhe von 100.000 GE entstanden ist: Man spricht daher von der **Entstehungsseite der Geldbasis**: Das Zentralbankgeld ist durch die Kreditgewährung und durch den Ankauf von Devisen durch die Zentralbank entstanden.[1]
Die Passivseite der Zentralbankbilanz zeigt dagegen in welcher Form das Zentralbankgeld entstanden ist: Banknoten und Sichtguthaben bei der Zentralbank. Sie zeigt aber auch, welche Gruppen von Wirtschaftssubjekten das Zentralbankgeld besitzen, hier die Geschäftsbanken und der Staat.
Diese Vorgänge können in allgemeiner Form wie folgt dargestellt werden:

[1] Vgl. dazu die Zahlen aus dem Eurosystem, S. 26

Konto 3.7:

Entstehungsseite	Zentralbankbilanz Verwendungsseite
(1) außenwirtschaftliche Komponente	(1a) Banknoten
(2) Refinanzierungskomponente	(2-3) Sichtguthaben
(3) Staatliche Komponente	

Die Zentralbank kann durch eine Monetisierung von primären Aktiva und durch Kreditgewährung den Bestand an Zentralbankgeld erhöhen.
Dabei sind ihr weder beim Geldangebot noch bei der Kreditgewährung (Kreditschöpfung) Grenzen gesetzt, da sie selbst **kein Liquiditätsproblem** hat, weil sie Zentralbankgeld in Form von Bargeld und von Sichtguthaben bei ihr selbst unbegrenzt schaffen kann.
Nimmt man an, die Zentralbank könne nur reagieren, wenn eine Geschäftsbank oder der Staat an sie herantritt, um ein primäres Aktivum monetisieren zu lassen oder um einen Kredit aufzunehmen, bezeichnet man dies als eine **passive Geldschöpfung**. Die Zentralbank hat dann nur die Möglichkeit, die Bedingungen zu setzen, zu denen das Geschäft abgewickelt wird. Sie kann außerdem eventuell Obergrenzen für die Kreditgewährung einführen.
Die Annahme einer ausschließlich passiven Geldschöpfung der Zentralbank würde bedeuten, daß die Geldmenge **endogen** bestimmt wird, wie das insbesondere bei der Bankingtheorie (und beim Liquiditätskonzept) angenommen wird:
Die Zunahme der Wirtschaftsaktivität erhöht die Zahl und die Beträge der Handelswechsel. Nach einer Rediskontierung durch die Zentralbank erhöht sich der Bestand an Zentralbankgeld außerhalb der Zentralbank. (In gleicher Weise wirkt eine Kreditgewährung mit einer Absicherung durch Handelswechsel.)
Hier könnte tatsächlich eine Begrenzung der Zentralbank liegen, da sie auf die Aktivitäten ihrer Geschäftspartner angewiesen wäre, damit sich der Bestand an Zentralbankgeld erhöht. Andererseits können die Geschäftsbanken insbesondere nur über die Zentralbank diese Geldart bekommen, um sie dann als Basis für eine Kreditgewährung an den Nichtbankensektor verwenden zu können.

Eine **aktive Geldschöpfung** liegt dann vor, wenn die Zentralbank, von sich aus Aktiva (wie z. B. Devisen) von den Geschäftsbanken oder den Nichtbanken kauft.
Damit nimmt die Zentralbank eine **exogene** Steuerung der Zentralbankgeldmenge vor. Eine Vorstellung, die sowohl dem Geldbasiskonzept als auch der Theorie von J. M. KEYNES nahe kommt.
Die Zentralbank ist allerdings nicht daran interessiert, die Zentralbankgeldmenge unbegrenzt auszuweiten. Sie sucht vielmehr die gesamtwirtschaftlich **optimale Geldmenge** anzusteuern, die auf der einen Seite die Liquidität der Wirtschaft sichert und auf der anderen Seite den Geldwert stabil hält. Dies entspricht der Zielsetzung der Zentralbank.

3.2 DAS GIRALGELD- UND KREDITANGEBOT DES GESCHÄFTSBANKENSEKTORS

3.2.1 EINLEITUNG

Während die Zentralbank im Mischgeldsystem keinerlei Liquiditätsprobleme bezüglich der heimischen Währung hat, treten bei den Geschäftsbanken diese Probleme massiv auf. Sie begrenzen ihr Kredit- und Geldangebot.
Das erste Liquiditätsproblem der Geschäftsbanken besteht darin, daß **Bargeld** und Giralgeld von den Nichtbanken nicht als vollständige Substitute angesehen werden. In Mischgeldsystemen halten die Nichtbanken immer noch Bargeld, da es in vielen Fällen die Transaktionen wesentlich vereinfacht.
Dieses Verhalten der Nichtbanken kann mit Hilfe der **Bargeldquote (c)** statistisch erfaßt werden. Die Bargeldquote ergibt sich aus dem Verhältnis von Bargeldumlauf (C = cash) zu der Summe aus Bargeldumlauf (C) und Sichtguthaben (D): $c = C/(C+D)$.
Eine andere Möglichkeit, die Geldhaltung der Nichtbanken zu beschreiben ist der Kassenhaltungskoeffizient „k", der das Verhältnis des Bargeldumlaufs (C) zu den Sichtguthaben (D) wiedergibt. Er ist deshalb wie folgt definiert: $k = C/D$.[1]

Die Tendenz zum bargeldlosen Zahlungsverkehr ist unverkennbar. Allerdings ist die Bundesrepublik Deutschland im internationalen Vergleich immer noch ein Land mit hoher Bargeldquote.[2]
Die Bargeldquote wurde und wird durch Zahlungsgewohnheiten aber auch durch institutionelle Regelungen wie z. B. durch die Einführung des Eurocheques beeinflußt.[3]
Für die Geschäftsbanken ergibt sich aus der Tatsache, daß Nichtbanken immer noch mit Bargeld zahlen, das Problem der **Barabhebung der Nichtbanken** bei der Kreditgewährung an Nichtbanken.
Die Geschäftsbanken müssen **Zentralbankgeld (Basisgeld)** halten, um Zahlungen leisten zu können in einer Geldart, die sie selbst **nicht** schaffen können. Das Problem der Bargeldabhebung soll bei den folgenden Überlegungen im Hinblick auf die Barabhebung bei der Kreditgewährung an Nichtbanken berücksichtigt werden.
Bei der Überlegung wie hoch der Anteil ist, der bei einer Kreditgewährung jeweils in bar abgehoben wird, muß die einzelne Geschäftsbank eine Annahme über das Verhalten ihrer Kunden machen. Sie stützt sich dabei auf ihre bisherige Erfahrung.
Für unsere weitere Analyse wird als Hilfswert, die bereits an anderer Stelle erwähnte Bargeldquote (c) oder alternativ der Kassenhaltungskoeffizient (k) verwendet.

[1] Für die Bundesrepublik Deutschland ist festzustellen, daß die Bargeldhaltung langfristig gesunken ist, und zwar von c = 0,35 im Jahre 1969 auf c = 0,33 im Jahre 1989. Die entsprechenden k-Werte lagen für 1969 bei k = 0,54 und für 1989 bei k = 0,48. (Vgl. BBank MB 8/75, S. 4* und BBank MB 3/91, S. 4*)
[2] Vgl. S. 22
[3] Eine nachhaltige Senkung in der nächsten Zeit könnte allerdings durch die intensive Nutzung der Geldautomaten verzögert werden.

Das zweite Problem der Geschäftsbanken (in der Bundesrepublik) ist die **Mindestreservepflicht**, d. h. die Pflicht zur Haltung von **Zentralbankguthaben**. Da der Geschäftsbankensektor nur eine Geldart schaffen kann, nämlich Giralgeld in Form von Sichtguthaben, ergeben sich in den oben erwähnten Fällen Liquiditätsprobleme für ihn:
Fordert die Zentralbank oder eine Nichtbank Zentralbankgeld, so muß der Geschäftsbankensektor versuchen, sich dieses Zentralbankgeld zu beschaffen, sofern er es nicht besitzt.
Der Geschäftsbankensektor beschafft sich Zentralbankgeld (wie bereits dargestellt), indem er Aktiva bei der Zentralbank monetisieren läßt oder bei ihr einen Kredit aufnimmt.
Daneben hat er die Möglichkeit, von den Nichtbanken Zentralbankgeld zu erhalten, wobei er durch eine systematische Vermarktung seiner Produkte wie „Sparpläne" oder „Inhaberschuldverschreibungen" von sich aus aktiv werden kann oder einfach passiv auf die Einlagen der Nichtbanken warten muß.
Die Zentralbank versucht andererseits, die Liquiditätslage der Geschäftsbanken nicht nur über primäre und sekundäre Aktiva zu steuern, sondern auch über die Variation des Mindestreservesatzes: Die Geschäftsbanken werden von der Zentralbank gezwungen, Sichtguthaben bei der Zentralbank zu halten.
Der Mindestreservebetrag wird prozentual von den Sichtguthaben und sonstigen Einlagen der Nichtbanken bei den Geschäftsbanken berechnet. Die Zentralbank kann den Prozentsatz, auch Mindestreservesatz genannt, variieren.

3.2.2 STATISCHE FUNDAMENTALANALYSE

Das Problem der Giralgeld- und Kreditschöpfung des Geschäftsbankensektors soll nun zuerst anhand eines Zahlenbeispiels und danach allgemein dargestellt werden.
Es handelt sich dabei um die **traditionelle Darstellung**, die den Zusammenhang zwischen Kredit- und Geldschöpfung und der **Überschußreserve** der Geschäftsbanken zeigt.
Wir beginnen mit einer statischen Analyse, bei der die Variablen gleich datiert sind, d. h. es gibt keine zeitlichen Verzögerungen.[1]
Gehen wir bei unserer statischen Analyse von der Kreditgewährung einer Geschäftsbank an eine Nichtbank N in Höhe von 1000 GE aus, unterstellen eine Barabhebungsquote von 30 % und einen Mindestreservesatz von 10 %, so ergibt sich folgende Rechnung nach der Tab. 3.01:
Für einen Kredit über 1000 GE werden von der Geschäftsbank nach diesem Beispiel 300 GE für Barabhebung und 70 GE als Mindestreservebetrag (Pos. 2 und 4), d. h. insgesamt DM 370 Zentralbankgeld (Basisgeld) benötigt. Anders ausgedrückt: Mit 370 GE in Form von Zentralbankgeld kann ein Kredit von 1000 GE gewährt werden. Daraus folgt, daß mit 1 GE in Form von Zentralbankgeld ein Kredit von 2,70 GE (1000 GE: 370 GE) gewährt werden kann.
Tab. 3.01

[1] Vgl. dazu Peto, R.: Makroökonomik, S. 30

Pos. 1.	Kreditgewährung	1000 GE
2.	abzüglich Barabhebung (30 %)	300 GE
verbleiben:		
3.	Sichtguthaben von N (= Giralgeldschöpfung)	700 GE
Diese Sichtguthaben sind mindestreservepflichtig:		
4.	Mindestreservebetrag (10 % von 700 GE=)	70 GE

Dies bedeutet: Die Geschäftsbank kann das ca. 2,7-fache des Bestandes an Zentralbankgeld an Kredit schöpfen, wenn sie 1 GE Zentralbankgeld zur Kreditschöpfung einsetzt. Diesen Faktor 2,7027 wird **Kreditschöpfungsmultiplikator** genannt. Er ist hier identisch mit dem **Geldschöpfungsmultiplikator**, da für die Nichtbank Geld (in Form von Bargeld und von Giralgeld) in gleicher Höhe wie der Kredit geschaffen wurde.
Wie sieht nun der Zusammenhang zwischen Zentralbankgeld und Giralgeld aus?
Mit 370 GE in Form von Zentralbankgeld kann Giralgeld in Höhe von 700 GE geschaffen werden. Daraus folgt entsprechend, daß mit 1 GE in Form von Zentralbankgeld 1,89 GE (700 GE: 370 GE) Giralgeld geschaffen werden kann. Die Geschäftsbank kann damit das ca. 1,81-fache an Giralgeld schaffen, wenn sie den obigen Kredit von 1000 GE gewährt. Dieser Faktor 1,8191 ist der **Giralgeschöpfungsmultiplikator.**
Unter Berücksichtigung des obigen Zahlenbeispiels ergibt sich folgende **allgemeine Analyse**:
Beschafft sich eine Geschäftsbank Zentralbankgeld (bei der Zentralbank), erhöht sich ihre Überschußreserve (+ Δ ÜR). Wird diese Überschußreserve vollständig für die Gewährung eines Kredits (Δ K) verwendet, ergibt sich bei der Barabhebungsquote (c) und dem Mindestreservesatz (r) folgende Rechnung nach der Tab. 3.02:

Tab. 3.02

Pos. 1.	Kreditgewährung:	ΔK
2.	abzüglich Barabhebung bei einer Barabhebungsquote c:	$c\,\Delta K$
verbleiben:		
3.	Sichtguthaben (Δ D):	$\Delta D = \Delta K - c\,\Delta K = (1-c)\,\Delta K$
Diese Sichtguthaben sind mindestreservepflichtig:		
4.	Mindestreservebetrag bei einem Mindestreservesatz r:	$r\,\Delta D = r\,(1-c)\,\Delta K$

Da die Überschußreserve (Δ ÜR) vollständig für die Barabhebung und die Mindestreserve verwendet wird (Pos. 2 und 4), ergibt sich:

$$\Delta \ddot{U}R = \underbrace{c\ \Delta K}_{\text{Barabhebung}} + \underbrace{r\,(1\text{-}c)\ \Delta K}_{+\ \text{Mindestreservebetrag}}$$

$$= [\ c + r\,(1\text{-}c)\ ]\ \Delta K$$

Eine Auflösung nach Δ K ergibt:

$$\Delta K = \frac{1}{c + r\,(1 - c)}\ \Delta \ddot{U}R \qquad (1)$$

Die Vorzahl von Δ ÜR ist der **Kreditschöpfungs- und der Geldschöpfungsmultiplikator**.

Der **Giralgeldschöpfungsmultiplikator** ergibt sich als Vorzahl von Δ ÜR aus der Tatsache, daß Δ D = (1-c) Δ K ist (Pos. 3):

$$\Delta D = \frac{1 - c}{c + r\,(1 - c)}\ \Delta \ddot{U}R \qquad (2)$$

3.2.3 DYNAMISCHE ANALYSE

Bei der dynamischen Analyse gehen wir von einer zeitlichen Verzögerung der Kredit- und Geldschöpfung um eine Periode aus:

Die Höhe der jeweiligen Überschußreserve in der Vorperiode (t-1) bestimmt die Höhe der Kredit- und Geldschöpfung in der laufenden Periode (t) auf folgende Weise: Der jeweilige zusätzliche Kredit entspricht in gleicher Höhe der verbleibenden Überschußreserve aus der Vorperiode:

$$\Delta K_t = \Delta \ddot{U}R_{t-1}$$

Wir verwenden dabei wieder zunächst ein Zahlenbeispiel und zeigen tabellarisch die Entwicklung der Überschußreserve (Δ ÜR), der Kredite (Δ K), der Barabhebung (Δ C), des Giralgeldes (Δ D) und der Mindestreserve (Δ R). Danach wird der Fall in allgemeiner Form dargestellt.

Tab. 3.03: Geld- und Kreditschöpfungsprozeß

Periode t	Überschuß-reserve Δ ÜR GE	Kredit Δ K GE	Barab-hebung Δ C (c=0,3) GE	Giralgeld Δ D GE	Mindest-reserve Δ R (r=0,1) GE
(1)	(2)	(3)	(4)	(5)	(6)
0	10.000				
1	6.300	10.000	3.000	7.000	700
2	3.969	6.300	1.890	4.410	441
3	2.500	3.969	1.191	2.778	278
.	.	.	.	.	.
.	.	.	.	.	.
.	.	.	.	.	.
∞	0	0	0	0	0
Summe		27.027	8.108	18.919	1.892

Bei diesem Zahlenbeispiel (Tab. 3.03) gehen wir davon aus, daß die Geschäftsbank X Devisen an die Zentralbank im Höhe von 10.000 GE verkauft und auf diese Weise Basisgeld (Zentralbankgeld) erworben hat.[1] Ihre Überschußreserve ist damit in der Periode 0 um 10.000 GE gestiegen.

Diese Überschußreserve nimmt sie als Basis für die Kreditgewährung in der Periode 1:

Wie aus Tab. 3.03 erkennbar, gewährt die Geschäftsbank in der **Periode 1** in Höhe der Überschußreserve (10.000 GE) einen Kredit.

Davon werden 30 % (c = 0,3), d. h. 3.000 GE, bar abgehoben. Als Giralgeld verbleiben 7.000 GE. Diese Sichteinlagen sind mindestreservepflichtig. Bei einem Mindestreservesatz von 10 % (r = 0,1) beträgt der Mindestreservebetrag 700 GE.

Die Überschußreserve in der **Periode 2** beträgt damit:

10.000 GE – 3000 GE – 700 GE = 6300 GE.

In dieser Höhe wird in der Periode 2 erneut ein Kredit gewährt mit den analogen Folgen, so daß sich in der **Periode 3** die Überschußreserve auf 3.969 GE reduziert.

Nach unendlich vielen Perioden hat die Geschäftsbank die vorhandene Überschußreserve vollständig für die Barabhebung und für die Mindestreservehaltung eingesetzt. Die jeweiligen Summen der einzelnen Spalten zeigen diese maximal erreichbaren Werte.

Bei unserer Analyse wurde zwar nur von einer einzigen Geschäftsbank ausgegangen. Die Ergebnisse gelten jedoch für den **Geschäftsbankensektor** als Ganzes ebenfalls mit der

[1] Vgl. S. 25

folgenden Überlegung:
Wird ein bestimmter Betrag von der Geschäftsbank X zur Geschäftsbank Y (über die Bundesbank) überwiesen, so vermindert sich die Überschußreserve der Geschäftsbank X um diesen Betrag und die Überschußreserve der Geschäftsbank Y erhöht sich um den gleichen Betrag. Es ist also nur eine Verschiebung der Liquidität innerhalb des gleichen Sektors. Verhalten sich Nichtbanken und Geschäftsbanken gleich, wird die Summe aller gewährten Kredite (und damit auch die Summe der anderen Variablen) dem Ergebnis in Tab. 3.03 entsprechen.

Die Summen der Spalten (3) bis (6) können als Summen von geometrischen Reihen ermittelt werden.[1] Diese geometrische Reihen sollen für die Kreditschöpfung (Spalte 3) und für die Giralgeldschöpfung (Spalte 5) in **allgemeiner Form** dargestellt werden.

Für die **Kreditschöpfung** gilt:

$$\Delta K = \Delta \ddot{U}R_0 q^0 + \Delta \ddot{U}R_0 q^1 + \Delta \ddot{U}R_0 q^2 + \ldots + \Delta \ddot{U}R_0 q^{t-1} \qquad (1)$$

wobei gilt: $q = (1\text{-}r)(1\text{-}c)$ sowie: $0 < c < 1$ und $0 < r < 1$

Um die Summe der geometrischen Reihe zu ermitteln, wird die Gleichung (1) mit q multipliziert und $\Delta \ddot{U}R_0$ ausgeklammert:

$$q \Delta K = \Delta \ddot{U}R_0 (1 + q^1 + q^2 + \ldots + q^t) \qquad (2)$$

Wird Gleichung (2) von Gleichung (1) subtrahiert, ergibt sich die geometrische Summe:

$$\Sigma \Delta K - q \Sigma \Delta K = (1 - q^t) \Delta \ddot{U}R_0 \qquad (3)$$

oder

$$\Sigma \Delta K = \frac{1-q^t}{1-q} \Delta \ddot{U}R_0 \quad \text{für } q < 1 \qquad (3a)$$

strebt $t \to \infty$, geht $q^t \to 0$, da außerdem: $q = (1\text{-}r)(1\text{-}c)$, gilt:

$$\Sigma \Delta K = \frac{1}{1-(1-r)(1-c)} \Delta \ddot{U}R_0 = \frac{1}{c + r(1-c)} \Delta \ddot{U}R_0 \qquad (4)$$

Dies ist die maximale **Kreditschöpfungsmöglichkeit des Geschäftsbankensektors** unter den angegebenen Bedingungen.
Sie ist abhängig von der

[1] Zur Aufsummierung geometrischer Reihen vgl. Peto: Makroökonomik, S. 93f.

- Höhe der Überschußreserve, die für den Kredit eingesetzt wird,
- von der Barabhebungsquote der Kreditnehmer und vom
- Mindestreservesatz, der von der Zentralbank festgelegt wird.

Gleichung (4) bedeutet aber nicht nur die maximale Kreditschöpfungsmöglichkeit beim Einsatz der jeweiligen Überschußreserve zur Kreditgewährung sondern auch das **maximale Geldangebot** der Geschäftsbanken an die Nichtbanken in Form von **Bargeld und Giralgeld** und damit die **maximale Geldschöpfungsmöglichkeit** mit einer bestimmten Überschußreserve.

Die maximale **Giralgeldschöpfung** muß analog aus Spalte (5) der obigen Tabelle (Tab. 3.03) ermittelt werden. Dies ist die Geldart, die von den Geschäftsbanken selbst geschaffen werden kann. Aus der obigen Tabelle ergibt sich, was an anderer Stelle bereits gezeigt wurde, daß zwischen der Kreditgewährung und dem Giralgeld folgender Zusammenhang besteht:

$$\Delta D = (1\text{-}c)\,\Delta K \qquad (5)$$

Unter Berücksichtigung von Gleichung 4 ist die Summe aller Änderungen des **Giralgeldes**:

$$\Sigma \Delta D = \frac{1-c}{c + r(1-c)}\,\Delta \ddot{U}R_0 \qquad (7)$$

Dies ist die maximale **(multiple) Giralgeldschöpfungsmöglichkeit des Geschäftsbankensektors.**

3.2.3 BASISGELD UND ANDERE MONETÄRE AGGREGATE

Geht man bei der Darstellung der Geld- und Kreditschöpfungsmöglichkeiten des Geschäftsbankensektors nicht von einer zugeflossenen Überschußreserve aus, sondern - entsprechend dem **Geldbasiskonzept**[1] - vom **Bestand an Zentralbankgeld**, so erhält man das Geldangebot und das Kreditangebot des Geschäftsbankensektors mit Hilfe der beiden nachfolgenden Modelle.
Die Modelle 3.01 und 3.02 zeigen den Zusammenhang zwischen der Geldmenge des Nichtbankensektors und dem Basisgeld: M = f (B).
Es wird dabei der Kassenhaltungskoeffizient k, anstatt der Bargeldquote c verwendet.

[1] Vgl. dazu S. 25

Modell 3.01 bezieht sich auf die Geldmenge M1 (mit Bargeld und Sichtguthaben = täglich fällige Einlagen) und **Modell 3.02** auf die Geldmenge M2 des ESZB.

Modell 3.01:

$M1 = C + D$	(1)		
$B = C + R$	(2)		
$R = r \cdot D$	(3)	$0 < r < 1;\ r = R/D$	
$C = k \cdot D$	(4)	$0 < k\ ;\ k = C/D$	

Gleichung (1) stellt die Definitionsgleichung der Geldmenge dar,[1] und zwar hier die Geldmenge des Nichtbankensektors (des Finanzsektors) M1 bestehend aus Bargeld (C) und Sichtguthaben der Nichtbanken bei den Geschäftsbanken (Monetären Finanzinstitute), auch Depositen (D) genannt.

Bei Gleichung (2) handelt es sich um die Definitionsgleichung der Geldbasis, die hier nur aus der Bargeldmenge der Nichtbanken (C) und den Mindestreserveguthaben der Geschäftsbanken bei der Zentralbank (R) besteht. Die Geschäftsbanken halten sonst kein Zentralbankgeld.

Gleichung (3) ist eine institutionelle Gleichung: Die Geschäftsbanken werden von der Institution „Zentralbank" verpflichtet, Mindestreserve zu halten.

Gleichung (4) beschreibt das Verhalten der Nichtbanken bezüglich der Bargeldhaltung. Dabei ist der Kassenhaltungskoeffizient wie folgt definiert: k = C/D.

Die Lösung des Modells 1 sieht wie folgt aus:

Gleichungen (3) und (4) in (2) eingesetzt, ergibt:

$$B = r \cdot D + k \cdot D \qquad (2')$$
$$B = D\,(r + k) \qquad (2'')$$

daraus folgt: $$D = \frac{1}{r+k} B \qquad (2''')$$

Gleichung (4) in (1) eingesetzt, ergibt:

$$M1 = k \cdot D + D \qquad (1')$$
$$M1 = D\,(1 + k) \qquad (1'')$$

Um D zu substituieren, setzen wir die Gleichung (2''') in (1'') ein:

[1] Zu den einzelnen Gleichungsarten ökonomischer Modelle vgl. Peto: Makroökonomik, S. 28 ff.

$$M1 = \frac{1+k}{r+k} B \qquad (1''')$$

oder unter Verwendung von m1 = (1+k)/(r+k), ergibt sich:

$$M1 = m1 \cdot B \qquad (1'''')$$

Das Ergebnis der Lösung des Modells bedeutet folgendes:

Das Geldangebot M1 ist abhängig vom Bestand an Zentralbankgeld, des Kassenhaltungskoeffizienten und dem Mindestreservesatz.

Will die Zentralbank das Geldangebot und damit auch das Kreditangebot der Geschäftsbanken beeinflussen, so kann sie dies über den Bestand an Zentralbankgeld und/oder die Variation des Mindestreservesatzes mit Hilfe ihres Instrumentariums tun.

Der Effekt einer Änderung des Bestandes an Zentralbankgeld (Basisgeld) auf M1 läßt sich durch die Ableitung der Variablen M1 in der Gleichung (1''') nach der Geldbasis (B) ermittelt:

$$\frac{dM1}{dB} = \frac{1+k}{r+k} = m1 \qquad (5)$$

Diese Gleichung zeigt den **multiplikativen Zusammenhang zwischen der Änderung der Geldbasis und der Änderung der Geldmenge M1**.
Der Multiplikator m1 ist identisch mit dem Geldschöpfungs- und dem Kreditschöpfungsmultiplikator des Geschäftsbankensektors in einem Mischgeldsystem, sofern eine Erhöhung der Geldbasis von den Geschäftsbanken vollständig für eine Kreditgewährung eingesetzt wird.[1]

Aus Modell 3.01 kann außerdem der **Zusammenhang zwischen Basisgeld und Giralgeld** abgeleitet werden, und zwar aus Gleichung (2'''):

$$D = \frac{1}{r+k} B \qquad (2''')$$

[1] Der Multiplikator entspricht dem bereits in der Fundamentalanalyse und in der dynamischen Analyse hergeleiteten Kredit- und Geldschöpfungsmultiplikator.

Die Ableitung der Variablen D nach B in Gleichung (2''') ergibt den **Giralgeldschöpfungsmultiplikator:**

$$\frac{dD}{dB} = \frac{1}{r+k} \qquad (6)$$

Erhöht sich die Geldbasis und wird diese Erhöhung als Grundlage für die Kreditgewährung verwendet, so zeigt Gleichung (2''') das maximale Ausmaß der daraus resultierenden **Giralgeldschöpfung im Geschäftsbankensektor.**[1]

Da die Zentralbank die Kredit- und Geldschöpfung der Geschäftsbanken durch ihre Mindestreservepolitik zu beeinflussen sucht, soll noch die Wirkung einer **Änderung des Mindestreservesatzes** dargestellt werden.

Zu diesem Zweck wird Gleichung (1''') wie folgt umgeformt:

$$M1 = (1+k)(r+k)^{-1} B \qquad (1'''')$$

Abgeleitet nach dem einheitlichen Mindestreservesatz „r" (nach der Kettenregel) ergibt sich:

$$\frac{dM1}{dr} = (-1)(1+k)(r+k)^{-2} B \qquad (7)$$

$$\frac{dM1}{dr} = (-1)\left[(1+k)(r+k)^{-1} B\right](r+k)^{-1} \qquad (7')$$

Für den Term in eckiger Klammer kann M1 gesetzt werden, so daß sich folgender Zusammenhang ergibt:

$$\frac{dM1}{dr} = -\frac{1}{r+k} M1 \qquad (7'')$$

Die rechte Seite der Gleichung (7'') stellt den **Mindestreservemultiplikator** bei dem Reservesatz „r" dar. Er zeigt das Ausmaß der Änderung auf M1 an.

Der Multiplikator ist negativ: Bei einer Erhöhung (Senkung) des Mindestreservesatzes sinkt (erhöht sich) M1 und damit die Kredit- und Geldschöpfungsmöglichkeiten des Geschäftsbankensektors.

Das bisherige Modell soll mit Modell 3.02 um weitere Einlagen erweitert werden:

Beim **Modell 3.02** wird die **Geldmenge M2** des ESZB verwendet, und zwar mit Bargeld

[1] Dieser Multiplikator ist identisch mit dem bereits an anderer Stelle hergeleiteten Giralgeldschöpfungsmultiplikator.

(C) und reservepflichtigen Einlagen wie Sichtguthaben (täglich fällige Einlagen) (D), Termineinlagen (Einlagen mit einer vereinbarten Laufzeit von bis zu zwei Jahren) (T) und Spareinlagen (Einlagen mit einer vereinbarten Kündigungspflicht von bis zu drei Monaten) (S).

Es gilt entsprechend der Regelung des ESZB einem einheitlicher Reservesatz (r) für alle Einlagenarten, aber es werden unterschiedliche Einlagenkoeffizienten angenommen: Ein Termineinlagenkoeffizient (t) als Verhältnis der Termineinlagen zu den Sichteinlagen und ein Spareinlagenkoeffizient (s) als Verhältnis der Spareinlagen zu den Sichteinlagen.

Modell 3.2:

M2	$= C + D + T + S$	(1)	
B	$= C + R$	(2)	
R	$= r(D + T + S)$	(3)	$0 < r < 1;$
C	$= k \cdot D$	(4)	$0 < k$
T	$= t \cdot D$	(5)	$0 < t$
S	$= s \cdot D$	(6)	$0 < s$

Bei Gleichung (1) handelt es sich wieder um die Definitionsgleichung für die Geldmenge M2. Gleichung (2) stellt die Definitionsgleichung für die Geldbasis dar. Es wird dabei wieder unterstellt, daß die Geschäftsbanken keine Überschußreserve halten. Mit Gleichung (3) wird der Mindestreservebetrag der Einlagen dargestellt.

Die Gleichungen (4), (5) und (6) zeigen das Anlageverhalten der Nichtbanken bezüglich Bargeld, Termineinlagen und Spareinlagen jeweils bezogen auf die Sichtguthaben.

Die Lösung des Modells 3.02 sieht wie folgt aus:

Gleichungen (4), (5) und (6) in (1) eingesetzt, ergibt:

$$M2 = D + k \cdot D + t \cdot D + s \cdot D \qquad (1')$$

$$M2 = (1 + k + t + s)\, D \qquad (1'')$$

Gleichung (5) und (6) in (3) eingesetzt:

$$R = r\,D\,(1 + t + s) \qquad (3'')$$

Gleichung (3'') und (4) in (2):

$$B = r\,D\,(1 + t + s) + k \cdot D \qquad (2')$$

$$B = D\,[r\,(1 + t + s) + k] \qquad (2'')$$

daraus folgt:

$$D = \frac{1}{r(1+t+s)+k} B \qquad (2''')$$

Gleichung (2''') in (1'') eingesetzt, ergibt:

$$M2 = \frac{1+k+t+s}{r(1+t+s)+k} B \qquad (1''')$$

Gleichung (1''') zeigt die Geldmenge M2 in Abhängigkeit von der Geldbasis B.
Wird die Gleichung nach B abgeleitet, so erhält man den **Multiplikator m2 für die Geldmenge M2:**

$$\frac{dM2}{dB} = m2 = \frac{1+k+t+s}{r(1+t+s)+k} \qquad (7)$$

Eine Ableitung der Variablen D in Gleichung (2''') nach der Geldbasis B ergibt den **Giralgeldschöpfungsmultiplikator unter Einbeziehung von Termin- und Spareinlagen**:

$$\frac{dD}{dB} = \frac{1}{r(1+t+s)+k} \qquad (8)$$

Alle Modelle haben den direkten Zusammenhang zwischen der Geldbasis und den Geldmengen M1 und M2 des Nichtbankensektors gezeigt.

3.2.4. NEUERE ASPEKTE DES GELDANGEBOTS

Sowohl die traditionelle statische und dynamische Analyse des Geldschöpfungsprozesses der Geschäftsbanken als auch die beiden Modelle auf der Grundlage des Geldbasiskonzeptes vermitteln den Eindruck eines mechanistischen Zusammenhangs zwischen Zentralbankgeld und der Geld- und Kreditschöpfung der Geschäftsbanken. Diese Verknüpfung wurde mit Hilfe von unveränderlichen Multiplikatoren, bedingt durch konstante Verhaltensparameter, gezeigt.
Die neuere Theorie des Geldangebots untersucht nun gerade die **Abhängigkeit der Verhaltensparameter** von anderen Variablen.

A. Das Verhalten der Nichtbanken

Die Annahme einer Konstanz der Verhaltensparameter darf ruhig als „heroisch" bezeichnet werden, denn der Kassenhaltungskoeffizient (k) aber auch der Spareinlagenkoeffizient (s) und der Termineinlagenkoeffizient (t), unterliegen laufend Änderungen, allein durch die

Zinsstruktur bedingt (Portfolioumschichtungen). So kann eine **Abhängigkeit des Kassenhaltungskoeffizients (k)** mindestens wie folgt gesehen werden:

$$k = f(i_t, b) \quad dk/di_t > 0; \; dk/db > 0$$

Ein Anstieg der Termineinlagenverzinsung (i_t) führt ceteris paribus zu einer Umwandlung von Sichtguthaben in Termineinlagen und damit zu einer Zunahme von k (=C/D).
Steigen auch die Kontoführungsgebühren (b) für Sichteinlagen, wird der Bargeldanteil steigen, da mehr Transaktionen bar und nicht durch Überweisungen abgewickelt werden. Die Sichteinlagen sinken zugunsten des Bargeldbestandes.
Die Höhe des **Termineinlagenkoeffizienten (t)** wird wie folgt bestimmt:

$$t = f(i_t, i^*) \quad dt/di_t > 0; \; dt/di^* < 0$$

Das bedeutet ceteris paribus eine Zunahme des Termineinlagenkoeffizienten bei steigendem Zinssatz für Termineinlagen und eine Abnahme von t bei steigender (erwarteter) Realkapitalrendite (i* = interner Zinsfuß).[1]

Neben den Zins- und Kostenabhängigkeiten der Verhaltensparameter der Nichtbanken spielen auch institutionelle, gesellschaftliche und juristische Faktoren eine Rolle:[2] Einführung der EC-Karten, Kreditkarten und in neuerer Zeit des Electronic Cash, die Einrichtung von Bargeldautomaten, die Änderung der Bevölkerungsstruktur, der Umfang der Schattenwirtschaft usw.

B. Das Verhalten der Geschäftsbanken

Bei den Modellen 3.01 und 3.02 wird davon ausgegangen, daß die Geschäftsbanken keine Überschußreserve halten. Diese Annahme widerspricht der Realität, da die Geschäftsbanken eine eigene Liquiditätsvorsorge betreiben, die in der Regel über die Mindestreserve-Verpflichtung hinausgeht.
Die Zentralbank versucht, die Überschußreserve durch Variation des Mindestreservesatzes und mit Hilfe der Bedingungen für die Refinanzierungsmöglichkeiten bei ihr zu kontrollieren.
Die Geschäftsbanken haben allerdings immer noch Möglichkeiten, sich Überschußreserve zu beschaffen.
Hier liegt nach dem Liquiditätskonzept[3] die Schwachstelle des Geldbasiskonzeptes:
Solange die Geschäftsbanken die Möglichkeit haben, verschiedene Liquiditätsformen in Basisgeld umzuwandeln und sich im Rahmen vorgegebener Bedingungen bei der Zentral-

[1] Vgl. dazu auch Peto, R.: Makroökonomik, S. 148 ff.
[2] Vgl. S. 21 ff.
[3] Vgl. Pohl, R.: Geldbasis versus Liquiditätssaldo - Ein Vergleich zweier geldpolitischer Konzepte. In: Köhler, K.: Geldpolitik - kontrovers, Köln 1973, S. 79 - 108

bank Basisgeld beschaffen können, ist die Kreditvergabe an Nichtbanken und damit die Höhe der Geldmenge im Nichtbankensektor nur bedingt von der Zentralbank kontrollierbar.

Die Geschäftsbanken können über den Bestand an **aktuellem Zentralbankgeld** hinaus auf die **potentielle Geldbasis** zurückgreifen.

Die nachfolgende konsolidierte Bilanz des Geschäftsbankensektors zeigt die liquiditätsbestimmenden Komponenten.

Konto 3.01 Geschäftsbankensektor
(Schema der konsolidierten Bilanz)

Aktiva	Passiva
1. Zentralbankgeld a) Bargeldbestand b) Einlagen bei der Zentralbank ba) Mindestreserve bb) Überschußreserve 2. Nettoauslandsforderungen 3. Kredite an inländische private Nichtbanken 4. Schuldverschreibungen der Zentralbank 5. sonstige Aktiva	1. Einlagen der inländischen privaten Nichtbanken a) Sichteinlagen b) Termineinlagen c) Spareinlagen 2. Verbindlichkeiten gegenüber der Zentralbank aus der Refinanzierung 3. Eigenkapital

Wie aus Konto 3.01 ersichtlich, hat der Geschäftsbankensektor die Möglichkeit, über die aktuelle Geldbasis hinaus, sich weiteres Zentralbankgeld zu beschaffen, und zwar durch den Verkauf von Schuldverschreibungen der Zentralbank, durch den Verkauf von Auslandsforderungen und durch die Aufnahme von Krediten bei der Zentralbank. Allerdings muß bemerkt werden, daß die Zentralbank nicht verpflichtet ist, Devisen (Guthaben in ausländischer Währung) von den Geschäftsbanken aufzukaufen, weshalb der Bestand an Auslandsforderungen der Geschäftsbanken nicht zur monetären Basis dazugezählt werden kann.

Es wurde daher unter dem Eindruck des Liquiditätskonzepts eine Korrektur der monetären Basis vorgeschlagen:

Diese **bereinigte oder adjustierte monetäre Basis** soll dann nach monetaristischer Auffassung endgültig die Größe sein, die ausschließlich von der Zentralbank kontrolliert werden kann.[1]

Diese Korrektur findet im Hinblick auf folgende Überlegungen statt: Hätten die Geschäftsbanken keine Zentralbank-Schuldverschreibungen erworben, wäre ihre monetäre Basis größer. Die monetäre Basis wäre andererseits kleiner, wenn die Geschäftsbanken keine Kredite bei der Zentralbank aufgenommen hätten.

[1] Vgl. Jarchow, H. J.: Theorie und Politik des Geldes I, S. 131 ff.

Die Korrektur der monetären Basis sieht dann wie folgt aus[1] :

bereinigte oder adjustierte monetäre Basis (B_a) =

Monetäre Basis (B)
\+ Bestand an Zentralbank-Schuldverschreibungen der Geschäftsbanken
\- Zentralbankkredite der Geschäftsbanken

Was die Refinanzierung der Geschäftsbanken bei der Zentralbank betrifft, so ist sie nur so lange möglich, so lange die Geschäftsbanken noch beleihbaren Wertpapiere im Bestand haben. Daher ist es sinnvoll, den Betrag der bisherigen Refinanzierung von der ursprünglichen monetären Basis zu subtrahieren

Die in diesem Kapitel dargestellten Modelle enthalten eine weitere Einschränkung beim **Verhalten der Geschäftsbanken:** Bei den verwendeten Modellen geht man davon aus, daß das zugeflossene Zentralbankgeld automatisch vollständig der Kreditschöpfung dient. Auch diese Annahme ist im Hinblick auf die Realität problematisch:
Bei den Geschäftsbanken kann, wie bei anderen Wirtschaftssubjekten, von einem Streben nach einem **optimalen Portfolio** (optimale Vermögensstruktur) ausgegangen werden, wobei u. a. die Faktoren: Rendite, Risikostreuung und Transformationskosten (in eine andere Liquiditätsform) eine Rolle spielen.
Die Geschäftsbanken werden daher alternative Anlageformen im Hinblick auf die obigen Faktoren untersuchen und nur einen Teil der eventuell zugeflossenen Liquidität als Basis für die Kreditgewährung einsetzen. Zielsetzung der Geschäftsbanken ist nicht die Kredit- sondern die Gewinnmaximierung.
Damit kann das Kreditangebot und das daraus resultierende Geldangebot als zinselastisch und endogen bestimmt angesehen werden.

[1] Vgl. Jarchow, H. J., ebenda, S. 135

KONTROLLFRAGEN ZU KAPITEL 3

1. Was versteht man unter der Monetisierung eines Aktivums?
2. Wie unterscheiden sich primäre und sekundäre Aktiva?
3. Auf welche Weise ist es einer Geschäftsbank möglich, von der Zentralbank Basisgeld zu bekommen?
4. Wie sieht die Grundstruktur einer Zentralbankbilanz aus, die die Geldbasis erkennen läßt?
5. Was ist unter aktiver und passiver Geldschöpfung zu verstehen?
6. Kann die Zentralbank unbegrenzt Geld schöpfen?
7. Welche Faktoren begrenzen die Kreditschöpfungsmöglichkeiten der Geschäftsbanken?
8. Was ist unter der Bargeldquote und unter der Barabhebungsquote zu verstehen?
9. Berechnen Sie die maximale Kredit- und Giralgeldschöpfung, wenn dem Geschäftsbankensektor eine zusätzliche Überschußreserve von 2.000 GE zufließt, und dieser Betrag vollständig für die Kreditschöpfung verwendet wird.
   Die Barabhebungsquote betrage $c = 0{,}4$ und der Mindestreservesatz $r = 0{,}2$.
10. Zeigen Sie anhand einer Tabelle, wie hoch die Kreditschöpfung, Giralgeldschöpfung und die Mindestreserve nach 3 Perioden ist, wenn die Geschäftsbanken immer in Höhe der jeweiligen Überschußreserve Kredite gewähren. Es soll dabei eine Barabhebungsquote von $c = 0{,}5$ und ein Mindestreservesatz von $r = 0{,}1$ unterstellt werden.
    Bearbeitungshinweis: Das Zentralbankgeld soll in der Periode 0 zufließen. Die Kredit schöpfung beginnt in der Periode 1.
11. Die neuere Theorie beschäftigt sich damit, die Verhaltensparameter der Wirtschafts subjekte zu untersuchen.
    Welche Größen bestimmen die Höhe des Kassenhaltungskoeffizienten (k) der Nichtbanken und in welcher Richtung?
12. Erläutern Sie die bereinigte oder adjustierte Geldbasis! Weshalb wurde diese Größe entwickelt und was sagt sie aus?

LITERATURHINWEISE ZU KAPITEL 3

Jacob, K.-D.	Geldlehre, Wiesbaden 1981
Jarchow, H. J.	Theorie und Politik des Geldes 1: Geldtheorie, 10. Auflage, Göttingen 1998
Kath, D.	Geld und Kredit, in: Vahlens Kompendium der Wirtschaftstheorie und Wirtschaftspolitik, Bd. 1, 4. Auflage, München 1990, S. 155-190
Neldner, M.	Die Bestimmungsgründe des volkswirtschaftlichen Geldangebots, Berlin 1976
Schneider, E.	Einführung in die Wirtschaftstheorie, III. Teil: Geld, Kredit, Volkseinkommen und Beschäftigung, 12. Auflage, Tübingen 1973
Willms, M.	Geldangebotstheorie, in: Thieme, H.J. (Hg.): Geldtheorie, 2. Auflage, Baden-Baden 1987, S. 11-40

4. GELDNACHFRAGE

4.1 EINLEITUNG

Die Geldnachfragetheorie beschäftigt sich mit der Nachfrage der Wirtschaftssubjekte nach Geld bzw. mit deren Kassenhaltung.
Es werden Antworten auf zwei Fragen gesucht:

1. Warum halten Wirtschaftssubjekte überhaupt Geld, obwohl diese Kassenhaltung keine Zinserträge bringt?
2. Welche Faktoren bestimmen die Höhe dieser Kassenhaltung der Wirtschaftssubjekte?

Die Geldnachfragetheorie kennt eine Reihe von Ansätzen, die diese Fragen unterschiedlich beantworten. Dabei werden die Ansätze im folgenden nicht als Gegensätze dargestellt, sondern als Weiterentwicklung der klassischen Theorie.
Dies bedeutet eine Darstellung von der **Quantitätstheorie** über die **Kassenhaltungstheorie** der Cambridge-Schule zur **Liquiditätspräferenztheorie** eines J. M. KEYNES und schließlich bis zur **monetaristischen** Geldnachfragetheorie eines M. FRIEDMAN.

4.2 DIE KLASSISCH-NEOKLASSISCHE GELDNACHFRAGETHEORIE

Ausgangspunkt der theoretischen Überlegungen ist die **klassisch- neoklassische Theorie,** die insbesondere die Tauschmittel- und Wertübertragungsfunktion des Geldes betont.[1]
Die **klassisch-neoklassische Theorie** tritt dabei in Form des Umlaufsgeschwindigkeitsansatzes und in Form des Kassenhaltungsansatzes auf.

4.2.1 DER UMLAUFSGESCHWINDIGKEITSANSATZ

Geht man von einer ex post-Betrachtung des Wirtschaftskreislaufs aus, so ergibt sich folgender Zusammenhang:
Wirtschaftssubjekte verkaufen an andere und kaufen von anderen Wirtschaftssubjekten Güter (Waren, Dienstleistungen, Faktorleistungen aber auch Wertpapiere).
Bewertet man diese Transaktionen (Mengen q_1, q_2, ..., q_n) mit den jeweiligen Preisen (p_1, p_2,..., p_n), so erhält man die Umsätze der verkaufenden Wirtschaftssubjekte bzw. in gleicher Höhe die Ausgaben der kaufenden Wirtschaftssubjekte für eine bestimmte Periode. Die **Summe aller Umsätze** ergibt:

[1] Unter der klassisch-neoklassichen Theorie werden die beiden ähnlichen Ansätze der Klassiker (A. Smith, D. Ricardo, J. St. Mill u.a.) und die Ansätze der Neoklassiker (I. Fisher, A. Marshall, K. Wicksell u. a.) verstanden.

$$U \equiv q_1 \cdot p_1 + q_2 \cdot p_2 + \ldots + q_n \cdot p_n \qquad (4.01)$$

oder mit Summenzeichen:

$$U \equiv \sum_{i=1}^{n} q_i \cdot p_i$$

Für theoretische Überlegungen faßt man den realen Güterstrom als „Handelsvolumen" oder als „reale Transaktionen (T^r)" zusammen und bewertet dieses Volumen mit einem Durchschnittspreis, wofür das Preisniveau (P_T) verwendet wird:

$$T^r \cdot P_T$$

Diesem (bewerteten) Güterstrom fließt ein monetärer Strom entgegen, wobei diese Ströme ex post wertmäßig immer gleich groß sein müssen. Ein Vorgang, den die meisten Wirtschaftssubjekte täglich erleben: Sie gehen zum Bäcker und kaufen ein Brötchen. Die Verkäuferin reicht 1 Brötchen für 50 Geldeinheiten (bewerteter Güterstrom) über den Tresen und der Käufer reicht in anderer Richtung 50 Geldeinheiten (Geldstrom) der Verkäuferin.
Da in einer Volkswirtschaft laufend Transaktionen während einer Periode durchgeführt werden, kann das gleiche Geld daher mehrmals zu den gleichen Wirtschaftssubjekten zurückkehren kann, ist es nicht notwendig, daß die Geldmenge (M) einer Volkswirtschaft als **Bestand** immer gleich dem Wert der Transaktionen als **Stromgröße** sein muß. Das wäre nur dann notwendig, wenn das Geld nur einmal pro betrachtete Periode umlaufen würde, wie beispielsweise im Mittelalter am Martinstag (11. November) für das ganze Jahr abgerechnet wurde. Die Umlaufshäufigkeit, die in der Literatur als (durchschnittliche) „**Transaktionsumlaufsgeschwindigkeit (transaction velocity)**" (V_T) bezeichnet wird,[1] wäre dann gleich dem Wert eins. Die Transaktionsumlaufsgeschwindigkeit gibt demnach an, wie oft die Geldmenge (M) pro Periode für Transaktionen verwendet wurde.
Aus diesen Überlegungen ergibt sich die **Quantitäts- oder Verkehrsgleichung** die besagt, daß die realen Transaktionen (T^r) multipliziert mit einem durchschnittlichen Preisniveau (P_T) ex post immer gleich der (durchschnittlichen) Geldmenge multipliziert mit der Transaktionsumlaufsgeschwindigkeit während einer bestimmten Periode sind.

$$M \cdot V_T \equiv T^r \cdot P_T \qquad (4.02)$$

Dies ist allerdings eine Identitätsgleichung wie das Identitätszeichen zeigt.
Die Klassiker und Neoklassiker haben allerdings daraus eine Funktion entwickelt, die einen Zusammenhang zwischen der Geldmenge und dem Preisniveau darstellt. Dazu muß die obige Gleichung in eine Gleichgewichtsbedingung umformuliert werden, bei der dann

[1] Von „velocitas" (lat.) = Schnelligkeit

die Umlaufsgeschwindigkeit unterschiedliche Werte annehmen kann und von anderen Faktoren bestimmt wird.[1]

Die Umlaufsgeschwindigkeit wird damit ein Verhaltensparameter und soll zum Unterschied in der Identitätsgleichung mit dem Symbol V_T^o bezeichnet werden. Da die Klassiker und die Neoklassiker annehmen, daß das **Geldangebot von der Zentralbank autonom bestimmt wird**, soll für das Geldangebot das Symbol M_0 verwendet werden. Die Auflösung der Gleichung 4.02 nach der Geldmenge ergibt unter Berücksichtigung der geänderten Symbolik:

$$\underbrace{M_o}_{\text{Angebot}} = \underbrace{\frac{1}{V_T^o} T^r \cdot P_T}_{\text{Nachfrage}} \qquad (4.03)$$

Diese Gleichung (4.03) ist eine Verhaltensgleichung die besagt, daß dann monetäres Gleichgewicht herrscht, wenn die Geldmenge M_0 als Geldangebot (linke Seite der Gleichung) gleich der Geldnachfrage (rechte Seite der Gleichung) ist.

Die Geldnachfrage wird damit von der Höhe der Transaktionsumlaufsgeschwindigkeit, dem Umfang der Transaktionen und dem durchschnittlichen Preisniveau bestimmt.

Gleichung 4.03 stellt damit das klassisch-neoklassische monetäre Gleichgewicht dar.

Irving FISHER hat allerdings diese Gleichung weiterentwickelt, indem er den Geldbestand eines Landes differenziert hat in den Bestand an Gold, den Bestand an Banknoten und den Bestand an Giralgeld. Diesen Geldarten hat er unterschiedliche Transaktionsumlaufsgeschwindigkeiten zugeordnet.[2]

Mit Gleichung 4.03 wurde eine mathematische Formulierung der **Quantitätstheorie** geboten, die annimmt, daß ein funktionaler Zusammenhang zwischen der Geldmenge und dem Preisniveau einer Volkswirtschaft besteht. Eine Theorie, die bereits im 16. Jahrhundert durch Jean BODIN vertreten wurde, da im Zusammenhang mit der Entdeckung Amerikas die Goldbestände in Europa (und damit die Geldbestände) anstiegen und seiner Meinung nach eine säkulare Inflation verursachten.

Interpretiert man die Gleichung (4.03) als eine Funktion, so folgt: Bei Konstanz der Umlaufsgeschwindigkeit und der realen Transaktionen führt eine Geldmengenerhöhung zu Preisniveausteigerungen. Es wird hier sogar eine direkte Proportionalität zwischen Preisniveau und Geldmenge angenommen.[3] Die Inflation ist damit ein rein monetäres Phänomen. Allerdings müssen bei diesem Zusammenhang zwischen Preisniveau und Geldmenge noch zwei weitere Nebenbedingungen erfüllt sein, damit inflationäre Effekte auftreten:

---

[1] Vgl. dazu Claassen, E.-M.: Grundlagen der makroökonomischen Theorie, München 1980, S. 17 ff.

[2] Zur Theorie von I. Fisher: Vgl. sein 1911 erschienenes Werk: The Purchasing Power of Money.

[3] Vgl. dazu auch S. 142 ff.

Erstens muß die erhöhte Geldmenge zur Erhöhung der Nachfrage verwendet und nicht gehortet werden und zweitens muß das Produktionspotential einer Volkswirtschaft beinahe oder sogar vollständig ausgelastet sein.
Was die Frage der Änderung der Transaktionsumlaufsgeschwindigkeit betrifft, so ging I. FISHER von einer kurzfristigen Konstanz der Umlaufsgeschwindigkeit aus. Die Umlaufsgeschwindigkeit ändert sich nur langfristig.
Als Einflußfaktoren nimmt I. FISHER u. a. Verhaltensweisen der Wirtschaftssubjekte wie Zahlungsgewohnheiten und institutionelle Faktoren wie die Regelungen des Zahlungsverkehrs an. Unter der Hypothese einer kurzfristigen Konstanz der Umlaufsgeschwindigkeit wird die Höhe der Geldnachfrage vom Umfang der realen Transaktionen und des Preisniveaus bestimmt.
In der heutigen Makroökonomik wird eine geänderte Version der Quantitätsgleichung verwendet. Man geht nicht von den realen Transaktionen, sondern vom realen Volkseinkommen (Y^r) aus, da vielfach mit ökonomischen Modellen einer geschlossenen Volkswirtschaft ohne Staat gearbeitet wird.[1] Bei der Verwendung des Volkseinkommens wird unterstellt, daß ein direkter proportionaler Zusammenhang zwischen dem Volumen der realen Transaktionen und dem realen Volkseinkommen besteht.
Mit der Verwendung des Volkseinkommens ändert sich auch die Art der Umlaufsgeschwindigkeit (V):
„V" ist jetzt die Einkommensumlaufsgeschwindigkeit (income velocity), die angibt, wie oft eine Geldeinheit während einer bestimmten Zeitperiode dazu benutzt wird, Beiträge zum Volkseinkommen zu finanzieren.[2]
„P" ist analog dazu das Preisniveau des Volkseinkommens.

Die **einfache Quantitätsgleichung** als Identitätsgleichung lautet dann:

$$M \cdot V \equiv Y^r \cdot P \qquad (4.04)$$

und als **Gleichgewichtsbedingung für das monetäre Gleichgewicht:**

$$M_o \cdot V^o = Y^r \cdot P \qquad (4.05)$$

Die eingangs formulierten beiden Fragen der Geldnachfragetheorie können nun aufgrund der klassisch-neoklassischen Theorie wie folgt beantwortet werden:

1. Wirtschaftssubjekte fragen Geld nach, um ihre Transaktionen durchführen zu können.

[1] Vgl. Peto, R: Grundlagen der Makroökonomik, S. 61
[2] Die Unterscheidung in „transaction velocity" und in „income velocity" geht auf den Amerikaner Angell zurück.

2. Die Höhe der gehaltenen Geldmenge ist abhängig von Höhe der realen Transaktionen bzw. des realen Volkseinkommens, der Umlaufsgeschwindigkeit und der Höhe des Preisniveaus.

4.2.2 DER KASSENHALTUNGSANSATZ

Auch der Kassenhaltungsansatz geht von der Nachfrage nach Geld für Transaktionen aus. Die Quantitätsgleichung wird deshalb von den Vertretern der (neoklassischen) Cambridge-Schule A. MARSHALL und A. C. PIGOU in eine Kassenhaltungsgleichung umgeformt. Es geht dabei nicht nur um die Frage, wieviel Geld für die Abwicklung von Transaktionen notwendig ist, sondern wieviel die Wirtschaftssubjekte an Kasse zu halten **wünschen.** Geld wird damit als Alternative zu anderen Formen der Vermögenshaltung angesehen. Ein Ansatzpunkt, der besonders von J. TOBIN und M. FRIEDMAN weiterverfolgt wurde.[1]

Die Umformulierung der Quantitätstheorie erfolgte durch die Auflösung der Gleichung (4.05) nach der Geldmenge (M_0):

$$M_o = \frac{1}{V^o} Y^r \cdot P \qquad (4.05')$$

Die rechte Seite dieser Gleichung ist die **Geldnachfrage nach Transaktionskasse (L_T)**:

$$L_T = \frac{1}{V^o} Y^r \cdot P \qquad (4.06)$$

Anstatt des Kehrwerts der Umlaufsgeschwindigkeit ($1/V^o$) wird der Kassenhaltungskoeffizient „k" als **durchschnittliche Kassenhaltung** (auch Cambridge-k genannt) eingeführt:

$$L_T = k \cdot Y^r \cdot P \qquad (4.06') \qquad 0 < k \leq 1$$

Der Kassenhaltungskoeffizient wird von der Cambridge-Schule nicht nur als eine institutionell bestimmte Größe angesehen, sondern als Ausdruck einer Verhaltensweise, die u. a. auch von psychologischen Faktoren (analog zur Konsumneigung) bestimmt wird.

[1] Vgl. S. 97 ff. und S. 99 ff.

Mit Hilfe eines Zwei-Sektoren-Modells mit den Sektoren „Private Haushalte“ und „Unternehmen“ soll nun die **Höhe der durchschnittlichen Kassenhaltung** dargestellt und der Einfluß institutioneller Faktoren gezeigt werden.

Abb. 4.01 stellt den zeitlichen Verlauf der Ausgabe des Einkommens der privaten Haushalte für drei Monate bei einer gleichmäßigen Ausgabe während der einzelnen Monate dar. Es zeigt sich, daß der durchschnittliche Kassenbestand der privaten Haushalte die Hälfte des Einkommens bzw. des Kassenbestands am Beginn der jeweiligen Periode beträgt. Das bedeutet beim Zahlenbeispiel in Abb. 4.01, daß für ein Einkommen der privaten Haushalte von 300 Geldeinheiten (GE) pro Quartal im Durchschnitt 150 GE Kasse gehalten werden. Eine Änderung der Zahlungsgewohnheiten oder eine Änderung der Zahlungsweise durch institutionelle Regelungen (gesetzlich oder tarifvertraglich), führt zu einer Änderung des

Abb. 4.01: Private Haushalte (Ausgaben)

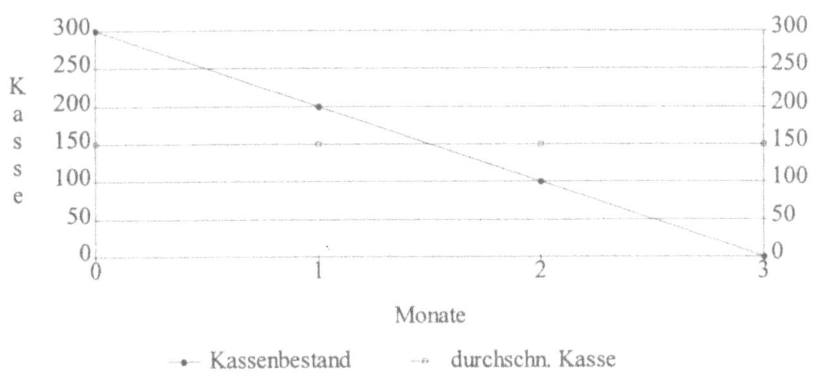

notwendigen Kassenbestandes bei gleicher Höhe des Quartalseinkommens.

Andererseits kann aus Abb. 4.02 die Entwicklung der Kassenbestände der Unternehmen erkannt werden. Was von den privaten Haushalten abfließt, fließt den Unternehmen zu. Es wird angenommen, daß die Unternehmen die erhaltenen Geldbestände in voller Höhe wieder zur Einkommenszahlung verwenden. Auch die Unternehmen halten im Durchschnitt die Hälfte des jeweiligen Umsatzes pro Quartal: 150 GE.

Zusammen halten die beiden Sektoren durchschnittlich Geldbestände in Höhe des Einkommens pro Quartal, d. h. 300 GE.

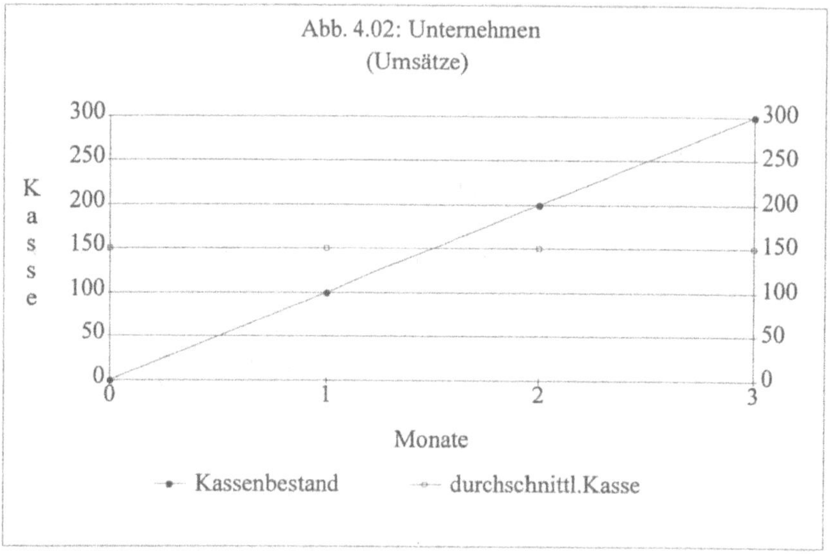

Wird das Einkommen an die privaten Haushalte monatlich ausgezahlt und wird ferner unterstellt, daß die privaten Haushalte dieses Einkommen kontinuierlich während der einzelnen Monate für Konsum ausgeben, so beträgt die durchschnittliche Kassenhaltung der privaten Haushalte bei einem Quartalseinkommen von 300 GE nur noch 50 GE wie aus Abb.

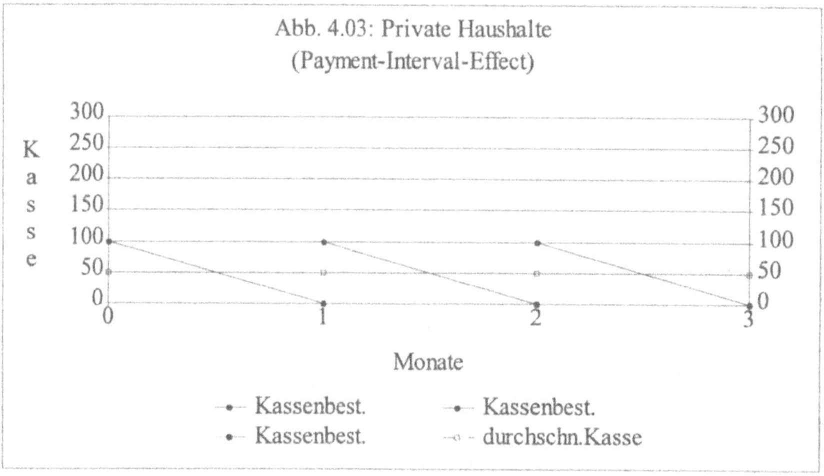

ersichtlich.

Abb. 4.04 zeigt analog dazu die notwendige durchschnittliche Kassenhaltung der Unternehmen bei einem Umsatz mit den privaten Haushalten in der gleichen Höhe. Zusammen benötigen die beiden Sektoren bei einem Quartalseinkommen bzw. Quartalsumsatz von

300 GE nur noch 100 GE Kasse, d. h. 1/3 des Betrages, den sie bei einer Zahlung pro Quartal benötigen würden.

Eine **institutionelle Änderung** in Form einer **häufigeren Auszahlung des Einkommens führt zu einer Reduzierung der notwendigen Kassenhaltung, da das Geld ja immer wieder an die Unternehmen zurückfließt.**
Die Änderung der Kassenhaltung durch eine Änderung des Zahlungsintervalls wird als **„Payment-Interval-Effect"** bezeichnet.

Abb. 4.04: Unternehmen (Payment-Interval-Effect)

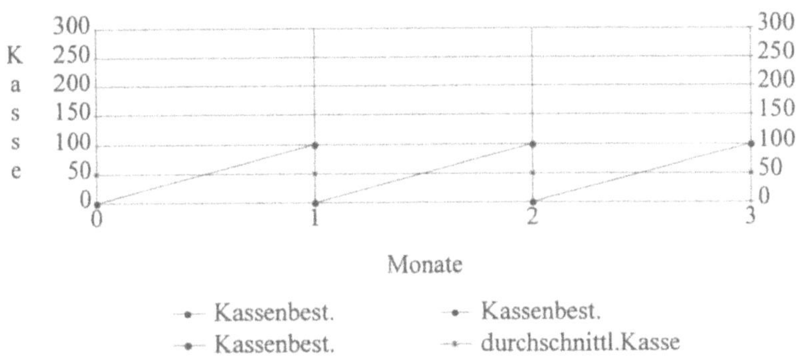

Aus den bisherigen Überlegungen folgt außerdem:
Wird der ursprüngliche Geldbestand von 300 GE nicht reduziert, aber die monatliche Zahlungsweise beibehalten, so wäre es möglich, das 3-fache monatliche Einkommen mit gleichem Geldbestand auszubezahlen, was als **„Payment-Pattern-Effect"** bezeichnet wird, den Abb. 4.05 zeigt.

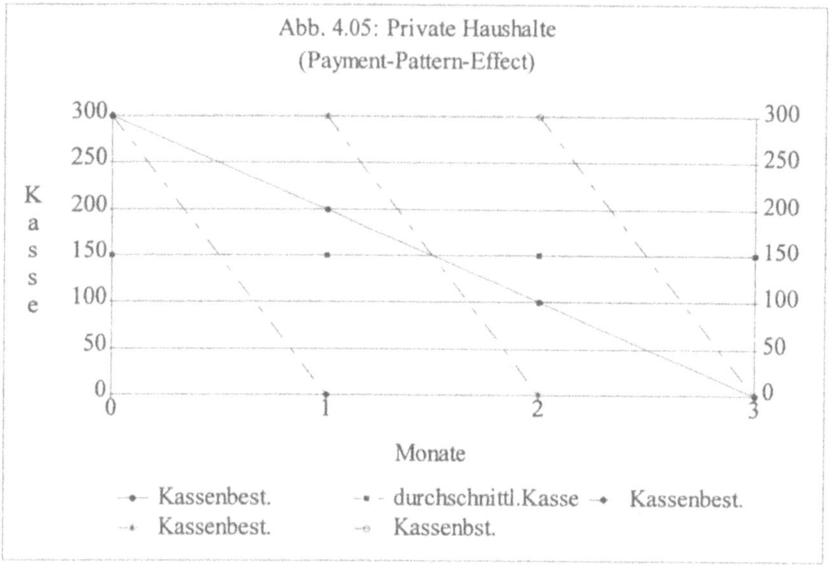

4.3 DIE KEYNESSCHE LIQUIDITÄTSPRÄFERENZTHEORIE

4.3.1 EINLEITUNG

J. M. KEYNES geht bei seiner Analyse der Kassenhaltung davon aus, daß die Kassenhaltung für Transaktionszwecke nur ein Teil der gesamten Nachfrage ist, da es nach ihm mehrere Motive für die Haltung von (zinsloser) Kasse gibt:[1]

1. Das Einkommensmotiv (income-motive)
2. Das Geschäftsmotiv (business-motive)
3. Das Vorsichtsmotiv (precautionary-motive)
4. Das Spekulationsmotiv (speculative-motive).

Die Motive konkretisieren sich bei KEYNES in der Haltung ganz bestimmter Teilkassen. Die beiden ersten Motive entsprechen in etwa dem von der Klassik unterstellten Transaktionsmotiv:
Die privaten Haushalte müssen, wie in Abb. 4.01 gezeigt, Kasse halten, um die Zeit zwischen den jeweiligen Einkommenszahlungen und ihren Ausgaben zu überbrücken (income-motive). Die Höhe der Kassenhaltung ist vom Einkommen abhängig. Er unterstellt konstante Zahlungsgewohnheiten.
Auch des Geschäftsmotiv (business-motive) ist ein Teil des Transaktionsmotivs: Die Unternehmen halten Kasse, um die Zeit bis zum Eingang der Zahlungen für ihre verkauften

[1] Vgl. Keynes, J. M.: General Theory, S. 194 ff.

Produkte zu überbrücken, da bei Beginn und während der Produktion Zahlungen anfallen.[1] Auch hier wird ein Zusammenhang zwischen dem in der Produktion erzielten Einkommen und der Höhe der Kassenhaltung angenommen. Beide Motive kommen durch die Haltung einer Transaktionskasse (L_T) zum Ausdruck.

Beim Vorsichtsmotiv geht KEYNES von der Annahme aus, daß Kasse gehalten wird, um unerwartete Zahlungsverpflichtungen zu erfüllen, aber auch um günstige Gelegenheiten zum Einkauf zu nutzen. Dabei versuchen die Wirtschaftssubjekte, diese Geldhaltung wegen des Zinsentgangs niedrig zu halten.

KEYNES geht davon aus, daß sich durch das Vorsichtsmotiv die Transaktionskasse um einen festen Betrag erhöht.

Eine neue Sicht in der Geldnachfragetheorie bringt KEYNES durch die Aufnahme des **Spekulationsmotivs**:

Wirtschaftssubjekte halten Geld, um später eine Geldanlage zu tätigen. Die Geldanlage erfolgt bei ihm ausschließlich in Anleihen (bonds). Dies bedeutet eine Abhängigkeit der Höhe der Spekulationskasse von der Höhe des langfristigen Kapitalmarktzinses (i). Neben der Transaktionskasse gibt es damit eine spezielle Spekulationskasse (L_S).

4.3.2 DIE TRANSAKTIONSKASSE

Die Höhe der Transaktionskasse wird wie beim Kassenhaltungsansatz durch das Volkseinkommen bestimmt:

$$L_T = k \cdot Y^r \cdot P \qquad (4.06') \qquad 0 < k < 1$$

oder

$$L_T = k \cdot Y \qquad (4.06'')$$

da

$$Y = Y^r \cdot P$$

Aus Gleichung (4.06") folgt:

$$Y = \frac{1}{k} \cdot L_T \qquad (4.06''')$$

Gleichung (4.06''') soll in Abb. 4.06 dargestellt werden:

[1] Ist kein Eigenkapital vorhanden, muß ein Kredit aufgenommen werden. Vgl. S. 36 ff.

Abb. 4.06

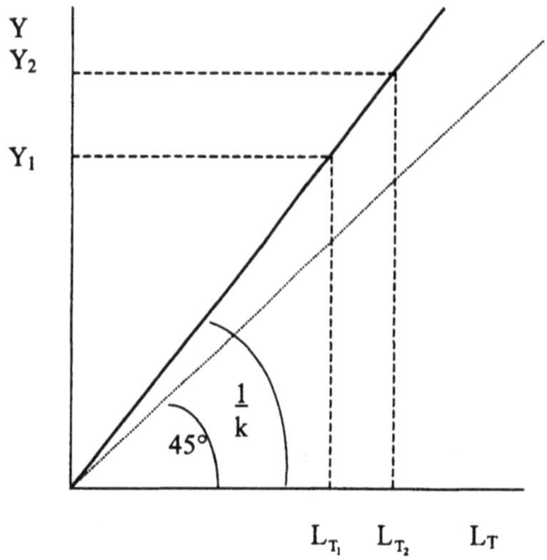

Damit besteht auch hier ein funktionaler Zusammenhang in Form einer direkten Proportionalität zwischen dem Volkseinkommen und der Transaktionskasse.
Auch KEYNES unterstellt, daß der Kassenhaltungskoeffizient kurzfristig als konstant angenommen werden kann, obwohl er langfristig durch institutionelle Regelungen wie die Bankenorganisation und die industrielle Organisation (Unternehmenskonzentration) aber auch durch eine Einkommensverteilungsänderung oder Änderungen der gesellschaftlichen Verhaltensweisen einer Variation unterliegt.

KEYNES geht bei seiner Geldnachfrageanalyse davon aus, daß die Nachfrage nach Transaktionskasse zinsinelastisch ist. Abb. 4.07 zeigt diesen Zusammenhang:
Die Annahme von KEYNES einer völligen Zinsinelastizität der Nachfrage nach Transaktionskasse kann jedoch nicht unbedingt in jedem Falle als realistisch angesehen werden. Es ist vielmehr anzunehmen, daß die Wirtschaftssubjekte bei unterschiedlichen Einnahmen und Ausgaben (z. B. bei der Kassenhaltung für die monatliche Gehaltszahlung) die zukünftig benötigte Transaktionskasse zwischenzeitlich zinsbringend anlegen.
Allerdings dürfte dies nur bei relativ hohem Zins interessant sein, da die Kosten der Anlage bzw. der Rückführung in Geld berücksichtigt werden müssen wie die postkeynesianischen Ansätze von W. J. BAUMOL und J. TOBIN zeigen.[1]

[1] Vgl. S. 95 ff.

Abb. 4.07

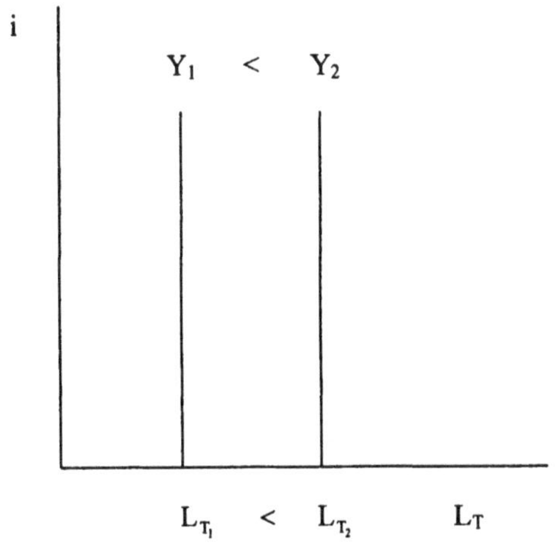

Was den zeitlichen Verlauf der Einnahmen und Ausgaben und die durchschnittliche Höhe der Transaktionskasse betrifft, so muß die Kassenhaltung der Wirtschaftssubjekte um die Kassenhaltung aus Vorsichtsgründen erhöht werden. Dies soll nachfolgend (Abb. 4.08) am Beispiel der Kassenhaltung der Privaten Haushalte des bereits verwendeten Zwei-

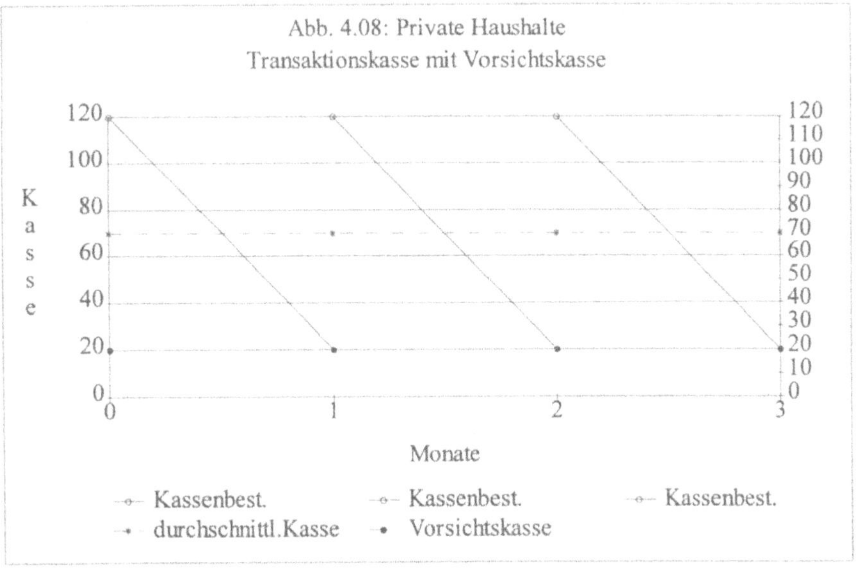

Sektoren-Modells gezeigt werden, dabei wird eine „Vorsichtskasse“ von 20 Geldeinheiten unterstellt: Die durchschnittliche monatliche Kassenhaltung der privaten Haushalte bei einem monatlichen Einkommen von 100 GE erhöht sich um 20 auf 70 GE.

4.3.3 DIE SPEKULATIONSKASSE

Wie bereits erwähnt, differenziert KEYNES bei seiner Analyse der Nachfrage für Spekulationszwecke nicht zwischen verschiedenen Wertpapieranlagemöglichkeiten. Er verwendet nur eine Anlagemöglichkeit, repräsentativ für andere, in Form eines festverzinslichen Wertpapiers.

Festverzinsliche Wertpapiere sind Papiere, die mit einem festen Nominalzins ausgestattet sind, z. B. mit 8 % jährlich. Werden Sie zum Nominalwert ausgegeben, beispielsweise ein 1000-€-Papier zu 1000 €, so beträgt der Nominalzins und die Effektivverzinsung (=Rendite) 8 % vom Ausgabekurs bzw. 80 €.

Festverzinsliche Wertpapiere unterliegen jedoch Kursschwankungen. Sinkt der Kurswert des 1000-€-Papiers auf 500 €, so erhält ein Erwerber des Papiers zu diesem Kurs ebenfalls eine Zinszahlung von 80 € p. a. Bezogen auf das von ihm eingesetzte Kapital von 500 €, erzielt er aber eine Effektivverzinsung von 16 % p. a. und zusätzlich bei Einlösung des Papiers den Kursgewinn. (Wirtschaftssubjekte, die das Papier zu 1000 € erworben und es weiter im Besitz haben, erzielen weiterhin nur eine Rendite von 8 % p. a.)

Potentielle Wertpapierkäufer werden also bei ihren Kaufentscheidungen den aktuellen Marktzins (Effektivverzinsung) **und** mögliche Kursentwicklungen einkalkulieren müssen.

Von diesen Überlegungen ausgehend, unterstellt KEYNES, daß jedes Wirtschaftssubjekt eine unterschiedliche (subjektive) Vorstellung von einem **„normalen“ Zinssatz** (und damit auch vom Kurswert) hat, der **langfristig** auf dem Markt herrscht. Dieser Normalzins kann auch als die individuell **erwartete Rendite (i*)** bezeichnet werden.

Liegt nun der aktuelle Marktzins, auch aktuelle Rendite (i) genannt, über dem Normalzins ($i > i^*$), so wird das Wirtschaftssubjekt **keine** Spekulationskasse halten. Das gesamte Geldvermögen wird in Form von Wertpapieren angelegt. Analog dazu wird von einem einzelnen Wirtschaftssubjekt **nur** Spekulationskasse gehalten, wenn der aktuelle Marktzins unter dem Normalzins liegt ($i < i^*$).

Abb. 4.09 zeigt die Kassenhaltung eines **einzelnen** Wirtschaftssubjektes, das nur alternativ Spekulationskasse hält oder nicht.

Da die Vorstellungen der einzelnen Wirtschaftssubjekte von einem Normalzins unterschiedlich sind, wird es auf der einen Seite immer Optimisten geben, die einen relativ hohen Normalzins erwarten und auf der anderen Seite Pessimisten, die sich einen niedrigeren Normalzins vorstellen.

Tendenziell kann aber davon ausgegangen werden, daß die Zahl der Pessimisten mit sinkendem aktuellen Marktzins zunimmt und mit steigendem aktuellen Marktzins abnimmt.

Abb. 4.09

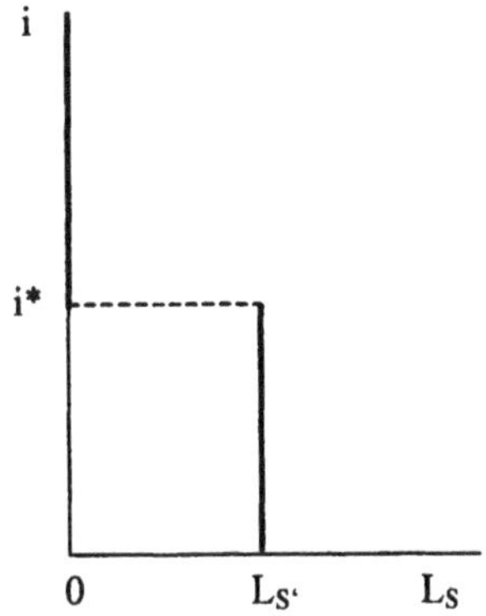

Abb. 4.10

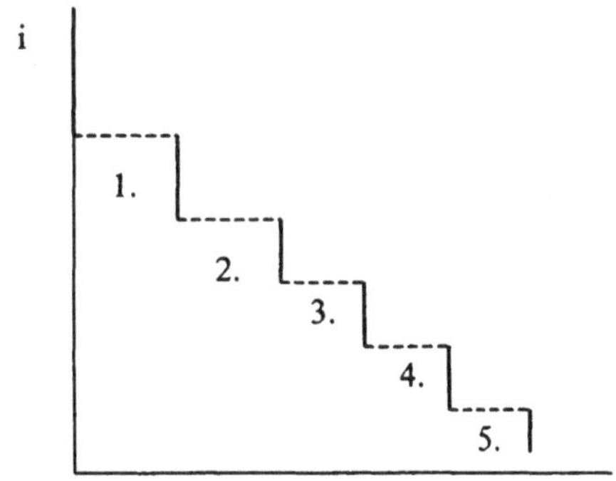

Faßt man die individuellen Kassenhaltungskurven zusammen, indem man die Wirtschaftssubjekte nach ihren Normalzinsvorstellungen sortiert und mit dem Wirtschaftssubjekt mit der höchsten Normalzinsvorstellung (Abb. 4.10, 1. Wirtschaftssubjekt) beginnt, so erhält man die gesamtwirtschaftliche Spekulationskasse in Form einer Stufenkurve, wenn es sich nur um wenige Wirtschaftssubjekte handelt. Werden die individuellen Kassenhaltungskurven sehr vieler Wirtschaftssubjekte zusammengefaßt, so ergeben sich kontinuierliche Kurven wie in Abb. 4.11a und 4.11b. Dabei ist ein inverses Verhältnis von aktuellem Marktzins (i) und der Höhe der Spekulationskasse (L_S) erkennbar.

Abb. 4.11a:

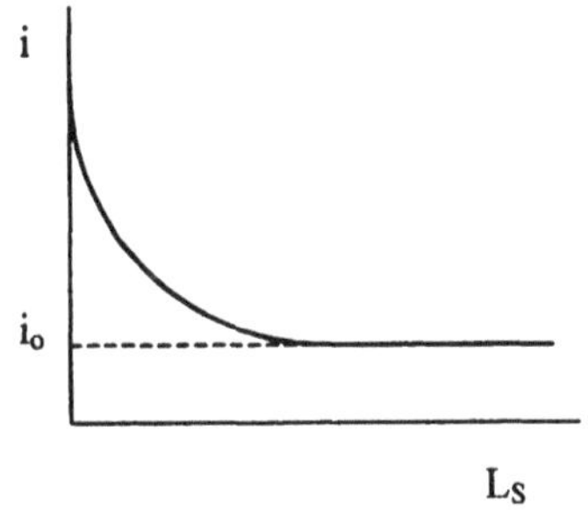

Abb. 4.11b:

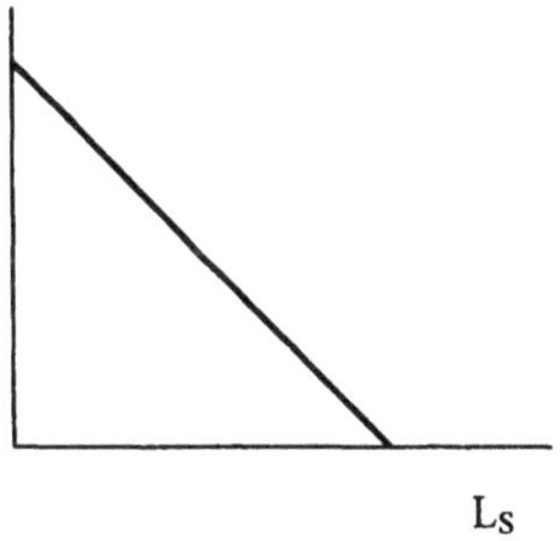

Während in Abb. 4.11b eine normale Nachfragekurve angenommen wurde, d. h. mit steigendem (sinkendem) Zinssatz wird weniger (mehr) Spekulationskasse gehalten, unterstellt die Funktion in Abb. 4.11a die besondere Situation, daß die Wirtschaftssubjekte bei einem extrem niedrigen Zinssatz (i_o) unbegrenzt Spekulationskasse halten. Anders ausgedrückt:

Die Elastizität der Nachfrage nach Geld für die Spekulationskasse wird dann unendlich groß:

$$\eta_{L,i} = \frac{dL_S}{di} \frac{i}{L_S} = -\infty \qquad (4.07)$$

Eine Erhöhung der Liquidität wird komplett in der Spekulationskasse festgehalten und führt zu keiner weiteren Zinssenkung. Dies ist die Hypothese von KEYNES über die Existenz einer sogenannten **Liquiditätsfalle (liquidity trap).**

Diese Annahme von KEYNES folgte aus den von ihm untersuchten und interpretierten Zahlenreihen für die Zeit der Weltwirtschaftskrise: Trotz hoher Liquidität war es nicht möglich, das Zinsniveau weiter zu senken, um Investitionen auszulösen.
Der Nachweis einer derartigen Situation konnte für die Bundesrepublik bisher nicht eindeutig erfolgen, doch hat die Bundesbank selbst in einer der Niedrigzinsphase, die mit einem niedrigen Investitionsniveau verbunden war, Andeutungen über eine eventuell existierende Liquiditätsfalle gemacht.[1]

Die bisherige Darstellung wurde unter der Annahme von konstanten Normalzinsvorstellungen gemacht. Diese Normalzinsvorstellungen können sich jedoch ändern. Werden die Renditeerwartungen nach unten (oben) korrigiert, so verschiebt sich die Liquiditätspräferenzfunktion nach unten (oben) wie den Abb. 4.12a und 4.12b zu entnehmen ist:

Abb. 4.12a:

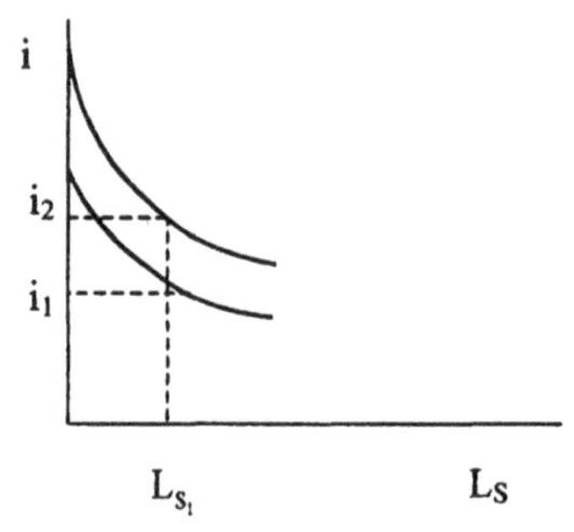

Abb. 4.12b

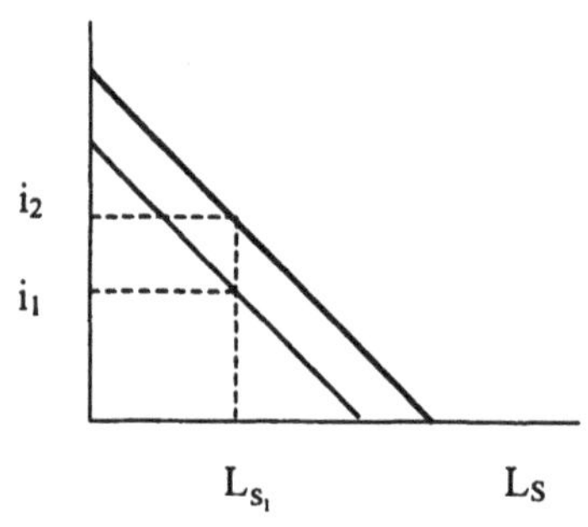

Die gleiche Spekulationskasse (L_{S_1}) wird bei einem höheren Zinsniveau (i_2) wie bei dem bisherigen Zinsniveau (i_1) gehalten.

[1] Vgl. Kösters, W.: Ergebnisse und Probleme empirischer Tests geldtheoretischer Hypothesen, in: Köhler, K. (Hg.): Geldtheorie kontrovers, Köln 1973, S. 109 ff.

4.3.4 DIE GESAMTNACHFRAGEFUNKTION NACH KEYNES

Ausgehend von den graphischen Darstellungen der Transaktionskasse (Abb. 4.07) und der Spekulationskasse (Abb. 4.11a und Abb. 4.11b) soll die Gesamtnachfragefunktion (Liquiditätspräferenzfunktion) nach KEYNES

$$L = L_T(Y) + L_S(i) \qquad (4.08)$$

graphisch dargestellt werden. Das Grundprinzip der Herleitung der Gesamtnachfragekurve soll mit Hilfe der Abb. 4.07 und 4.11a in Abb. 4.13 gezeigt werden. Dabei werden zu unterschiedlichen Zinssätzen die jeweiligen Transaktions- und Spekulationskassen addiert. Die Gesamtnachfragekurve ergibt sich dann in Abb. 4.13c.

Abb. 4.13a Abb. 4.13b Abb. 4.13c

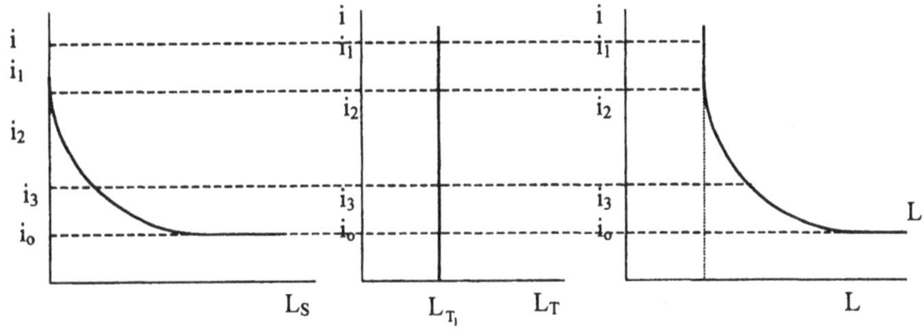

Die nachfolgenden beiden Diagramme geben jeweils die Gesamtnachfragefunktion (L) wieder. Abb. 4.14a zeigt den Keynes-Fall und Abb. 4.14b den Fall eines normalen Verlaufs der Spekulationskasse. Mit Hilfe dieser Diagramme sollen unterschiedliche Effekte graphisch dargestellt werden, und zwar eine Volkseinkommensänderung und eine Änderung der Renditeerwartungen der Wirtschaftssubjekte:
Erhöht sich das **Volkseinkommen** von Y_1 auf Y_2, so steigt die Transaktionskasse von L_{T_1} auf L_{T_2} und die Gesamtnachfragefunktion verschiebt sich von L_1 nach L_2.
Die unterschiedlichen Volkseinkommenshöhen können allerdings real und/oder nominal (Preisniveauerhöhung) bedingt sein, da bekanntlich $Y = Y^r \cdot P$ ist.
Der zweite Effekte auf die Gesamtnachfragekurve ist ebenfalls aus Abb. 4.14a und 4.10b erkennbar: Steigen die Renditeerwartungen bei einem Volkseinkommen von Y_1, so verschiebt sich die Gesamtnachfragekurve von L_1 nach L_3.

Abb. 4.14a

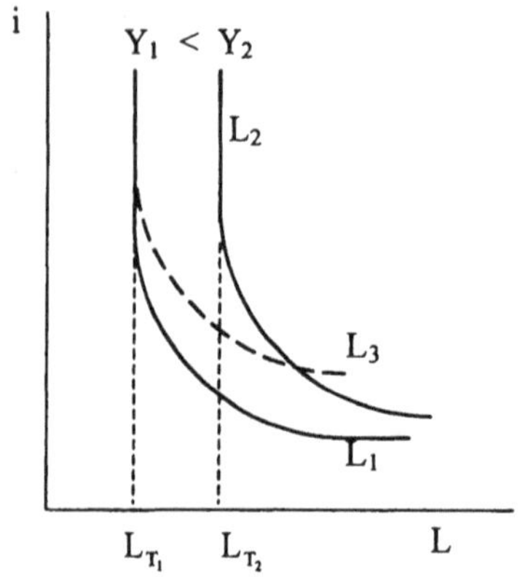

Abb. 4.14b

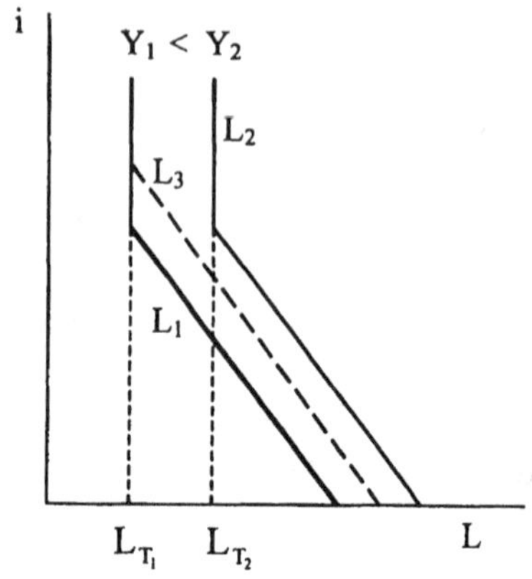

Die Höhe der Spekulationskasse kann den Abbildungen nicht entnommen werden, da sie sich als Differenz zwischen dem Geldangebot und der Transaktionskasse (Restgröße) ergibt, und das Geldangebot hier noch nicht eingezeichnet ist.

4.4 POSTKEYNESIANISCHE GELDNACHFRAGETHEORIEN

Die postkeynesianischen Ansätze versuchen die Analyse von KEYNES weiterzuentwickeln bzw. Widersprüche aufzuheben.
Dabei wird bei W. J. BAUMOL und bei J. TOBIN grundsätzlich die Trennung in Transaktions- und Spekulationskasse beibehalten.
W. J. BAUMOL zeigt jedoch mit Hilfe eines lagerhaltungs-theoretischen Ansatzes, daß auch die Transaktionskasse als zinsabhängig und abhängig von den Monetisierungskosten von Near Money in Bargeld angesehen werden muß.
J. TOBIN dagegen konzentriert sich darauf darzustellen, daß es sich bei der Geldnachfrage um Wahlhandlungsakte handelt und es darauf ankommt, ein **optimales Portfolio** zu wählen (portfolio selection theory). Er bietet damit eine mikroökonomische Fundierung der makroökonomischen Liquiditätspräferenzfunktion und zeigt, wie einzelne Wirtschaftssubjekte nach einer optimalen Anlagekombination von Kasse und Wertpapieren streben, so daß die Höhe der Kassenhaltung ebenfalls als zinsabhängig gelten kann.

4.4.1 DER LAGERHALTUNGSTHEORETISCHE ANSATZ

Die Keynessche Annahme einer völligen Zinsinelastizität der Transaktionskasse scheint wenig realistisch zu sein, da die Wirtschaftssubjekte ja die Transaktionskasse nicht in jedem Augenblick in voller Höhe halten müssen.

So wurde bereits bei der Analyse des Kassenhaltungsansatzes gezeigt, daß bei der Annahme eines kontinuierlichen Verlaufs der Ausgaben der privaten Haushalte der durchschnittliche Kassenbestand der Hälfte des Einkommens entspricht.[1]

Der Bestand an Kasse nimmt im Laufe der Periode kontinuierlich ab. Die Überlegung ist daher sinnvoll und realistisch, in diesem Falle das Bargeld zwischendurch beispielsweise auf dem Sparbuch anzulegen und bei Bedarf wieder in Bargeld umzuwandeln. Entstehen dabei keine Kosten (einschließlich Fahrt zur Sparkasse), so könnte diese Umwandlung (Monetisierung) des Finanzaktivums in Bargeld jederzeit erfolgen. Die Kassenhaltung wäre dann gleich Null.

Bei der Haltung von Finanzaktiva werden, im Gegensatz zur Haltung von Bargeld, zusätzlich in aller Regel Zinsen erzielt. Umgekehrt ergibt sich daraus, daß die Haltung von Bargeld einen **Zinsentgang** bedeutet.

Ausgehend von diesen Überlegungen hat **W. J. BAUMOL** in Analogie zu den betriebswirtschaftlichen Modellen einer optimalen Lagerhaltung die Frage zu klären versucht, wie hoch denn unter bestimmten Bedingungen die **optimale Haltung von Bargeld** sein müßte.

BAUMOL geht davon aus, daß ein Wirtschaftssubjekt seine Mittel in Form von Finanzaktiva angelegt hat. Zur Abwicklung seiner Transaktionen muß das Wirtschaftssubjekt Finanzaktiva monetisieren. Der Umfang der Ausgaben und damit die Höhe der Transaktionskasse während einer bestimmten Periode werden als konstant angenommen.[2]

Die Ausgaben erfolgen kontinuierlich. Das Wirtschaftssubjekt monetisiert immer nur einen Teilbetrag C in gleicher Höhe.

Bei der Umwandlung der Finanzaktiva in Bargeld fallen fixe Kosten wie Buchungsgebühren an.

Die Häufigkeit der Umwandlung ergibt sich aus dem Verhältnis zwischen der Transaktionshöhe (T) und dem jeweils umgewandelten Betrag (C): T/C.

Die **Kosten** für die Umwandlungen insgesamt ergeben sich dann als Produkt aus den auftragsfixen Kosten b und der Häufigkeit:

$$b \cdot \frac{T}{C}$$

Durch die (kurzfristige) Haltung eines bestimmten Geldbestandes erleidet das Wirtschaftssubjekt Zinsverluste. Die durchschnittliche Bargeldhaltung ergibt sich aus der Hälfte des Anfangsbestands C minus dem Endbestand Null: C/2.

Wird der durchschnittliche Kassenbestand C/2 mit dem Zinssatz i (= p/100) multipliziert, ergeben sich die entgangenen Zinsen:

[1] Vgl. S. 84 ff.

[2] Vgl. Baumol, W. J.: The transactions demand for cash: An inventory theoretic approach, in: The Quaterly Journal of Economics, Vol. LXVI (1952), S. 545-556

$$i \cdot \frac{C}{2}$$

Die Gesamtkosten (K) der Kassenhaltung betragen damit:

$$K = b \cdot \frac{T}{C} + i \cdot \frac{C}{2} \qquad (4.09)$$

Zur Ermittlung der optimalen Bargeldhaltung, oder genauer des optimalen Betrages, der jeweils von den Finanzaktiva zu monetisieren wäre, muß die Gesamtkostengleichung nach C abgeleitet und das Ergebnis gleich Null gesetzt werden (notwendige Bedingung für ein Kostenminimum)[1]:

$$\frac{dK}{dC} = -b \cdot \frac{T}{C^2} + \frac{i}{2} = 0 \qquad (4.10)$$

$$\Longrightarrow \qquad C = \sqrt{\frac{2bT}{i}} \qquad (4.11)$$

Dies ist der Betrag, der umgewandelt werden muß, um die Kosten der Bargeldhaltung zu minimieren. Steigen die Zinsen, so wird dieser Betrag ceteris paribus kleiner, steigen die Transaktionen, wird der Betrag ceteris paribus größer.
Sind die Umwandlungskosten b = 0, so ist auch C = 0, d. h. es muß keine Transaktionskasse gehalten werden.

Zwei Zahlenbeispiele sollen diese Zusammenhänge anschaulich machen:

Beispiel 1:

Gegeben: $T = 100$ €
$i = 0{,}1$
$b = 0{,}50$ €

$$C = \sqrt{\frac{2 \cdot 0{,}50 \cdot 100}{0{,}1}} = \sqrt{1000} = 10\sqrt{10} = 31{,}61$$

Umwandlungshäufigkeit T/C = $\frac{100}{31{,}62} \approx 3$mal

durchschnittliche Kassenhaltung C/2 = 15,81 €

Beispiel 2:

$T = 100$ €

$i = 0{,}2$
$b = 0{,}50$ €

$$C = \sqrt{\frac{2 \cdot 0{,}50 \cdot 100}{0{,}2}} = \sqrt{500} = 10\sqrt{5} = 22{,}36$$

Umwandlungshäufigkeit $T/C = \frac{100}{22{,}36} \approx 4\text{mal}$

durchschnittliche Kassenhaltung $C/2 = 11{,}18$ €

4.4.2 DIE PORTFOLIO-SELECTION-THEORIE

Wie bereits bei der Analyse der Spekulationskasse gezeigt wurde, geht KEYNES davon aus, daß das einzelne Wirtschaftssubjekt bei einem bestimmten Zinsniveau entweder den Geldbetrag aus der Spekulationskasse vollständig anlegt oder in Form von Kasse hält.
Damit unterstellt KEYNES zinsinelastische Erwartungen im Hinblick auf die zukünftigen Zinssätze oder anders ausgedrückt: Die Wirtschaftssubjekte haben völlige Gewißheit über die Zinssätze und Kurse der Wertpapiere.
J. TOBIN will nun mit seiner Analyse zeigen, daß auch einzelne Wirtschaftssubjekte ein Portfeuille aus den **beiden** Anlagemöglichkeiten **Bargeld (A_1)** - das nicht verzinst wird, aber auch ohne Risiko ist - und **einem festverzinslichen Wertpapier (A_2)**, mit Rendite aber auch mit Risiko, hält.
Das **Risiko** wird damit bei TOBIN explizit als ein wichtiger Faktor eingeführt, der die Höhe der Spekulationskasse mitbestimmt.
Das einzelne Wirtschaftssubjekt wird daher die erwartete Rendite und das Risiko, das mit dem Wertpapier verbunden ist, bei seiner Portfolioentscheidung berücksichtigen.
Abb. 4.15 soll in stark vereinfachter Form die Portfoliozusammensetzung bei unterschiedlichen Zinssätzen und Risiken zeigen.[1]
Auf der Ordinate wurde der erwartete Ertrag (E*) des Portfolios abgetragen, der sich aus dem erwarteten Zinsertrag und der Kapitalwertänderung ergibt.
Die Abszisse dagegen enthält den Risikofaktor (σ) und zugleich die Zusammensetzung des Portfolios.
Im Punkt 0 ist der Anteil der Anlageart Bargeld $A_1 = 100$ % und der Anteil der Anlageart Wertpapier $A_2 = 0$ %, d. h. es wird nur Kasse gehalten, was zur Folge hat, daß sowohl das Risiko (σ) als auch der Ertrag gleich Null ist.

[1] Vgl. Tobin, J.: Liquidity Preference as Behavior Towards Risk, in: The Review of Economic Studies, Vol. XXV (1957-1958), S. 65-86 und zur Zeichnung vgl. Duwendag, D. u.a.: Geldtheorie und Geldpolitik, S. 81 sowie Jacob, H.-D.: Geldlehre, S. 76

Im Punkt B dagegen wird keine Kasse gehalten ($A_1 = 0$ %), sondern nur ein Wertpapier ($A_2 = 100$ %). Es wird dabei ein Ertrag von BC erzielt.

Abb. 4.15

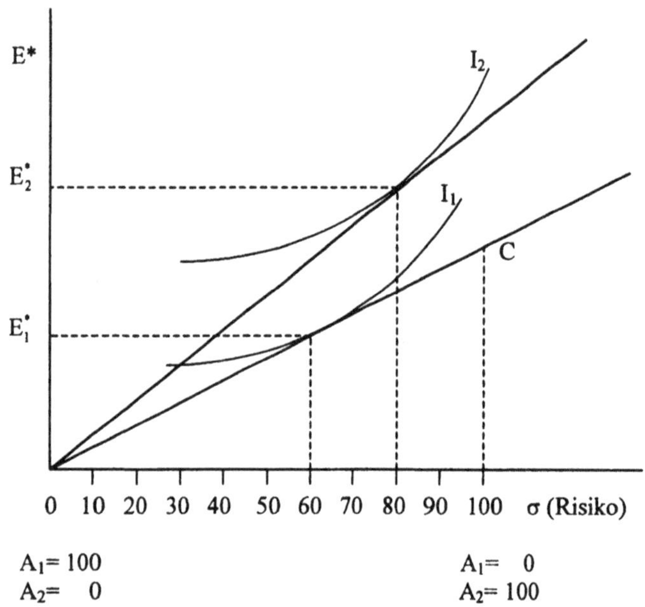

Die Linie OC gilt für eine bestimmte Rendite i als Verhältnis von Ertrag zum Anlagebetrag in Wertpapieren. Die Steigung dieser Linie OC stellt damit die Rendite i dar. Die Linie OC bedeutet gleichzeitig eine Art „Budgetlinie" für das Wirtschaftssubjekt: Punkte auf der Kurve und unterhalb der Kurve OC sind realisierbar, wobei nur die Punkte auf der Kurve effizient sind. Dagegen sind Punkte oberhalb der Kurve OC (gegenwärtig) nicht erreichbar. Welcher Punkt nun tatsächlich auf der Kurve OC realisiert wird, hängt von den subjektiven Risikoeinschätzungen des Wirtschaftssubjektes ab.

Tobin geht bei seiner Analyse von einem risikoscheuen Wirtschaftssubjekt aus, das ein erhöhtes Risiko mit einer überproportionalen Renditesteigerung kompensieren will. Diese individuellen Präferenzen des Wirtschaftssubjekts können mit Hilfe der Indifferenzkurven I_1 und I_2 ausgedrückt werden, wobei I_2 einen höheren Nutzenindex als I_1 ausweist.

Das Wirtschaftssubjekt kann aber bei gegebener Rendite i_1 nur den Nutzenindex I_1 erreichen. In diesem Falle wären (Abb. 4.13) 60 % der Mittel in Form von Wertpapieren und 40 % in Form von Kasse angelegt.

Eine Erhöhung der Rendite bringt eine Umschichtung des Portfolios, da nun ein höherer Nutzenindex (I_2) erreichbar ist. Jetzt werden 80 % in der Anlageform A_2 (Wertpapiere) und nur noch 20 % in Form der Kasse gehalten. Die erwartete Rendite steigt auf E^*_2.

Mit dieser Darstellung hat TOBIN eine realistische mikroökonomische Liquiditätspräferenzfunktion entwickelt, allerdings wieder wie KEYNES nur mit **einem** Wertpapier und mit der Annahme einer ganz speziellen Indifferenzkurvenschar.

4.5 DIE GELDNACHFRAGETHEORIE VON M. FRIEDMAN

Aus der Vielzahl von Ansätzen zur Neuformulierung der Geldnachfragetheorie von **monetaristischer** Seite soll die Theorie von Milton FRIEDMAN dargestellt werden, da sie - nach seiner eigenen Meinung - auch als eine Weiterentwicklung der Theorie von KEYNES angesehen werden kann. Dieser Auffassung kann nur bedingt zugestimmt werden, da die Theorie von FRIEDMAN auch eine Neuformulierung der Quantitätstheorie darstellt, weshalb sie hier nicht zu den postkeynesianischen Theorien gezählt wurde.
Die Theorie von FRIEDMAN ist insofern eine Weiterentwicklung der Theorie von KEYNES als sie eine Erweiterung der möglichen Vermögensanlagen bringt. Ein Ansatz, der bereits vorher von H. F. LYDALL entwickelt wurde und als **„vermögenstheoretischer Ansatz"** bezeichnet wird.
Auch für FRIEDMAN ist die ursprüngliche Quantitätstheorie nicht so naiv zu interpretieren, daß ein direkter proportionaler Zusammenhang zwischen der Höhe des Preisniveaus und der umlaufenden Geldmenge besteht, sondern nur, daß zwischen der Geldmenge und den anderen Größen des gesamtwirtschaftlichen Gleichgewichts (Preise oder Produktionsniveau) eine Beziehung existiert: Wird die Geldmenge „übermäßig" ausgeweitet oder gekürzt, löst dies umfangreiche Anpassungsprozesse bei den anderen ökonomischen Größen aus. FRIEDMAN ist daher auf der Suche nach der **„optimalen Geldmenge"**.[1]
FRIEDMAN geht wie KEYNES davon aus, daß das Geldangebot **autonom** vom Bankensystem gesteuert wird und es deshalb eine **exogene** Größe ist. FRIEDMAN beschäftigt sich daher schwerpunktmäßig mit der Geldnachfrage und sucht nach Gründen für die Geldhaltung der Wirtschaftssubjekte.
Für FRIEDMAN ist das Geld nur **eine** Vermögensanlageform unter vielen Möglichkeiten. Die Anlage in Form von Geld steht daher in Konkurrenz zu anderen Vermögensformen: Die Nachfrage nach Geld ist um so größer je kleiner die Präferenz für andere Vermögensformen ist.

Aus dieser Überlegung heraus ist es für FRIEDMAN notwendig, alle anderen Vermögensformen zu erfassen, die mit Geld in Konkurrenz stehen. Er muß außerdem das gesamte Vermögen seiner Struktur nach gliedern.
Die **nominale Gesamtnachfragefunktion** nach Liquidität sieht daher wie folgt aus:

---

[1] Zu den folgenden Ausführungen vgl. Friedman, M.: Die optimale Geldmenge und andere Essays, München 1970, S. 77 ff. und die englische Fassung von Friedmans Artikels "Studies in the Quantity Theory of Money" wieder abgedruckt in: Leube, K.R.: The Essence of Friedman, Standford 1987, S. 285 ff.

$$L = L(P, i_b, i_e, \hat{P}, Y^P/i, w, u,) \qquad (4.12)$$

Die erste Bestimmungsgröße für die Geldnachfrage ist das **Preisniveau (P)**, und zwar wird mit steigendem Preisniveau die Nachfrage nach Kasse steigen, da die Wirtschaftssubjekte eine bestimmte **reale** Kassenhaltung anstreben. FRIEDMAN geht davon aus, daß die Wirtschaftssubjekte keiner Geldillusion unterliegen.

Eine Erweiterung der keynesianischen Liquiditätspräferenzfunktion stellt die Einführung einer **Rendite aus Beteiligungen** (equities) i_e neben der **langfristigen Kapitalmarktrendite** (von „bonds") i_b dar. Da sie alternative Anlageformen zur Geldhaltung sind, wird die Nachfrage nach Geld um so kleiner werden, je mehr i_e und i_b steigen.

Neben dem jeweiligen Preisniveau spielt die Änderung der **Inflationsrate** ($\hat{P}$) eine Rolle, die wie folgt definiert ist:

$$\hat{P} = \frac{\dot{P}}{P} = \frac{1}{P} \cdot \frac{dP}{dt} \qquad (4.13)$$

Es ist die Änderungsrate des Preisniveaus im Zeitablauf: $dP/dt = \dot{P}$ im Verhältnis zum ursprünglichen Preisniveau (P).

Während bei der Änderung des Preisniveaus die reale Kassenhaltung im Vordergrund steht, kommen bei der Inflationsrate Opportunitätskostenüberlegungen zum tragen: Mit steigender Inflationsrate nehmen die Opportunitätskosten einer Geldhaltung zu, da die Kassenbestände an Kaufkraft verlieren. Damit wird bei steigender Inflationsrate weniger nominale Kasse gehalten. Es werden andere Anlagemöglichkeiten gesucht.

Nach FRIEDMAN ist auch die Geldnachfrage von der Höhe des **Gesamtvermögens** abhängig. Zur Darstellung dieses Zusammenhangs kapitalisiert er das permanente Einkommen der Wirtschaftssubjekte (Y^P). Ein Einkommen, das sich im Zusammenhang mit der Friedmanschen Konsumfunktion ergibt.[1] Dieses permanente Einkommen ist, aufgrund seiner Berechnungsmethode, relativ stabil.

Für die näherungsweise Ermittlung dieses Einkommens schlägt FRIEDMAN die Berechnung eines Durchschnittswerts der vergangenen und zukünftigen Einkommen vor. Die Einkommen der einzelnen Perioden sind dabei um so stärker zu gewichten, je näher sie der laufenden Periode sind. Dieser Durchschnittswert kann dann als Verzinsung eines Kapitals interpretiert werden. Unter Zugrundelegung eines Zinssatzes (durchschnittliche Verzinsung des Gesamtvermögens) ergibt sich der Kapitalwert.[2] Steigt dieser Kapitalwert, so wird mehr Kasse nachgefragt.

Neben diesem Gesamtvermögen wird von FRIEDMAN auch noch das **Vermögensverhältnis (w)** als Verhältnis von „nonhuman wealth" zum Humankapital in die Analyse einbezogen: Ein höheres Humankapital beeinflußt die Geldnachfrage positiv. Je weniger

[1] Vgl. Peto, R.: Makroökonomik, S. 134 ff.

[2] Es handelt sich im Prinzip um die in der Betriebswirtschaftslehre bekannte Ertragswertmethode.

„nonhuman wealth" im Verhältnis zum Humankapital vorhanden ist, desto mehr Geldkapital muß gehalten werden, da es nicht möglich ist, das Humankapital im Gegensatz zum „nonhuman wealth" relativ schnell zu monetisieren.
Schließlich werden noch die **Präferenzen der Wirtschaftssubjekte (u)** eingeführt, die alle anderen Faktoren erfassen sollen wie z. B. die Beurteilung der zukünftigen Wirtschaftslage. In welcher Richtung diese Präferenzen die Geldnachfrage beeinflussen, ist nicht voraussehbar.

Da die Renditen i, i_e und i_b voneinander abhängig sind, genügt es nach FRIEDMAN, nur die durchschnittliche Gesamtrendite (i) als Bestimmungsfaktor zu betrachten. Er geht ebenfalls davon aus, daß die Variablen „w" und „u" nicht meßbar sind, weshalb er nur noch mit einer **reduzierten nominale Geldnachfragefunktion** arbeitet:[1]

$$L = L(P, i, \hat{P}, Y^p) \qquad (4.12')$$

Geht man nun davon aus, daß die Wirtschaftssubjekte keiner Geldillusion unterliegen, so versuchen sie, ihren Realkassenbestand zu halten. Steigt das Preisniveau und das nominale (permanente) Einkommen (Y^p) um einen bestimmten Faktor (a), so steigt auch die Geldnachfrage um diesen Faktor (a):

$$a \cdot L = L(a \cdot P, i, \hat{P}, a \cdot Y^p) \qquad (4.12'')$$

Setzt man nun a= $1/Y^p$ so ergibt sich:

$$\frac{L}{Y^p} = L(P/Y^p, i, \hat{P}, 1) \qquad (4.12''')$$

oder $$L = L(P/Y^p, i, \hat{P}, 1)\, Y^p \qquad (4.12'''')$$

Dies ist aber die klassische Geldnachfragefunktion, d. h. die Quantitätsgleichung in der Form des Kassenhaltungsansatzes.
Anstatt des Kassenhaltungskoeffizienten k steht vor dem Y der Funktionswert L (.). Damit hat FRIEDMAN die Annahme einer Konstanz des Kassenhaltungskoeffizienten (k) und damit auch seines Kehrwertes, der Umlaufsgeschwindigkeit (V°), wie sie in der älteren Quantitätstheorie vorherrschte, aufgegeben und somit eine **Neuformulierung der Quantitätstheorie** vorgenommen.

[1] Vgl. Felderer, B./Homburg, St.: Makroökonomik und neue Makroökonomik, 7. Auflage, Heidelberg 1999, S. 240 ff.

Wird die Quantitätsgleichung anstatt mit dem Kassenhaltungskoeffizienten (k) mit der Umlaufsgeschwindigkeit (V°) geschrieben, wobei der Kehrwert Y^p/P verwendet und die „1" vernachlässigt wird, so ergibt sich die neu formulierte Quantitätstheorie wie folgt:

$$M \cdot V^{\circ}\left(Y^p/P, i, \hat{P}\right) = Y^p \qquad (4.13)$$

FRIEDMAN geht damit nicht von einer a priori-Stabilität der Umlaufsgeschwindigkeit aus, sondern behauptet nur einen **stabilen Zusammenhang** zwischen der Umlaufsgeschwindigkeit (V°) und der sie bestimmenden Variablen.

Der wichtigste Unterschied zur keynesianischen Nachfragefunktion ist die **relative Stabilität des permanenten Einkommens**: Genauso wie der permanente Konsum seiner Konsumfunktion ist auch die Umlaufsgeschwindigkeit wegen des relativ stabilen permanenten Einkommens relativ stabil im Zeitablauf.

Demgegenüber geht KEYNES von einem schwankenden (laufenden) Einkommen aus, das die Geldnachfrage bestimmt.

Ein weiterer Aspekt ist die **Inflationsrate**, die bei KEYNES nur in Form des Preisniveaus ($Y^r \cdot P$) eine Rolle spielt, wobei die Annahme war, daß bei KEYNES die notwendige Transaktionskasse mit einem nominalen Wachstum des Volkseinkommens ebenfalls wachsen müßte.

Diese Annahme bleibt auch bei FRIEDMAN erhalten (Realkassenüberlegungen).

FRIEDMAN sieht aber andererseits die Gefahr einer „Flucht in andere Anlagewerte" bei steigender Inflationsrate und damit einer Reduzierung der Kassenhaltung aber auch eine Wirkung auf den güterwirtschaftlichen Bereich.[1]

Die Unterscheidung in unterschiedliche Anlagerenditen bei FRIEDMAN, wobei nur zwei explizit ausgewiesen werden, stellt sicher eine Weiterentwicklung dar, aber keine Abkehr von der Keynesschen Theorie, da die Renditen untereinander verbunden sind und bei KEYNES der einheitliche Zinssatz für festverzinsliche Wertpapiere so interpretiert werden kann, daß er für das Zinsniveau einer Volkswirtschaft repräsentativ ist.

Welche monetären und güterwirtschaftlichen Effekte nun im Rahmen einer Geldmengenänderung bei FRIEDMAN ausgelöst werden, soll im Rahmen der Transmissionsanalyse untersucht werden.

[1] Vgl. S. 135 ff.

KONTROLLFRAGEN ZU KAPITEL 4

1. Mit welchen Fragen beschäftigt sich die Geldnachfragetheorie?
2. Was versteht man unter dem Umlaufsgeschwindigkeitsansatz und dem Kassenhaltungsansatz?
3. Erklären Sie die (einfache) Quantitäts- oder Verkehrsgleichung!
4. Welche Faktoren bestimmen nach I. FISHER die Höhe der Transaktionsumlaufsgeschwindigkeit?
5. Welchen funktionalen Zusammenhang nimmt die Quantitätstheorie an?
6. In welcher Form wird heute die Quantitätstheorie geschrieben?
7. Für welche Zwecke fragen die Wirtschaftssubjekte nach klassischer Auffassung Geld nach?
8. Welche Größe bestimmt die Höhe der nachgefragten Geldmenge in der klassischen Theorie?
9. Erläutern Sie den Payment-Interval- und den Payment-Pattern-Effect!
10. Welche Motive der Kassenhaltung unterscheidet Keynes, und welche Teilkassen nimmt er an?
11. Von welchen Faktoren wird bei Keynes die Höhe der Transaktionskasse bestimmt?
12. Erläutern Sie die Spekulationskasse!
13. Erläutern Sie den lagerhaltungstheoretischen Ansatz von W. J. Baumol!
14. Auf welche Weise hat J. Tobin mit seiner Portfolio-Selection-Theorie die Theorie von Keynes ergänzt?
15. Was versteht man unter einem vermögenstheoretischen Ansatz der Geldnachfragetheorie?
16. Welche Vermögensanlagen unterscheidet M. Friedman?
17. Erläutern Sie die nominale Gesamtnachfragefunktion nach Geld von Friedman!
18. Inwiefern hat M. Friedman eine Neuformulierung der Quantitätstheorie vorgenommen, und welche Variablen der Quantitätsgleichung versucht er näher zu erklären?
19. Welche Gemeinsamkeiten und welcher Unterschied bestehen zwischen der Theorie von J. M. Keynes und M. Friedman?

LITERATURHINWEISE ZU KAPITEL 4

Duwendag, D./ Ketterer, K.-H./ Kösters, W./ Pohl, R./ Simmert D. B. — Geldtheorie und Geldpolitik, 3. Auflage, Köln 1985

Felderer, B./ Homburg, St. — Makroökomomik und neue Makroökonomik, 7. Auflage, Heidelberg 1999

Friedman, M. — Die optimale Geldmenge und andere Essays, München 1970

Guitton, H./ Bramoullé, G. — La monnaie, 5e éd., Paris 1983

Jacob, K.-D. — Geldlehre, Wiesbaden 1981

James, E. — Problèmes mométaires d'aujourd'hui, 2e éd., Paris 1970

Keynes, J. M. — The General Theory of Employment, Interest and Money, London 1936

Leube, K. R. u. a. (Hg.) — The Essence of Friedman, Stanford 1987

Peto, R. — Grundlagen der Makroökonomik, 12., überarbeitete und erweiterte Auflage, München; Wien 2000

Woll, A. — Allgemeine Volkswirtschaftslehre, 12. Auflage, München 1996

5. MONETÄRES GLEICHGEWICHT, ZINSBILDUNG UND TRANSMISSION

Die nachfolgenden Ausführungen widmen sich der Darstellung des monetären Gleichgewichts, der Zinsbildung und der Transmission monetärer Impulse auf den güterwirtschaftlichen Bereich. Dabei wird auch auf Preisniveaueffekte eingegangen. Diese Effekte werden jedoch ausführlich im Kapitel „Geldwertänderungen" untersucht.
Die Darstellung beginnt mit der Beschreibung der klassisch-neoklassischen Theorie.
Danach folgt eine ausführliche Darstellung der Keynesschen Theorie und der postkeynesianischen Ansätze.
Die Keynessche Theorie hat eine Weiterentwicklung der klassischen Theorie in Form der Leihfondstheorie ausgelöst aber noch in viel stärkerem Maße die Entstehung der neo-monetaristische Theorie, weshalb der Darstellung der neo-monetaristische Position ein größeres Gewicht verliehen wird als der Leihfondstheorie.
Da die Transmissionstheorien für die geldpolitische Konzeption einer Zentralbank von entscheidender Bedeutung sind, sollen sie im folgenden ausführlich behandelt werden.

5.1 ZINSBILDUNG UND TRANSMISSION IN DER KLASSISCH-NEOKLASSISCHEN THEORIE

Die klassisch-neoklassische Zinstheorie kann als eine **reale Zinstheorie** bezeichnet werden, da der Zins sich auf dem Faktormarkt „Kapital" durch Nachfrage und Angebot nach Geldkapital ergibt.
Das Angebot besteht in der Klassik und der Neoklassik aus dem Angebot an Ersparnissen (S) und die Nachfrage aus der Nachfrage nach Geld für Investitionen (I).
Es wird dabei unterstellt, daß die Höhe der Ersparnis während einer Periode von der Höhe des Zinssatzes bestimmt wird, wobei allerdings ein Unterschied zwischen der klassischen Theorie und der neoklassischen Theorie gemacht werden muß. Während die **klassische Theorie** von Realzinsniveau ($i^r = \frac{i}{P}$) ausgeht durch den das Angebot und Nachfrage nach Geld bestimmt werden, nimmt die neoklassische Theorie an, daß sich durch den Nominalzins (i) bestimmt werden.
Die Sparfunktion nach der klassischen Theorie lautet demnach:

$$S\ (i^r = \frac{i}{P}) \text{ wobei gilt: } dS/di^r > 0$$

Mit steigendem (sinkendem) Realzins nimmt daher bei der Klassik die Ersparnis zu (ab), d. h. die Nominalzinsen in gleichem Maße wie das Preisniveau, bleibt die Ersparnis konstant.
Die Sparfunktion wird hier zugleich als die Geldangebotsfunktion definiert: Mit steigendem Realzins nimmt das Geldangebot zu.

Die Geldnachfrage wird durch die Investitionsfunktion dargestellt, die bei der Klassik ebenfalls vom Realzins bestimmt wird:
Sinkt (steigt) der Realzins, so erhöht (sinkt) sich die Nachfrage nach Geld für Investitionen:

$$I\ (i^r = \frac{i}{P}) \quad \text{wobei gilt: } dI/di^r < 0$$

Für die Neoklassik gilt der Nominalzinssatz mit folgenden Funktionen:

Sparfunktion: $S\ (i)$ wobei gilt: $dS/di > 0$
Investitionsfunktion: $I\ (i)$ wobei gilt: $dI/di < 0$

Mit steigendem Nominalzins nimmt die Ersparnis zu und mit sinkendem Zins ab. Eine Sparfunktion, die besonders von KEYNES angegriffen wurde, da er als wesentliche Bestimmungsgröße für die Höhe der Ersparnis das verfügbare Einkommen annahm.[1] Andererseits wird von den Neoklassikern und von KEYNES eine Investitionsfunktion unterstellt, die besagt, daß mit steigendem Zinssatz die Investitionen abnehmen.

Da bei den Klassikern und bei den Neoklassikern Angebot und Nachfrage nach Geld jeweils von der gleichen Größe abhängig ist, herrscht immer ein güterwirtschaftliches und ein monetäres Gleichgewicht und darüber hinaus auch ein Vollbeschäftigungsgleichgewicht, denn es gilt bekanntlich das Saysche Theorem.[2]
Abb. 5.01 zeigt die klassisch Zinsbildung:

Abb. 5.01

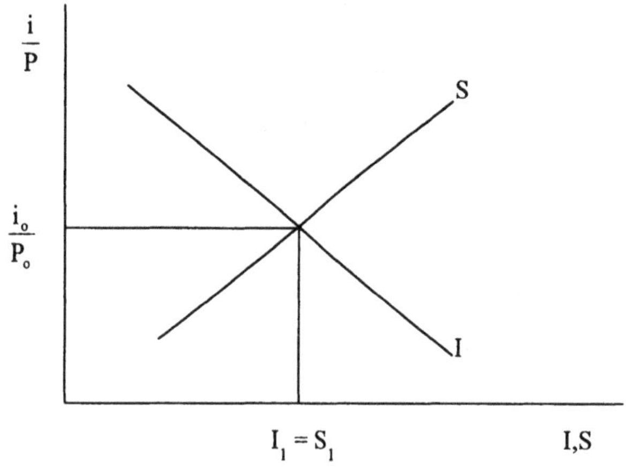

[1] Zur Sparfunktion vgl. Peto, Makroökonomik, S. 69 ff. und S. 126 ff.
[2] Vgl. ebenda, S. 31

In analoger Weise kann das neoklassische Gleichgewicht mit dem Nominalzins (i) in Abb. 5.02 dargestellt werden.

Abb. 5.02

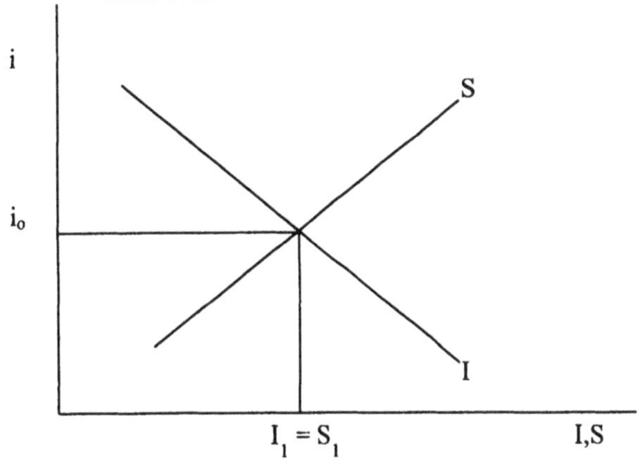

Die Problematik der klassisch-neoklassischen Zinstheorie besteht sicher darin, daß in der Realität die Höhe der Ersparnis dominierend von der Höhe des verfügbaren Einkommens und nicht von der Höhe des Zinssatzes bestimmt werden und damit nicht immer automatisch I = S ist.

Ein weiterer Aspekt ist die Vernachlässigung der Kredit- und Geldschöpfungsmöglichkeiten der Geschäftsbanken.[1]

Die Klassiker wie Jean Baptiste SAY und John Stuart MILL gingen von einer Zweiteilung (Dichotomie) der Wirtschaft in einen güterwirtschaftlichen (realen) und einen geldwirtschaftlichen (monetären) Bereich aus. Dabei wurde unterstellt, daß Änderungen im monetären Bereich, wie beispielsweise eine Geldmengenerhöhung, im güterwirtschaftlichen Bereich die Austauschverhältnisse der Güter, auch relative Preise genannt, **nicht** ändern. Nach klassischer Auffassung kann durch eine Änderung der Geldmenge höchstens die **absolute** Höhe des Preisniveaus geändert werden.

Ausgehend von der Quantitätsgleichung in der Volkseinkommensversion[2] ($M = V \cdot Y^r \cdot P$), gelangen die Klassiker zur **Quantitätstheorie**, die einen funktionalen Zusammenhang - bei Konstanz des realen Volkseinkommens (Y^r) und der Umlaufsgeschwindigkeit (V°) - zwischen der Geldmenge (M) und dem Preisniveau (P) herstellt:

$$P = \frac{M \cdot V^{\circ}}{Y^r}$$

Verdoppelt sich die Geldmenge (M), dann verdoppelt sich auch das Preisniveau (P) der Volkswirtschaft einschließlich der Faktoreinkommen.

---

[1] Vgl. dazu die Weiterentwicklung der klassisch-neoklassischen Theorie, S. 129 ff.

[2] Vgl. S. 81 und S. 143

Die Geldmenge hat damit nur eine nominale, aber keine reale Wirkung. Das Geld ist **neutral** in bezug auf den güterwirtschaftlichen Bereich: **Money doesn't matter!**

Für die **Geldpolitik** folgt daraus, daß sie keine Beschäftigungswirkung hat:
Sie kann nur eine absolute Änderung des Preisniveaus auslösen und bewirken, nicht aber eine reale Änderung im güterwirtschaftlichen Bereich und damit auch des Beschäftigungsvolumens.
Offen bleibt die konkrete Frage nach dem **Transmissionsmechanismus** im einzelnen. Er kann wir folgt angenommen werden:
Die Wirtschaftssubjekte bauen bei einer Geldmengenerhöhung ihre überschüssige Kassenhaltung dadurch ab, daß sie zusätzliche Ausgaben vornehmen, was bei gegebenem Güterangebot zu Preissteigerungen führt. Diese Erklärung ist in dieser Form unbefriedigend, da nun neben den Strömen auch Kassenbestände ins Spiel kommen. Die Nachfrage ist damit nicht nur von den relativen Güterpreisen abhängig, sondern auch von der tatsächlichen Geldhaltung, d. h. von einer monetären Variablen.[1]
Die Quantitätstheorie erklärt damit nicht die Zinsbildung, sondern im Endeffekt nur die Änderung des Preisniveaus. Sie kann daher als eine **monetäre Inflationstheorie** bezeichnet werden.[2]
In der Klassik hat die Geldpolitik allerdings die Aufgabe, dennoch für Preisniveaustabilität zu sorgen, und zwar im Hinblick auf den Geldwert. Zwar ändern sich nach klassischer Auffassung nicht die Wertverhältnisse, aber die **Geldbestände** verlieren ihren Wert. Das Geld verliert sonst seine Funktion als Wertaufbewahrungsmittel. Bei gewährten Krediten wird die nominale Verzinsung einen Inflationsaufschlag enthalten.
Die **neoklassische Theorie** sieht aber auch eine Änderung der realen güterwirtschaftlichen Austauschverhältnisse durch monetäre Maßnahmen. Sie geht daher nicht von einer Dichotomie der Wirtschaft aus wie später in der besonderen neo-monetaristischen Theorie zum Ausdruck kommt, die als eine Variante der neoklassischen Theorie verstanden werden kann.

---

[1] Die Realkasseneffekte von Pigou und von Don Patinkin sollen hier nicht zusätzlich untersucht werden. Zum Pigou-Effekt: vgl. Peto, R.: Makroökonomik, S. 216

[2] Vgl. S. 142 ff.

5.2 DAS KEYNESSCHE MONETÄRE GLEICHGEWICHTSMODELL UND DER KEYNESSCHE TRANSMISSIONSMECHANISMUS

Die Keynessche Theorie kann im Gegensatz zur klassisch-neoklassischen Theorie als eine **monetäre Zinstheorie** bezeichnet werden, denn das monetäre Gleichgewicht auf dem Geldmarkt im weitesten Sinne ergibt sich bei KEYNES aus der Übereinstimmung von Geldangebot und Geldnachfrage zu einem bestimmten (Gleichgewichts-) Zinssatz. Dies soll anhand eines graphischen und eines analytischen Geldmarktmodells gezeigt werden.
Ein weiterer wesentlicher Gegensatz zur klassisch-neoklassischen Theorie besteht in der Transmissionsannahme: Monetäre Änderungen können bei KEYNES über eine Änderung des Zinsniveaus zu Änderungen im güterwirtschaftlichen Bereich und damit auch Änderungen auf dem Arbeitsmarkt führen.

5.2.1 MONETÄRES GLEICHGEWICHT UND ZINSBILDUNG BEI KEYNES

Die Abb. 5.03a und 5.03b zeigen die graphische Darstellung des **monetären Gleichgewichts bei konstantem Preisniveau und konstantem Volkseinkommen**.[1]

Abb. 5.03a

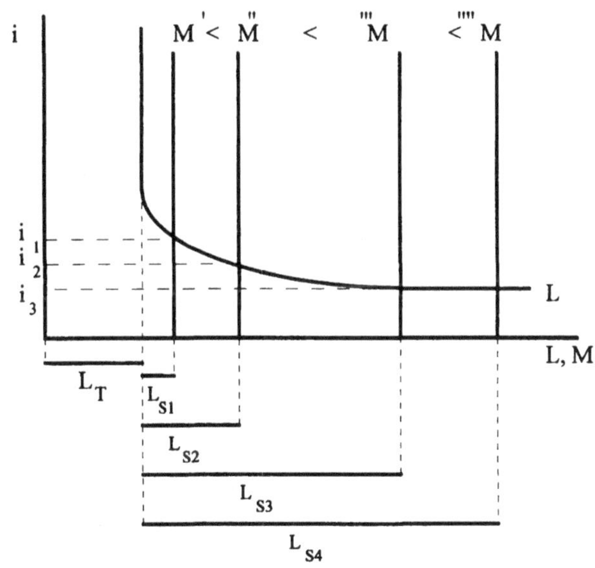

[1] Vgl. dazu auch Peto, R.: Makroökonomik, S. 212 ff.

Abb. 5.03b

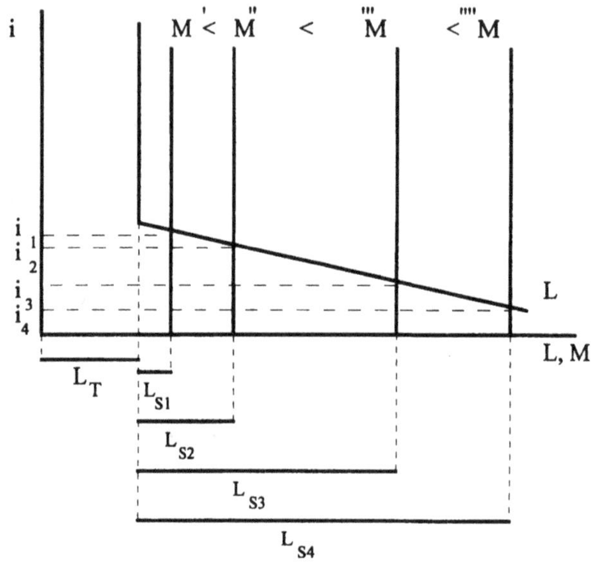

Es wird außerdem angenommen, daß das Geldangebot (M) völlig zinsinelastisch ist und von der Zentralbank autonom bestimmt wird.

In den obigen Diagrammen sind unterschiedliche Geldangebotskurven eingezeichnet, um mehrere Gleichgewichtssituationen bei einer **Änderung der Geldmenge** zeigen zu können. Die obigen Abbildungen zeigen einen unterschiedlichen Verlauf der Geldnachfragefunktion (L), die sich aus der Nachfrage nach Liquidität für Transaktionszwecke (einschließlich Vorsichtszwecke) und einer Nachfrage für Spekulationszwecke zusammensetzt:

$$L = L_T + L_S$$

Abb. 5.03a zeigt eine Geldnachfragekurve mit und Abb. 5.03b ohne Liquiditätsfalle. Aus den beiden Abbildungen ist ferner die Höhe der Transaktionskasse und die Höhe der Spekulationskasse zu erkennen.

Während die Transaktionskasse in diesen Diagrammen immer gleich L_T ist, da angenommen wird, daß sich das Volkseinkommen nicht ändert, ergibt sich die Höhe der Spekulationskasse als Differenz zwischen dem jeweiligen Geldangebot (M) und der Transaktionskasse.

Bei Konstanz der Nachfragekurve sinkt durch eine Vergrößerung des Geldangebots von M' nach M'' der Zinssatz von i_1 nach i_2. Die Spekulationskasse erhöht sich von L_{S_1} auf

L_{S_2}. Bei einer weiteren Erhöhung des Geldangebots von M'' nach M''' sinkt der Zinssatz weiter auf i_3. Wird dagegen die Geldmenge von M''' auf M'''' erhöht, so sinkt der Zinssatz in Abb. 5.03a nicht mehr. Die Geldmengenerhöhung fließt vollständig in die Spekulationskasse, d. h. in die **Liquiditätsfalle**. Die Spekulationskasse steigt durch die oben erwähnte Geldmengenausweitung von L_{S_3} auf L_{S_4}. Die Nachfrage nach Geld ist unendlich elastisch. Der extrem niedrige Zinssatz i_3 führt dazu, daß die Wirtschaftssubjekte unbegrenzt Spekulationskasse halten, weil sie kein weiteres Absinken erwarten, sondern nur noch den Wiederanstieg des aktuellen Zinssatzes.

Für die **Geldpolitik** hat die **Annahme einer Liquiditätsfalle** schwerwiegende Konsequenzen: Zwar ist es bei Existenz einer Liquiditätsfalle möglich, im endlich elastischen Bereich über eine Geldmengenvariation den Zinssatz zu ändern, in der Liquiditätsfalle hat die Geldmengenänderung keinerlei Wirkung auf den Zinssatz.

Die Geldpolitik ist damit **asymmetrisch**:

Eine monetäre Steuerung der Konjunktur ist durch eine expansive Geldpolitik in der Rezession nur begrenzt möglich, und zwar bis zur Liquiditätsfalle. Eine restriktive Geldpolitik ist dagegen zur Dämpfung der Hochkonjunktur wirksam.

Dabei wurde unterstellt, daß die Höhe des Zinsniveaus die zinsabhängigen Investitionen und damit das Volkseinkommen bestimmt.

Die Existenz einer Liquiditätsfalle wird insbesondere von M. FRIEDMAN bestritten, da eine Liquiditätsfalle seiner Meinung nach empirisch nicht nachgewiesen wurde.[1]

Betrachtet man die Geldnachfragekurve ohne Liquiditätsfalle in Abb. 5.03b, so führt auch eine Erhöhung der Geldmenge M''' auf M'''' zu einer Zinssatzsenkung, und zwar von i_3 auf i_4. Eine expansive Geldpolitik hat damit auch in diesem Falle eine positive Wirkung auf die Investitionstätigkeit und damit auf das Volkseinkommen und die Beschäftigung.

Läßt man nun im Modell von Keynes die Annahme „Konstanz der Geldangebotskurve" fallen und betrachtet **Änderungen des realen Volkseinkommens und/oder Preisniveauänderungen**, so ergeben sich nach Abb. 5.04 folgende Zusammenhänge:

Bleibt die Geldmenge (M') bei einer nominalen Erhöhung des Volkseinkommens von Y_1 nach Y_2 konstant, steigt der Zinssatz von i_1 nach i_2, denn ein nominell höheres Volkseinkommen benötigt eine höhere Transaktionskasse L_{T_2}, was eine Verkleinerung der Spekulationskasse bei Konstanz des Geldangebots (M') zur Folge hat, so daß sich der Zinssatz erhöht. Dieser Effekt kann natürlich durch eine Erhöhung der Geldmenge von M' nach M'' wieder kompensiert werden.

Eine nominelle Erhöhung des Volkseinkommens kann dabei zwei Gründe haben, entweder eine Erhöhung des realen Volkseinkommens und/oder die Erhöhung des Preisniveaus, da bekanntlich $Y = Y^r \cdot P$ ist.

[1] Vgl. dazu auch die Untersuchungen für die Bundesrepublik Deutschland von Kösters, W.: Ergebnisse und Probleme empirischer Tests geldtheoretischer Hypothesen, in: Köhler, K. (Hg.): Geldtheorie-kontrovers, Köln 1973, S. 109ff. Vgl. außerdem Makin, J. H.: Macroeconomics, S. 305 f.

Abb. 5.04

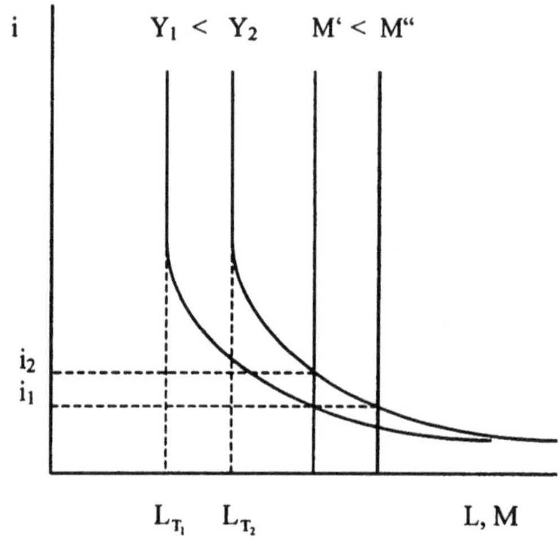

5.2.2 DER TRANSMISSIONSMECHANISMUS

Wie bereits erwähnt, erfolgt bei KEYNES eine Transmission monetärer Maßnahmen auf den güterwirtschaftlichen Bereich über die zinselastischen Investitionen. Es ist daher notwendig, sowohl güterwirtschaftliche Gleichgewichte mit Hilfe einer zinsabhängigen Investitionsfunktion als auch monetäre Gleichgewichte darzustellen.[1]

Zur graphischen Darstellung einer Gleichgewichtssituation im güterwirtschaftlichen und zugleich im monetären Bereich wollen wir die Darstellung von J. R. HICKS verwenden, der die Kurve aller monetären Gleichgewichte (L=M), auch LM-Kurve genannt, und die Kurve aller güterwirtschaftlichen Gleichgewichte (I=S), auch als IS-Kurve bezeichnet, in einem Diagramm erfaßt und so ein Globalgleichgewicht ermittelt hat.[2]

Es ist daher notwendig, die IS-Kurve und die LM-Kurve herzuleiten. Wir beginnen mit der Darstellung der Kurve aller monetären Gleichgewichte.

[1] Vgl. dazu auch das im Anhang beigefügte keynesianische Transmissionsmodell S. 238 ff..

[2] Vgl. Hicks, J. R.: Mr. Keynes and the „Classics": A Suggested Interpretation, in: Econometrica 5 (April 1937), S. 152 f.

5.2.2.1 DIE KURVE DER MONETÄREN GLEICHGEWICHTE (LM-KURVE) BEI KONSTANTEM PREISNIVEAU

Zur Herleitung der Kurve der monetären Gleichgewichte (LM-Kurve) beginnen wir mit der Zeichnung von 4 Quadranten (Abb. 5.05).
Im ersten Quadranten wird die zu ermittelnde LM-Kurve mit den Koordinaten i und Y dargestellt.
Der zweite Quadrant nimmt die Kurve der Spekulationskasse und der dritte Quadrant die Kurve der Transaktionskasse auf. Schließlich dient der vierte Quadrant zur Spiegelung der Y-Werte.
Die Darstellung der Nachfrage nach Spekulationskasse im zweiten Quadranten entspricht der Keynesschen Annahme einer vorhandenen Liquiditätsfalle.
Bei der Darstellung der Transaktionskassenkurve im dritten Quadranten wird von einer einkommensabhängigen Transaktionskasse ausgegangen. Allerdings wurde die übliche Kurve um die Ordinate gedreht. Die Ordinate befindet sich jetzt rechts und die Kurve links. Die Kurve der Transaktionskasse verläuft damit von links oben bis rechts unten (zum Ursprung U) mit der Steigung $\frac{1}{k}$.
Die Größe der Transaktionskasse wird ab dem Ursprung „U" gemessen. Der Quadrant 3 enthält außer der Transaktionskassekurve auch noch die Geldangebotskurve. Das Geldangebot (M') wird als autonom betrachtet, und durch die Strecke $\overline{QU}$ graphisch dargestellt. Vergrößert sich das Geldangebot auf M'', was der Strecke $\overline{QU'}$ entspricht, so verschiebt sich die Ordinate nach rechts. Die Steigung der Transaktionskassenkurve bleibt konstant.
Zur Ermittlung der LM-Kurve wäre es notwendig, unendlich viele Kombinationen zwischen dem Zinssatz und dem Volkseinkommen darzustellen, da die Nachfragekurve der Spekulationskasse eine nichtlineare Funktion ist. Wir begnügen uns aber mit der Darstellung von drei Kombinationen.
Die Herleitung der LM-Kurve beginnen wir mit einem willkürlich ausgewählten Volkseinkommen Y_1 (3. Quadrant), das wir über den 4. Quadranten auf den 1. Quadranten übertragen. Dem Volkseinkommen Y_1 entspricht eine Transaktionskasse L_{T_1}, was in der Zeichnung der Strecke $\overline{UT_1}$ entspricht.
Da die gesamte Strecke $\overline{QU}$ gleich dem Geldangebot M' ist, bleibt für die Spekulationskasse noch die Differenz $\overline{QT_1}$. Dieser Wert wird auf den 2. Quadranten übertragen und entspricht der Spekulationskasse L_{S_1}. Diese Spekulationskasse wird bei einem Zinssatz i_1 gehalten. Die Höhe der Spekulationskasse ergibt sich als Restgröße, wenn vom Geldangebot M' die für das Volkseinkommen Y_1 notwendige Transaktionskasse L_{T_1} abgezogen wird.
Eine Übertragung des Zinssatzes i_1 vom zweiten Quadranten in den 1. Quadranten ergibt zusammen mit dem Volkseinkommen Y_1 die Kombination A (i_1, Y_1).

Abb. 5.05

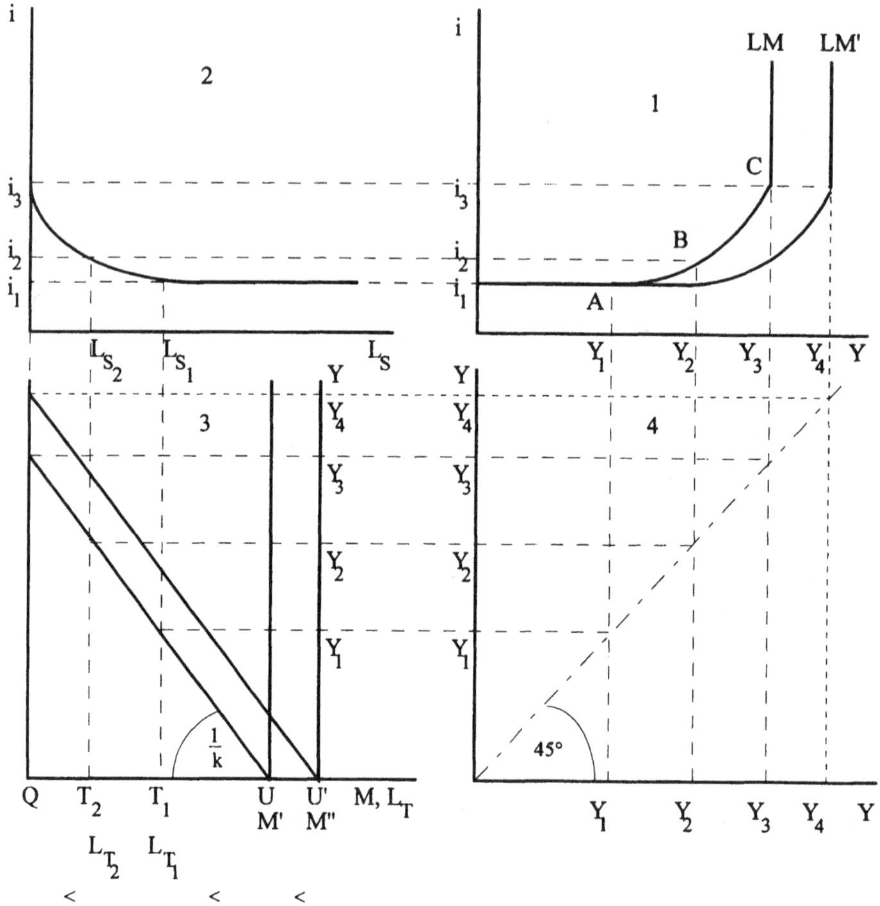

In gleicher Weise wird auch die Kombination B (i_2, Y_2) ermittelt. Bei der Kombination C haben wir den Sonderfall, daß die Spekulationskasse inzwischen gleich Null geworden ist. Die Kombinationen A, B, C sind alle Punkte der **LM-Kurve**, die **alle monetären Gleichgewichte** enthält. Daher ergibt eine Verbindung der Punkte A, B, C die LM-Kurve, die sich nach oben als zinsinelastische Kurve weiter fortsetzt.

Die **Veränderung der LM-Kurve** (Verschiebung oder Drehung) ist abhängig von Veränderungen der Spekulationskasse, der Transaktionskasse und/oder des Geldangebots.

Abb. 5.05 zeigt eine Änderung des Geldangebots: Die LM-Kurve wird nach rechts zur LM'-Kurve verschoben, wenn das Geldangebot (ceteris paribus) von M' nach M'' steigt.
Da wir uns aber beim Zinssatz i_l bereits in der **Liquiditätsfalle** befinden, sinkt bei einer Geldmengenerhöhung der Zinssatz nicht weiter: **Eine expansive Geldpolitik ist wirkungslos.**
Bei der Verwendung einer linearen Kurve für die Spekulationskasse ergibt sich mit Hilfe der gleichen Methode das Diagramm in Abb. 5.06.
Bei diesem Modell ohne Liquiditätsfalle wirken sowohl eine expansive als auch eine restriktive Geldpolitik.

Abb. 5.06

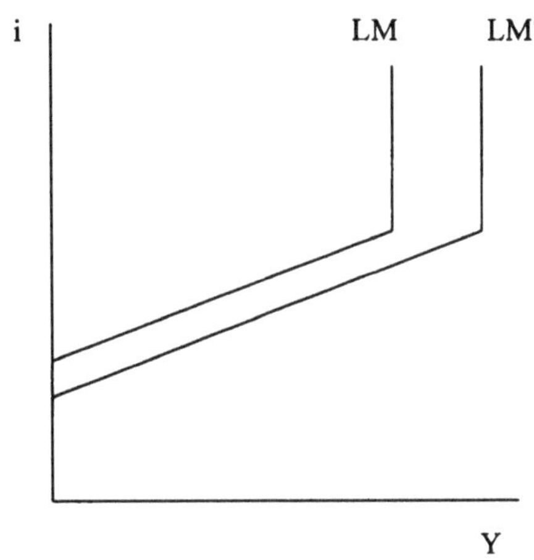

5.2.2.2 DIE LM-KURVE BEI PREISNIVEAUÄNDERUNGEN

Die Auswirkungen auf die LM-Kurve sollen mit Hilfe einer linearen Spekulationskasse ohne Liquiditätsfalle graphisch demonstriert werden (Abb. 5.07).
Dabei ist es notwendig, die Nominalwerte Y, M, L_S, L_T in Realwerte (preisbereinigt) darzustellen. Die Nominalwerte müssen daher durch das Preisniveau (P) dividiert werden:

$\frac{Y}{P}$ = reales Volkseinkommen

$\frac{M'}{P}$ = reales Geldangebot

$\frac{L_T}{P}$ = reale Transaktionskasse

$\frac{L_S}{P}$ = reale Spekulationskasse.

Abb. 5.07

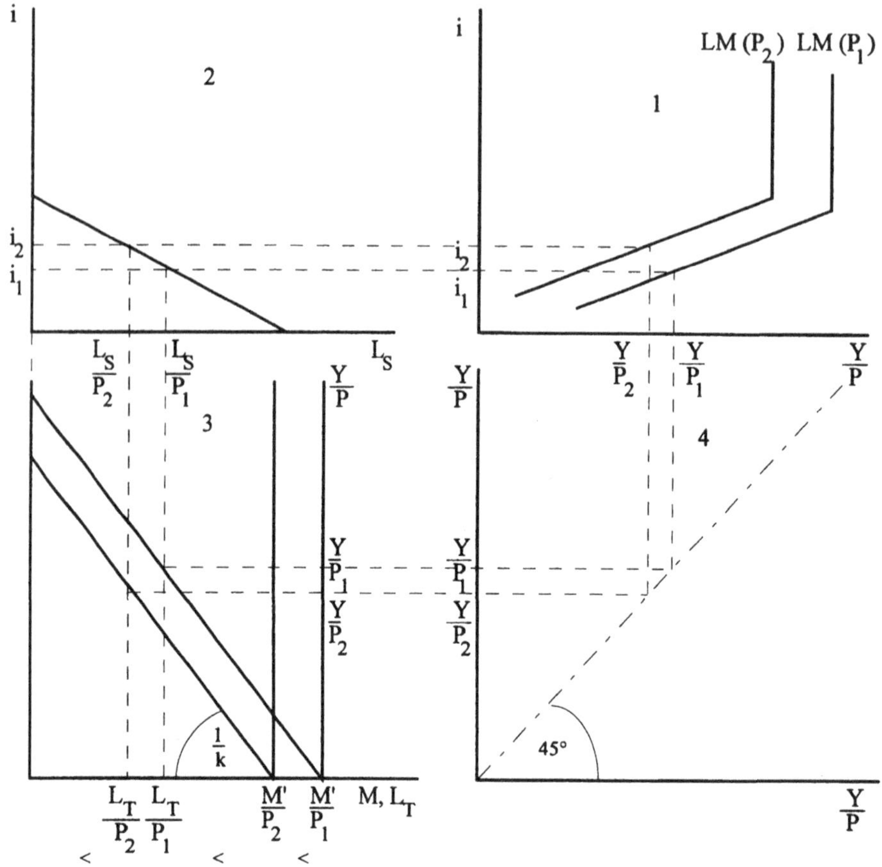

Wir nehmen an, daß das Preisniveau P_2 herrsche, was einer realen Transaktionskasse von $\frac{L_T}{P_2}$, einer realen Spekulationskasse von $\frac{L_S}{P_2}$, einem realen Geldangebot von $\frac{M'}{P_2}$, einem Zinssatz i_2 und schließlich einer LM (P_2)-Kurve entspricht.

Das Preisniveau sinke auf P_1.

Damit **erhöht** sich das reale Geldangebot auf $\frac{M'}{P_1}$.

Die Kurve im Quadranten 3 verschiebt sich nach rechts, das reale Volkseinkommen steigt von

$$\frac{Y}{P_2} \text{ nach } \frac{Y}{P_1}$$

und damit auch die reale Transaktionskasse von $\frac{L_T}{P_2}$ nach $\frac{L_T}{P_1}$.

Da auch die reale Spekulationskasse zunimmt, fällt der **nominale Zinssatz** von i_2 auf i_1.

Dies bedeutet, daß die neue Kombination $(i_1, \frac{Y}{P_1})$ unter der LM (P_2)-Kurve auf einer LM (P_1)-Kurve liegt: Die LM-Kurve wurde durch eine Preisniveausenkung nach rechts verschoben, da sich die reale Geldmenge durch die Preisniveausenkung erhöht hat. Mit der gleichen nominalen Geldmenge kann jetzt mehr gekauft werden. Dies ist ein sogenannter **Realkasseneffekt**, der zu einer Verschiebung der LM-Kurve führt und hier **KEYNES-Effekt** genannt wird.

Bei der Annahme einer Liquiditätsfalle würde allerdings eine Erhöhung der realen Spekulationskasse (in der Liquiditätsfalle) zu keiner nominalen Zinssenkung führen.

5.2.2.3 DIE KURVE DER GÜTERWIRTSCHAFTLICHEN GLEICHGEWICHTE (IS-KURVE)

Geht man von der Gleichgewichtsbedingung für ein güterwirtschaftliches Gleichgewicht bei einer geschlossenen Volkswirtschaft aus, so gilt bei zinsabhängigen Investitionen:[1]

$$I(i) = S(Y)$$

Zur Ermittlung der IS-Kurve werden vier Quadranten gezeichnet: Der erste Quadrant enthält eine lineare Sparfunktion, der zweite eine zinsabhängige (lineare) Investitionsfunktion.

Die Sparfunktion zeigt die Abhängigkeit des Sparens vom Einkommen. Mit steigendem verfügbarem Einkommen (das in unserem Modell identisch ist mit dem Volkseinkommen), sparen die privaten Haushalte mehr.

Bei der linearen Investitionsfunktion wird davon ausgegangen, daß die Nettoinvestitionen einer Volkswirtschaft (indirekt) vom langfristigen Kapitalmarktzins (i) abhängig sind. Steigt (sinkt) der langfristige Kapitalmarktzins, so sinken (steigen) die Nettoinvestitionen. Es ist allerdings zu beachten, daß der langfristige Kapitalmarktzins (i) nur insofern bei der Höhe der Nettoinvestitionen eine Rolle spielt, als die Unternehmen die intern erwartete Rendite (r*) mit dem langfristigen Kapitalmarktzins vergleichen und mit ihren

[1] Vgl. Peto, R.: Makroökonomik, S. 68 ff.

Investitionen so lange fortfahren, bis die letzte investierte Einheit gerade dem langfristigen Kapitalmarktzins entspricht (Grenzleistungsfähigkeit des Kapitals):[1] $r^* \geq i$
Zur Ermittlung der intern erwarteten Rendite muß das Unternehmen vor allen Dingen die erwarteten Nettoeinnahmen aus der Investition subjektiv schätzen. Die Nettoeinnahmen ergeben sich aus der Differenz zwischen den Bruttoeinnahmen und den Ausgaben in der jeweiligen Periode. Bei dieser Berechnung müssen die Bruttoeinnahmen in Form von Umsätzen (Mengen und Preise) sowie Subventionen genauso subjektiv je Periode vorausgeschätzt werden wie die Ausgaben in Form von Personalkosten, Materialkosten, Steuern usw.
Der dritte Quadrant in Abb. 5.08 dient zur Übertragung aller Zinssätze auf den vierten Quadranten. Im vierten Quadranten schließlich ergibt sich eine Kurve, die unterschiedliche Gleichgewichte zeigt, und zwar bei verschiedenen Kombinationen von Volkseinkommen und Zinssatz.

Abb. 5.08

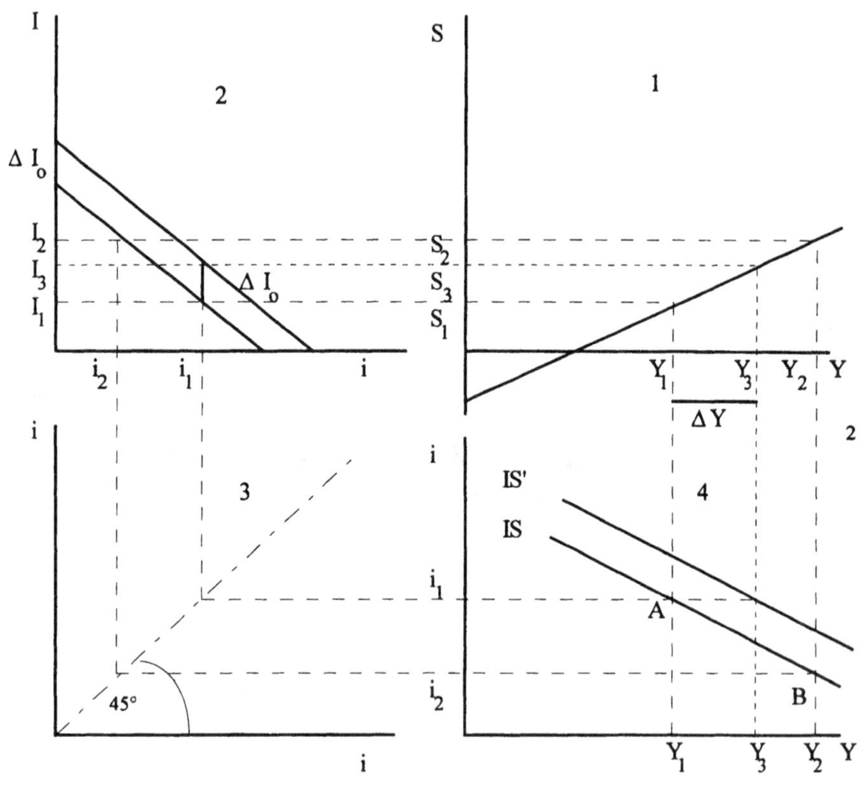

[1] Vgl. Peto, R.: Makroökonomik, S. 142 ff.

Bei der Ermittlung der IS-Kurve genügt es, zwei Kombinationen zwischen dem Zinssatz und dem Volkseinkommen zu wählen, da sowohl die Spar- als auch die Investitionsfunktion als linear angenommen werden.

Wir beginnen die Herleitung der IS-Kurve mit einem willkürlich gewählten Zinssatz i_1 in Quadrant 2. Diesem Zinssatz entspricht die Investitionshöhe I_1. Da nur bei I = S ein Gleichgewicht besteht, muß diesem I_1 in gleicher Höhe ein S_1 im 1. Quadranten entsprechen.

Die Ersparnis S_1 ergibt sich aber nur bei einem Volkseinkommen Y_1, das in Quadrant 1 erscheint und dann auf Quadrant 4 übertragen wird. Der Zinssatz i_1 in Quadrant 2 wird an der 45°-Linie in Quadrant 3 gespiegelt und taucht dann auf der Ordinate in Quadrant 4 wieder auf.

Der Punkt A in Quadrant 4 ist die Kombination des Zinssatzes i_1 und des Volkseinkommens Y_1. Auf die gleiche Weise ermitteln wir den Punkt B, indem wir einen willkürlich gewählten Zinssatz i_2 annehmen. B zeigt dann die Kombination von i_2 und Y_2 an.

Eine Gerade durch die Punkte A und B ergibt die sogenannte **IS-Kurve**.

Sie ist die Kurve aller güterwirtschaftlichen Gleichgewichte (I=S) bei unterschiedlichen Kombinationen von Volkseinkommen und Zinssatz.

Verschiebungen der IS-Kurve können durch Verschiebungen der Investitionsfunktion und/oder der Sparfunktion erfolgen.

Verschiebungen der IS-Kurve nach rechts bis zur IS'-Kurve werden durch eine Verschiebung der Investitionsfunktion und/oder eine Verschiebung der Sparfunktion nach rechts verursacht.

Die Graphik enthält beispielhaft eine Verschiebung der IS-Kurve nach rechts, ausgelöst durch eine autonome Nettoinvestition ΔI_0 bei konstantem Zinssatz i_1. Dadurch erhöht sich das Volkseinkommen um ΔY von Y_1 auf Y_3 bei $I_3 = S_3$. Daneben wirken in der Realität andere autonome Variable analog wie eine zusätzliche autonome Nettoinvestition so z. B. die Erhöhung des Exports, der Staatsausgaben und der Transferzahlungen des Staates.

Die Ursachen für die Verschiebung der **Investitionsfunktion nach rechts** können positive exogene (außerökonomische) Faktoren wie das politische Ereignis der deutschen Wiedervereinigung oder eine optimistische Stimmung sein, aber ökonomische Faktoren wie z. B. eine Kapazitätserweiterung aufgrund von Nachfrageänderungen (Akzeleratoreffekt).[1]

Eine Verschiebung der **Sparfunktion nach rechts** bedeutet, daß beim gleichen Volkseinkommen weniger gespart bzw. mehr konsumiert wird. Ein Effekt, der insbesondere bei Angstkäufen (Kriegsgefahr) auftritt.

Verschiebungen der IS-Kurve nach links sind dagegen durch eine Verschiebung der Investitionsfunktion und/oder durch eine Verschiebung der Sparfunktion nach links bedingt. So verschiebt sich die **Investitionskurve nach links** durch negative exogene Faktoren wie eine pessimistische Stimmung durch aufgetretene Katastrophen aber auch durch

[1] Vgl. Peto, R.: Makroökonomik, S. 146 ff.

einen Konjunktureinbruch bei gegebenem Zinsniveau: Die Unternehmen revidieren ihre (subjektiven) Renditeerwartungen nach unten. Bei einer Verschiebung der **Sparfunktion nach links** sparen die privaten Haushalte bei einem bestimmten Volkseinkommen plötzlich mehr. Derartige Effekte können durch Angst ausgelöst werden: In Zeiten der Depression sind die Einkommenserwartungen negativ, und die Haushalte sparen mehr aus Furcht vor der Arbeitslosigkeit. Die Sparfunktion verschiebt sich ebenfalls nach links, wenn eine direkte autonome Steuer erhöht (Kfz-Steuer) wird. Eine analoge Wirkung wie die Erhöhung der direkten Steuern zeigt auch der Import.
(Bei einer Steuersenkung erfolgt die Verschiebung in die andere Richtung.)
Eine weitere Möglichkeit der Veränderung der **IS-Kurve** wäre ihre **Drehung**, deren Ursache in der Drehung der Investitionsfunktion und/oder der Sparfunktion liegen kann.
Eine Drehung dieser Funktionen ist durch eine Veränderung der Parameter möglich: Steigung der Investitionskurve, Änderung der marginalen Konsumquote bzw. der marginalen Sparquote, der marginale Importneigung und des Steuersatzes.
(Auf eine weitergehende Analyse dieser Möglichkeiten soll hier verzichtet werden.)

5.2.2.4 DIE IS-KURVE BEI PREISNIVEAUÄNDERUNGEN

Bei der Untersuchung über die Ursachen der IS-Kurvenänderungen gingen wir davon aus, daß das Preisniveau konstant geblieben ist. Gibt man diese Hypothese auf, so kann auch eine Preisniveauänderung eine Änderung der IS-Kurve ergeben.
Sinkt das Preisniveau, so steigt der reale Wert des vorhandenen Kassenbestandes (Geldvermögen), d. h. seine Kaufkraft steigt. Das führt dazu, daß zum gleichen Einkommen jetzt weniger gespart wird, da der Grenznutzen zusätzlicher Vermögensteile sinkt. Damit wird mehr konsumiert. Dieser Effekt wird ebenfalls als ein **Realkasseneffekt (real-balance effect)** oder auch als **PIGOU-Effekt** bezeichnet.[1]
Das bedeutet graphisch eine Verschiebung der Sparfunktion nach rechts bzw. eine Verschiebung der IS-Kurve nach rechts: Das Volkseinkommen steigt und damit auch die Beschäftigung.
Analog dazu führt dann eine Preisniveauerhöhung zu einer höheren Ersparnis bei gleichem Einkommen, um die Vermögenssubstanz zu erhalten. Die IS-Kurve verschiebt sich nach links mit der Folge einer Senkung des Volkseinkommens und der Beschäftigung.

Das Vorhandensein dieses Realkasseneffekts, der auf das Volkseinkommen positiv wirkt, wurde von KEYNES nicht bestritten. Er war jedoch der Meinung, daß es völlig ungewiß sei, wann der Effekt auftrete und sich dann das Volkseinkommen erhöhe. Man könne aus sozialen Gründen nicht auf diesen Effekt warten, sondern müsse mit anderen Maßnahmen das Volkseinkommen zu steigern versuchen.

[1] Vgl. Pigou, A. C.: Employment and Equilibrium, London 1941
Zum Zusammenhang zwischen Konsum bzw. Ersparnis und Vermögen vgl. Peto, R.: Makroökonomik, S. 134 f. die „Permanente Einkommenshypothese" von Friedman" und S. 133 f. die „Lebenszyklus-Hypothese" von Franco Modigliani.

5.2.2.5 GÜTERWIRTSCHAFTLICHES UND MONETÄRES GLEICHGEWICHT BEI KONSTANTEM PREISNIVEAU

Zur graphischen Darstellung einer Gleichgewichtssituation im güterwirtschaftlichen und zugleich im monetären Bereich verwenden wir die beiden ermittelten Gleichgewichtskurven (IS-Kurve und LM-Kurve). Wir bringen diese beiden Kurven in ein gemeinsames i,Y-Diagramm und erhalten die Hickssche Darstellung für den KEYNES-Fall und den Fall mit der linearen Spekula-tionskurve.

Das in Abb. 5.09a und 5.09b eingezeichnete Volkseinkommen Y* ist das Vollbeschäftigungseinkommen, das nach Ansicht von KEYNES nicht automatisch mit dem Gleichgewicht in den anderen Bereichen zusammenfällt, insbesondere nicht in der Phase der Rezession. In dieser Phase sind also Gleichgewichte im güterwirtschaftlichen und monetären Bereich bei Unterbeschäftigung möglich.

Abb. 5.09a

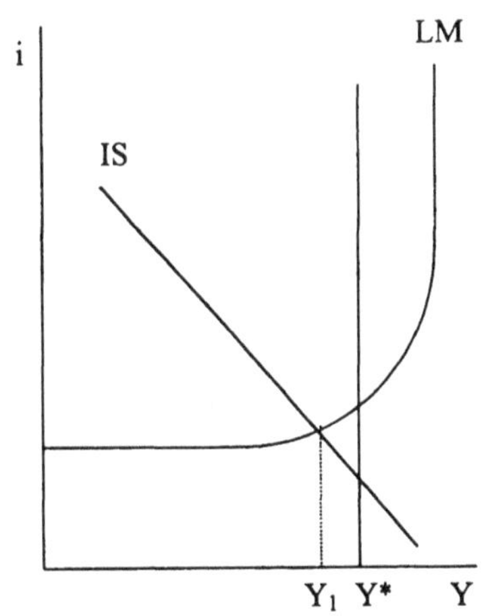

Abb. 5.09b

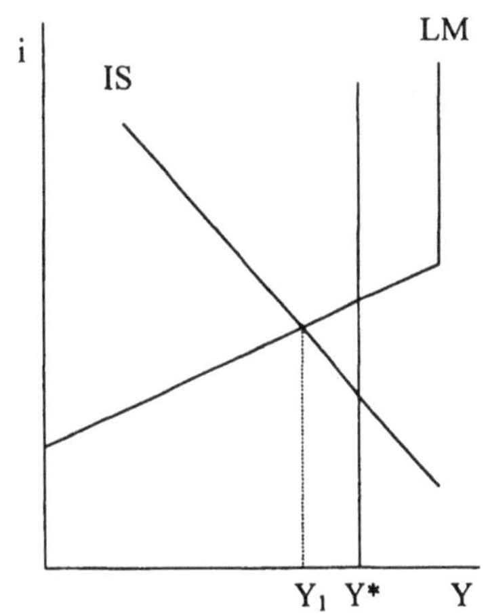

Das Vollbeschäftigungsgleichgewicht wird als Zielvariable der Wirtschaftspolitik verstanden, weshalb sich die Frage ergibt, wie gleichzeitig Gleichgewicht in allen drei Bereichen (d. h. auf allen drei Märkten) erreicht werden kann. Die Möglichkeiten sind unterschiedlich, je nachdem man die Annahmen von KEYNES oder eine lineare Spekulationskassenfunktion voraussetzt. Das Vollbeschäftigungsgleichgewicht Y* könnte aufgrund der bisherigen Annahmen durch güterwirtschaftliche und/oder monetäre Maßnahmen erreicht werden, die das Volkseinkommen real oder nominal erhöhten.

Herrscht in allen drei Bereichen gleichzeitig ein Gleichgewicht, so wird dies als **Globalgleichgewicht** bezeichnet.[1]

[1] Vgl. Peto, R.: Makroökonomik, S. 236 ff.

5.2.2.5.1 MONETÄRE MASSNAHMEN ZUR ERREICHUNG DES GLEICHGEWICHTS BEI KONSTANTEM PREISNIVEAU

Bei konstantem Preisniveau kann die LM-Kurve durch eine Änderung des Geldangebots oder durch eine Änderung der Renditeerwartungen der Spekulanten verschoben werden.
Zur Vereinfachung soll hier angenommen werden, daß sich das Geldangebot ändert, eine Variable, die von der staatlichen Wirtschaftspolitik mit Hilfe der Zentralbank als steuerbar angenommen wird.
Abb. 5.10 unterstellt die Existenz einer Liquiditätsfalle, den sogenannten KEYNES-Fall, daher muß die Wirkung einer Geldmengenerhöhung auf das Volkseinkommen und den Zinssatz in den drei Bereichen der LM-Kurve untersucht werden:

1. KEYNES-Bereich,
2. mittlerer Bereich,
3. klassischer Bereich.

Abb. 5.10

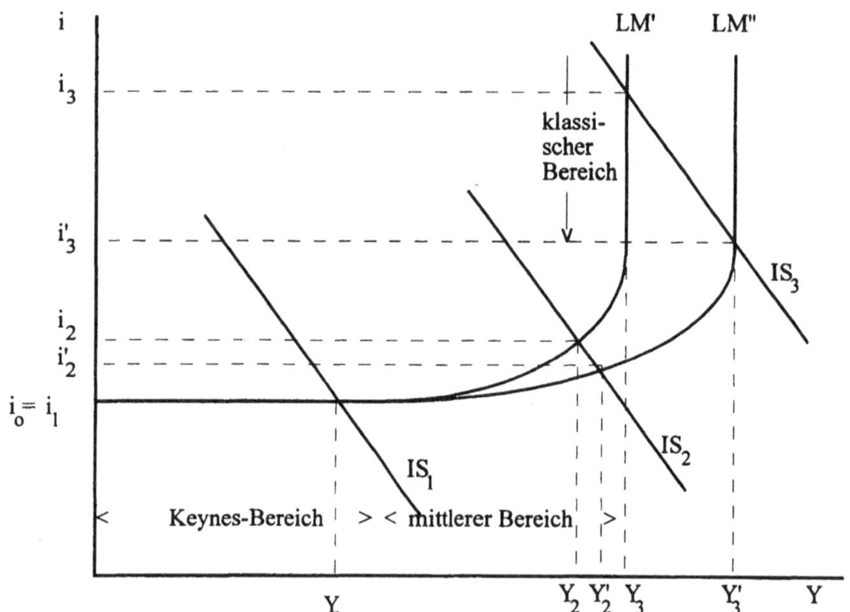

KEYNES-Bereich:
Im KEYNES-Bereich hat ein Geldmengenerhöhung um keine Wirkung auf das Volkseinkommen. Eine Geldmengenerhöhung führt nur zu einer Erhöhung der Spekulationskasse ohne Zinssatzsenkung (Liquiditätsfalle).

Mittlerer Bereich:
Durch die Geldmengenerhöhung wird die Spekulationskasse (außerhalb der Liquiditätsfalle) erhöht, was zu einer Zinssatzsenkung führt.

Die Investoren werden bei einem niedrigen Kapitalmarktzins Investitionen vornehmen, die bisher für sie nicht rentabel erschienen sind. Dadurch steigt das Volkseinkommen (Zinssatzmultiplikatoreffekt). Das führt wieder zu einer Erhöhung des Zinssatzes auf $i_2^{'}$, allerdings nicht mehr bis zum ursprünglichen Zinssatz i_2, da ein Teil der Geldmengenerhöhung bei erhöhtem Volkseinkommen für die Transaktionskasse gebraucht wird.
Klassischer Bereich:
Eine Geldmengenerhöhung bewirkt eine starke Zinssatzsenkung. Diese Zinssatzsenkung macht für die Unternehmen Investitionen interessant, die bisher nicht interessant waren. Durch diese zusätzlichen (zinsinduzierten) Investitionen steigt das Volkseinkommen von Y_3 auf $Y_3^{'}$.
Da von der Geldmengenerhöhung nichts für die Spekulationskasse abgezweigt wird (bei diesem hohen Zinssatz hält kein Wirtschaftssubjekt Spekulationskasse), kann die Transaktionskasse in Relation zum Volkseinkommen erhöht werden.

Wird für die Untersuchung eine Kurve ohne KEYNES-Bereich unterstellt, ergeben sich für den mittleren und den klassischen Bereich die gleichen Ergebnisse (tendenziell) wie in Abb. 5.10. In diesem Falle ist es immer möglich, mit monetären Maßnahmen das Volkseinkommen zu erhöhen und damit zu einem Vollbeschäftigungsgleichgewicht zu kommen.

5.2.2.5.2 GÜTERWIRTSCHAFTLICHE MASSNAHMEN ZUR ERREICHUNG DES GLEICHGEWICHTS BEI KONSTANTEM PREISNIVEAU

Eine Verschiebung der IS-Kurve ist grundsätzlich durch die bereits aufgezählten autonomen Variablen möglich.
Zur Vereinfachung der Analyse soll eine Verschiebung der IS-Kurve aufgrund einer Erhöhung der Staatsausgaben für Güter ΔA_{St_0} angenommen werden. Das Defizit soll durch eine **Staatsanleihe** finanziert werden.

In Abb. 5.11 können die einzelnen Kurvenabschnitte der LM-Kurve wieder in den KEYNES-Bereich (bedingt durch die Liquiditätsfalle), den mittleren Bereich und den klassischen Bereich unterteilt werden, um die Wirkung der Verschiebung der IS-Kurve darzustellen.

KEYNES-Bereich:

Ein ΔA_{St_0} führt zu einer multiplikativen Änderung des Volkseinkommens von Y_1 nach Y_1' (Verschiebung der IS-Kurve nach rechts).

Die Spekulationskasse nimmt ab, während die Transaktionskasse (erhöhtes Volkseinkommen) zunimmt. Der Zinssatz bleibt konstant, da das Geld aus der Liquiditätsfalle kommt ($i_1 = i_0 = \text{const.}$).

Abb. 5.11

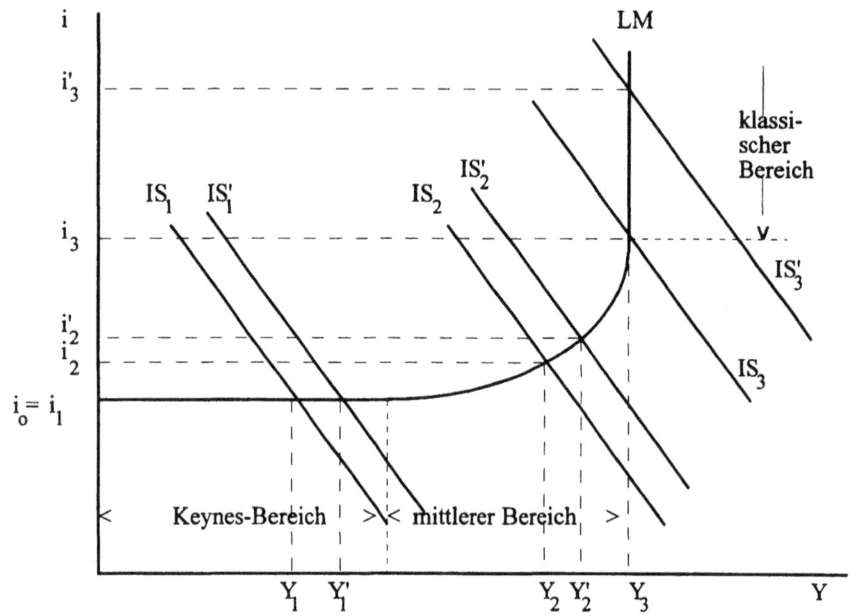

Mittlerer Bereich:

Ein ΔA_{St_0} führt auch hier zu einer Volkseinkommensänderung von Y_2 nach Y_2', wobei der multiplikative Effekt der Staatsausgabenänderung auf das Volkseinkommen kleiner ist als im KEYNES-Bereich.

Auch hier nimmt die Spekulationskasse zugunsten der Transaktionskasse ab. Dabei steigt allerdings der Zinssatz von i_2 nach i_2', da das Geld nicht mehr aus der Liquiditätsfalle, sondern aus dem Teil der Spekulationskasse kommt, der nicht vollkommen zinselastisch ist.

Da der Zinssatz steigt, nehmen die privaten (zinselastischen) Investitionen ab (crowding-out effect), was den Effekt von ΔA_{St_0} dämpft.

Klassischer Bereich:
Ein ΔA_{St_0} hat keinen (Netto-) Effekt auf das Volkseinkommen, nur der Zinssatz steigt von i_3 nach i_3'.
Der Zinssatz ist so hoch, daß es keine Spekulationskasse mehr gibt. Das Geld für die Staatsanleihen muß also vom privaten Sektor abgezogen werden und bewirkt dadurch eine Steigerung des Zinssatzes und somit eine Reduzierung der privaten (zinselastischen) Investitionen (crowding-out effect) mit einem negativen Effekt auf das Volkseinkommen. Die Effekte von ΔA_{St_0} und der Effekt der Reduzierung der privaten Investitionen kompensieren sich.

Geht man von einer Funktion ohne KEYNES-Bereich aus, so ergeben sich die gleichen Wirkungen für den mittleren und den klassischen Bereich wie in Abb. 5.11.

Aufgrund dieser Überlegungen ergibt sich für die Wirksamkeit von güterwirtschaftlichen Maßnahmen, daß mit ihnen nur im KEYNES-Bereich und mittleren Bereich, nicht aber im klassischen Bereich eine Erhöhung des Volkseinkommens und damit Vollbeschäftigung erreicht werden kann.

5.2.3 ZUSAMMENFASSUNG DER BISHERIGEN ERGEBNISSE UND WIRTSCHAFTSPOLITISCHE KONSEQUENZEN

Nach der Kombination des güterwirtschaftlichen und monetären Gleichgewichts stellt sich die Frage, in welchen Fällen es dem Staat möglich ist, mit monetären und/oder güterwirtschaftlichen Maßnahmen die Höhe des Volkseinkommens zu steuern.

Eine monetäre Steuerung ist nach KEYNES nur außerhalb des KEYNES-Bereichs möglich, da dann der Transmissionsmechanismus (Zinssatz-Investitionen-Volkseinkommen) funktioniert. KEYNES behauptet, daß die Situation „güterwirtschaftliches und monetäres Gleichgewicht" in der Phase der Depression möglich sei.
Der Staat ist aber nach KEYNES aufgrund der Existenz einer Liquiditätsfalle nicht in der Lage, die Depression mit monetären Maßnahmen zu überwinden.
Selbst ohne eine Liquiditätsfalle ist die Wirkung einer Zinssenkung nicht ohne weiteres garantiert. Wir haben bei den oben dargestellten Modellen meist konstante subjektive Renditeerwartungen der Unternehmer für Investitionen im eigenen Unternehmen unterstellt. Sinken jedoch die Renditeerwartungen der Unternehmen aufgrund eines Rückgangs der erwarteter Nettoeinnahmen (Umsatzrückgang, Kostensteigerungen usw.), müßte die Geldpolitik den langfristigen Kapitalmarktzins noch stärker senken als die Renditeerwartungen abnehmen. Diese Situation wird auch als **Investitionsfalle** bezeichnet.

Ein Aufschwung ist aus diesen Gründen nur mit güterwirtschaftlichen Maßnahmen möglich. Gelingt es dem Staat dabei nicht, die „privaten" (indirekten) Variablen in Richtung Expansion zu beeinflussen, muß er den Aufschwung mit fiskalischen Mitteln (Steigerung der Staatsausgaben und/ oder Steuersenkungen) herbeiführen. Dies kann jedoch nur eine Initialzündung zur Änderung der Verhaltensweisen der anderen Wirtschaftssubjekte sein.

Zur Konjunkturdämpfung bei Überbeschäftigung sind dagegen auch nach KEYNES monetäre Maßnahmen möglich.

Fiskalische Maßnahmen verlieren aber gerade dann ihre Wirksamkeit, wenn monetäre Maßnahmen ihre Wirkung voll entfalten, nämlich im klassischen Bereich. Eine expansive Volkswirtschaft kann in diesem Falle nur dann weiter gefördert werden, wenn entsprechende Geldmengenerhöhungen erfolgen.

In der praktischen Wirtschaftspolitik wird man sich in der Regel nicht einseitig auf die Wirkung monetärer oder güterwirtschaftlicher Maßnahmen verlassen, da man nach den bereits erwähnten Untersuchungen davon ausgehen kann, daß der KEYNES-Bereich nur in Ausnahmesituationen relevant ist. Es wird vielmehr versucht, eine optimale Kombination von güterwirtschaftlichen und monetären Maßnahmen zur Konjunktursteuerung zu verwirklichen, was auch als „Policy mix" bezeichnet wird. Eine optimale Kombination bedeutet, daß weder güterwirtschaftliche noch monetäre Maßnahmen allein in extremer Form durchgeführt werden müssen.
Ein beinahe schon klassisches Beispiel, bei dem die ganze Last einer Konjunktursteuerung der monetären Politik überlassen wurde, bietet die deutsche Wirtschaftsgeschichte in Form der Rezession von 1966/67: Die Bremsung der Bundesbank mit Hilfe ihres monetären Instrumentariums mußte extrem stark ausfallen, um die Überbeschäftigung mit den entsprechenden Preisniveausteigerungen zu bekämpfen, weil unzureichende fiskalische Maßnahmen (zu spät) ergriffen wurden. Die Dämpfung der Konjunktur durch die Bundesbank muß deshalb als „extrem stark" klassifiziert werden, weil die Konjunktur von der Überbeschäftigung ins andere Extrem „Depression" durch monetäre Maßnahmen umgeschlagen hat.
Was die Effekte auf das Preisniveau betrifft, ausgelöst durch eine zusätzliche Staatsausgabe bzw. eine Geldmengenerhöhung, so wurde gezeigt, daß dann inflationäre Entwicklungen auftreten, wenn die vorhandenen Kapazitäten bereits ausgelastet sind, d. h., wenn man von einer Vollbeschäftigungssitutation ausgeht.

5.3 DIE WEITERENTWICKLUNG DER KLASSISCHEN THEORIE

Als Antwort der Neoklassik auf die Keynessche Theorie kann die **Leihfondstheorie (loanable funds theory)** angesehen werden, da sie u. a. neben dem Geldangebot in Form der Ersparnisbildung auch die Kreditschöpfung der Geschäftsbanken mit einbezieht. Sie stützt sich dabei auf die **Theorie von Knut WICKSELL**, der vor KEYNES die neoklassische Theorie unter Einbeziehung des Bankkredits weiterentwickelte.

5.3.1 DIE WICKSELLSCHEN PROZESSE

Die Theorie von Knut WICKSELL (1851-1926) geht von der Existenz des **zusätzlichen Kredits** aus, der bekanntlich dann entsteht, wenn die Kreditgewährung der Geschäftsbanken über dem Kaufkraftverzicht der Nichtbanken liegt.[1]

WICKSELL unterscheidet den unsichtbaren natürlichen Zins, wie er sich bei den Klassikern-Neoklassikern durch das Angebot an Ersparnissen (S) und die Nachfrage nach Kapital für Investitionen (I) ergibt (Abb. 5.02), und dem sichtbaren Geldzins (Kreditzins), den die Geschäftsbanken für Investitionskredite fordern. WICKSELL berücksichtigt damit die Kreditschöpfungsmöglichkeiten des Geschäftsbankensektors. Nur wenn der natürliche Zins und der Geldzins übereinstimmen, befindet sich die Volkswirtschaft im Gleichgewicht. Sind dagegen der Geldzins und der natürliche Zins unterschiedlich hoch, so entwickeln sich sogenannte Wicksellsche Prozesse. Es gibt kumulative Prozesse nach oben oder unten.

Bei einem **Geldzins unter dem natürlichen Zins** wird die Spartätigkeit zurückgedrängt, was zu einer erhöhten Konsumnachfrage führt. Der niedrige Geldzins induziert außerdem eine höhere Nachfrage nach Investitionsgütern. Die Güter- und Faktorpreise beginnen zu steigen, da ein Wettbewerb um die knappen Produktionsfaktoren und Güter einsetzt. Die Geschäftsbanken erkennen die gestiegene Nachfrage nach Krediten und beginnen den Geldzins zu erhöhen. Da die Banken den unsichtbaren natürlichen Zins nicht kennen, kann der **Geldzins dann über dem natürlichen Zins liegen**. Die Gewinnerwartungen und das Preisniveau beginnen zu sinken. Die Geschäftsbanken beginnen mit Krediteinschränkungen, die Unternehmen zahlen beschleunigt Kredite zurück, die Investitionsneigung sinkt aufgrund gesunkener Gewinnerwartungen. Das Preisniveau sinkt. Der kumulative Prozeß nach unten hat begonnen.

Man kann diese neoklassische Darstellung mit keynesianischen Elementen und mit dem Eingriff der Zentralbank verbinden, wie das Erich SCHNEIDER gemacht hat. Es ist allerdings umstritten, ob diese Interpretation von WICKSELL stammt:

Zur Überwindung der Rezession senkt die Zentralbank das Zinsniveau mit Hilfe ihres Instrumentariums. Diese Zinssenkung veranlaßt die Geschäftsbanken, den Geldzins

[1] Vgl. Wicksell, K.: Geldzins und Güterpreise, Eine Studie über die den Tauschwert des Geldes bestimmenden Ursachen, Jena 1898 und insbesondere Wicksell, K.: Vorlesungen in Nationalökonomie auf der Grundlage des Marginalprinzips, Jena 1928, S. 216 ff.

(Kreditzins) zu senken. In der Rezession hat das zunächst Beschäftigungseffekte zur Folge, weil der Konsum und die Investitionen steigen (Multiplikatoreffekte). Nach Erreichung der Vollbeschäftigung steigt das Preisniveau. Die Zentralbank erhöht das Zinsniveau über den natürlichen Zins. Ein Prozeß nach unten beginnt, wie bereits beschrieben. Es kommt nicht zu einem stabilen Gleichgewicht.
WICKSELL bietet damit eine monetäre und zugleich reale Zinstheorie sowie ein dynamisches Erklärungsmodell der Konjunktur.

5.3.2 DIE LEIHFONDSTHEORIE

Die loanable funds theory (Theorie der ausleihbaren Fonds, Kreditfondstheorie oder auch Leihfondstheorie genannt) kann ebenfalls als eine Weiterentwicklung der klassischen Theorie angesehen werden, wobei wichtige Elemente der Wicksellschen Theorie mit verwendet wurden. Sie entstand nach dem Erscheinen der Keynesschen „Allgemeinen Theorie" als neoklassische Alternative zur Keynesschen Liquiditätspräferenztheorie. Vertreter dieser Theorie sind insbesondere B. OHLIN, D. H. ROBERTSON und R. G. HAWTREY.[1] Die heute übliche Darstellung stammt von A. P. LERNER.[2]
Genauso wie die Theorie von K. WICKSELL handelt es sich hier um eine monetäre und eine reale Zinstheorie als Weiterentwicklung der neoklassischen Theorie.
Bei der Leihfondstheorie wird der Zins auf dem Geldmarkt im weitesten Sinne (Abb. 5.06) gebildet.
Die Quellen des **Geldmarktangebots** sind

- die Ersparnisse (S) der Nichtbanken,
- die Kreditschöpfung der Banken und
- das Enthorten der einzelnen Wirtschaftssubjekte
  (als Auflösung von Beständen aus früheren Perioden).

Die Geldmarktnachfrage wird bestimmt durch die Nachfrage nach Mitteln für
- Investitionen (I) und für
- Horten (L)

Wird Horten und Enthorten gegeneinander aufgerechnet, ergibt sich das Nettohorten (Δ L).
Die **Geldnachfrage** ergibt sich damit aus

$$I(i) + \Delta L(i)$$

wobei gilt: $dI/di < 0$ und $dL/di < 0$. Dies bedeutet: Bei steigendem Zinssatz nimmt die Geldkapitalnachfrage ab.
Andererseits gilt für das **Geldangebot**:
Das Angebot an Ersparnissen ist wie in der Klassik zinselastisch, während das

[1] Vgl. Duwendag, D. u. a.: Geldtheorie und Geldpolitik, 2. Auflage, S. 144 ff.
[2] Vgl. Woll, A.: Allgemeine Volkswirtschaftslehre, 10. Auflage, S. 213 ff.

Kreditangebot (Geldmengenerhöhung) hier als zinsinelastisch angesehen wird:

$$S(i) + \Delta M$$

wobei gilt: $dS/di > 0$ und $dM/di = 0$. Monetäres Gleichgewicht herrscht dann, wenn

$$I(i) + \Delta L(i) = S(i) + \Delta M$$

Abb. 5.06 zeigt zunächst die völlig zinsinelastische Änderung des Geldangebots (ΔM) sowie die Kurve des zinselastischen Nettohortens (ΔL). Außerdem wird das neoklassische monetäre Gleichgewicht mit einer zinselastischen Investitionsfunktion (I) und einer zinselastischen Sparfunktion (S) dargestellt. Durch die Aggregation der Kurve des Geldangebots und der Sparfunktion ergeben sich die Ausleihbaren Fonds (Angebot), während die Aggregation der Kurve des Nettohortens mit der Investitionsfunktion die nachgefragten Fonds (Nachfrage) ergibt. Es kommt zu einem Gleichgewicht E.

Abb. 5.06

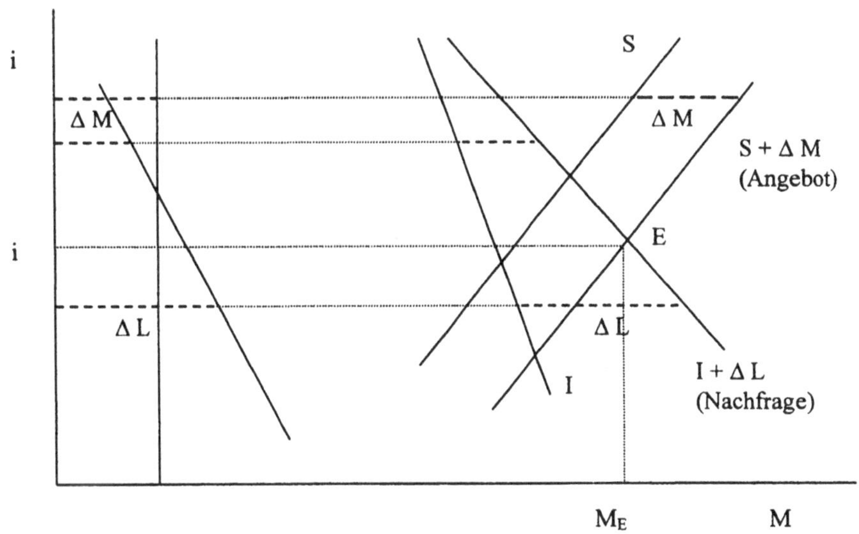

Quelle: Woll, A.: Allgemeine Volkswirtschaftslehre, S. 283

Vergleicht man die Liquiditätspräferenztheorie und die Leihfondstheorie so kann folgender Unterschied festgestellt werden: Während die Liquiditätspräferenztheorie mit Bestandsgrößen arbeitet, verwendet die Leihfondstheorie schwerpunktmäßig Strömungsgrößen. Mit der Leihfondstheorie und der Theorie von K. WICKSELL wird die Zinstheorie der Neoklassik um eine monetäre Erklärung des Zinses erweitert.[1]

[1] Vgl. dazu Jacob, K.-D.: Geldlehre, S. 98

5.4 DAS MONETARISTISCHE GRUNDKONZEPT UND DER MONETARISTISCHE TRANSMISSIONSPROZESS

Bereits Anfang der sechziger Jahre entstand eine Bewegung, die sich „monetaristische Gegenrevolution“ (gegen KEYNES) bezeichnete und deren wichtigste Vertreter Karl BRUNNER und Milton FRIEDMAN sind. Andererseits sah sich Milton FRIEDMAN selbst als ein Keynesianer, der die Lehre von KEYNES nur weiterentwickelte.
Trotz der Tatsache, daß die Aussagen einzelner Vertreter dieser Richtung doch recht unterschiedlich sind, soll versucht werden, das Paradigma mit Hilfe einzelner Thesen zu beschreiben.[1]
Nach der Darstellung des Grundkonzepts soll besonders auf den Transmissionsprozeß eingegangen werden.

5.4.1 DAS MONETARISTISCHE GRUNDKONZEPT

Bereits der Name dieses Paradigmas deutet an, daß das „Geld“ eine zentrale Rolle spielt. Dies bedeutet andererseits nicht, daß deshalb ausschließlich mit Hilfe der Geldpolitik gesamtwirtschaftliche Ziele zu erreichen sind.

Im einzelnen werden folgende Grundannahmen und Grundaussagen gemacht:

1. Kausalitätshypothese

„Es gibt eine feste, wenn auch nicht präzise Beziehung zwischen der Wachstumsrate der Geldmenge und der Wachstumsrate des nominellen Einkommens.“[2]
Änderungen der Geldmenge sind ursächlich für Änderungen des nominalen Bruttoinlandsprodukts. Damit wird eine **Dominanz monetärer Impulse** angenommen.

2. Zeitliche Verzögerungen

Die Wachstumsrate des nominalen Inlandsprodukts reagiert mit einer zeitlichen Verzögerung auf die Wachstumsrate der Geldmenge, d. h. die heutige Geldmengenentwicklung beeinflußt die zukünftige Einkommensentwicklung.
Empirische Untersuchungen haben nach M. FRIEDMAN ergeben, daß eine Änderung der monetären Wachstumsrate im Durchschnitt etwa zwei bis drei Quartale später zu einer Änderung der Wachstumsrate des nominalen Inlandsprodukts führt.
Damit ist im Gegensatz zur Keynesschen Theorie nicht der Zins, sondern die Geldmenge

---

[1] Vgl. Friedman, M.: Die Gegenrevolution in der Geldtheorie, in: Kalmbach, P. (Hg.): Der neue Monetarismus, München 1973, S. 62 ff. und Brunner, K.: Die „Monetaristische Revolution“ der Geldtheorie, in: ebenda, S. 70 ff.
[2] ebenda, S. 63

die entscheidende Variable.

Selbst unter Berücksichtigung der zeitlichen Verzögerungen ist der Weg von einer Geldmengenänderung bis zu einer Änderung des Inlandsprodukts, d. h. die Transmission eines monetären Impulses, keineswegs eindeutig geklärt wie die Beschreibung der einzelnen Transmissionsphasen noch zeigen wird.

Da die genaue Länge der Verzögerung nicht bekannt, können fallweise Eingriffe mit Hilfe der Geldpolitik (diskretionäre Maßnahmen) zyklenverstärkend wirken, d. h. statt einer Stabilisierung der Konjunktur kann eine Verstärkung der Zyklen eintreten wie Abb. 5.07 deutlich macht. Nach neo-monetaristischer Auffassung können die Eingriffe der Zentralbank sogar ursächlich für das Entstehen von Zyklen sein.

Da zusätzlich bei monetären Interventionen nach Auffassung der Neo-Monetaristen der genaue Transmissionseffekt nicht vorhersehbar ist, plädieren die Neo-Monetaristen für eine **Stabilisierung bzw. Verstetigung der Geldpolitik** durch eine kontinuierliche Ausweitung der Geldmenge entsprechend dem Wachstumstrend des Bruttoinlandsprodukts. [1]

Abb. 5.07

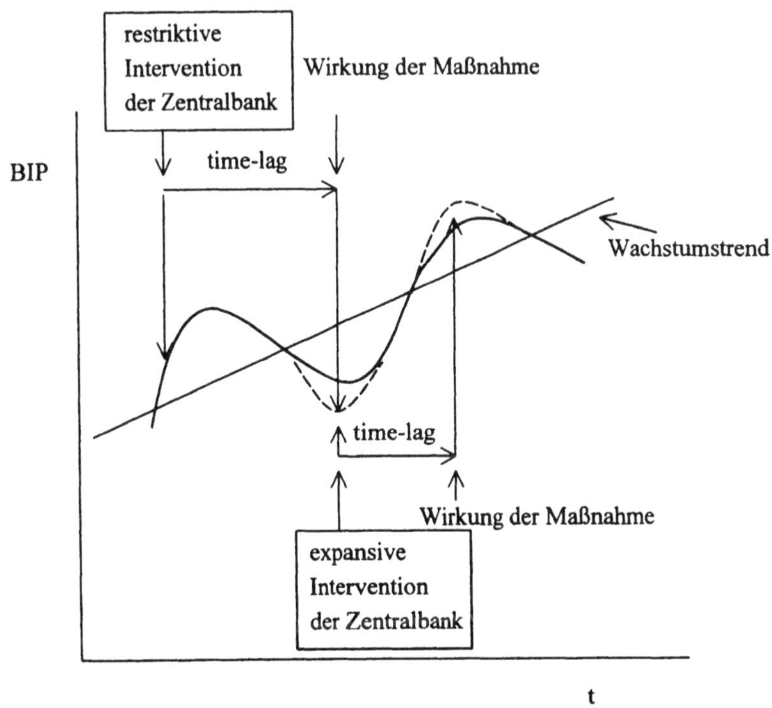

[1] Vgl. Kapitel „Geldpolitische Strategien", S. 186 ff.

3. Inflationshypothese

Eine Erhöhung der Geldmenge löst zunächst eine Erhöhung des realen Inlandsprodukts aus und danach, mit einer weiteren zeitlichen Verzögerung von zwei bis drei Quartalen, eine Preisniveausteigerung (monetäre Inflationstheorie).[1]
Die zeitliche Verzögerung von einer Änderung der Wachstumsrate der Geldmenge bis zu einer Änderung des Preisniveaus beträgt damit im Durchschnitt vier bis sechs Quartale, weshalb es nicht möglich ist, inflationäre Entwicklungen kurzfristig zu stoppen.
Nach monetaristischer Auffassung ist eine Inflation immer und überall ein monetäres Phänomen.
Eine mögliche Inflationsursache sind die Staatsausgaben, wenn sie durch eine Ausweitung der Geldmenge finanziert wurden.

4. Transmissionsprozeß

Monetäre Impulse werden auf den realen Bereich durch Vermögensumschichtungen übertragen. Die Wirtschaftssubjekte haben das Ziel, eine optimale Vermögensstruktur zu erreichen. Dabei kann die Umschichtung zunächst bei den Finanzaktiva beginnen und sich dann auf das reale Vermögen ausdehnen. Die optimale Vermögensstruktur ist dann erreicht, wenn die Grenzerträge der einzelnen Vermögensanlagen gleich groß sind.

5. Stabilität des Geldumlaufs

Die Geldnachfrage bzw. die Umlaufsgeschwindigkeit des Geldes ist relativ stabil. Monetäre Impulse wirken damit direkt auf das nominale Inlandsprodukt, ohne daß sie durch gegenläufige Effekte von der Geldnachfrageseite aus konterkariert werden.

6. Stabilität des privaten Sektors

Der private Sektor tendiert von sich aus zum Gleichgewicht auf dem Gütermarkt und dem Arbeitsmarkt. Konjunkturschwankungen werden durch die staatliche Wirtschaftspolitik erst verursacht, insbesondere durch den Fehleinsatz der Geldpolitik in Form einer antizyklischen Geldpolitik wie Abb. 5.07 zeigte.

7. Langfristige Geldmengenwirkungen

Von den Neo-Monetaristen wird daher eine Verstetigung der Geldpolitik anstelle einer sogenannten Stop-and-Go-Policy auch deshalb gefordert, da ein Fehleinsatz der Geldpolitik noch nach 5-10 Jahren Preisniveaueffekte auslösen kann.

---

[1] Vgl. Kapitel „Geldwertänderungen", S. 144 ff.

8. Beschäftigungspolitik und Geldpolitik

Die Monetaristen lehnen es, aus den bereits erwähnten Gründen ab, mit Hilfe der Geldpolitik eine Vollbeschäftigungspolitik zu betreiben.
Sie gehen nicht wie KEYNES von einer Unwirksamkeit der Geldpolitik in der Rezession und Depression aus, sondern befürchten inflationäre Konsequenzen.
Damit lehnen sie auch den Versuch ab, mit Hilfe einer geduldeten Inflationsrate die Reallöhne zu senken und damit die Beschäftigung zu steigern. Dieser Trade-off zwischen Inflationsrate und Arbeitslosenquote führt nach ihrer Ansicht nur dazu, daß die Arbeitslosenquote vorübergehend sinkt. Es wird eine Preis-Lohn-Spirale mit wachsender Geschwindigkeit (Beschleuniger-Theorie) dabei ausgelöst.[1]

9. Geldangebot

Die Zentralbank kann mit Hilfe der **Geldbasis** das Geldangebot autonom steuern.

Auf dem Hintergrund dieses Grundkonzepts soll nun ein möglicher monetaristischer Transmissionsprozeß dargestellt werden.

5.4.2 DER MONETARISTISCHE TRANSMISSIONSPROZESS

Wie unter Punkt 3 der neo-monetaristischen Grundkonzeptdarstellung bereits erwähnt, werden monetäre Impulse auf den realen Bereich durch Vermögensumschichtungen übertragen.
Die Wirtschaftssubjekte handeln alle rational und haben das Ziel, eine optimale Vermögensstruktur zu erreichen. Sie ist dann erreicht, wenn die Grenzerträge der Vermögensanlagen gleich groß sind.
Als Vermögensgegenstände betrachtet Friedman

a) Geldbestände,
b) Finanzaktiva,
c) Sachaktiva und
d) Humankapital.

Die erzielbaren Erträge aus den einzelnen Vermögensgegenständen können dabei pekuniäre Erträge (wie Zinsen) aber auch nichtpekuniäre Erträge (wie Prestige) sein.
So bringt der Geldbestand eines Wirtschaftssubjektes keine pekuniären Erträge (abgesehen von geringfügigen Habenzinsen auf dem Girokonto) sondern den nichtpekuniären Ertrag, daß jederzeit die Zahlungsfähigkeit eines Wirtschaftssubjektes garantiert ist (Zeitpunktli-

[1] Vgl. Peto, R.: Makroökonomik, S. 229 ff.

quidität) und keine Transaktions- und Informationskosten wie bei der Umwandlung von anderen Aktiva in Geld verursacht werden.
Der **Transmissionsprozeß** wird nun in mehrere Phasen eingeteilt, um ihn übersichtlicher zu gestalten[1]:

Phase 1:
Zu einem bestimmten Zeitpunkt haben alle Wirtschaftssubjekte ihre Portefeuilles optimal gestaltet. Die Grenzerträge sind gleich groß.
Der **monetäre Impuls** erfolgt über eine Kreditaufnahme (z. B. über das Hauptrefinanzierungsinstrument) der Zentralbank: Die Zentralbank bietet den Geschäftsbanken an, bei ihr Kredite aufzunehmen. Die Geschäftsbanken nehmen das Angebot an. Damit steigt die Liquidität (Überschußreserve) der Geschäftsbanken. Das bisher bestehende Vermögensgleichgewicht ist gestört.

Phase 2:
Die Geschäftsbanken beginnen mit der **Vermögensumschichtung bei den Finanzaktiva.** Sie haben nun verschiedene Möglichkeiten:

1. Erhöhung ihrer Kassenhaltung,
2. Transferierung des Geldes ins Ausland,
3. Kreditgewährung an Nichtbanken oder
4. Kauf von inländischen Wertpapieren von inländischen Nichtbanken

Wird die 4. Möglichkeit von den Geschäftsbanken wahrgenommen, dann steigen die Kurse dieser Wertpapiere, ihre Renditen sinken.
Bei den Nichtbanken wird dieser Verkauf als Störung des bisherigen Vermögensgleichgewichts empfunden, denn ihr Geldbestand ist gestiegen. Sie sehen nun drei Möglichkeiten:

1. Erhöhung ihrer Kassenhaltung,
2. Tilgung früher aufgenommenen Kredite oder
3. Kauf anderer Finanzaktiva.

Eine Erhöhung der Kassenhaltung wird nur bei einer Änderung ihrer Präferenzen oder dann vorgenommen, wenn die Informations- und Transaktionskosten hoch sind.
Nehmen die Nichtbanken eine Rückzahlung ihrer früher aufgenommenen Bankkredite vor, so steigt wieder die Überschußreserve des Geschäftsbankensektors.
Entschließen sich die Nichtbanken zum Kauf anderer Finanzaktiva, deren Kurse relativ niedrig waren, dann hat dies Kurssteigerungen und Renditesenkungen zur Folge. Außerdem sinkt die Geldmenge im Nichtbankensektor, was mit einer Steigerung des (nichtpeku-

[1] Vgl. Duwendag, D. u.a., ebenda, S. 200 ff.

niären) Ertrags der noch bestehenden Geldmenge einhergeht.

Phase 3:
Ist die Umschichtung von Geld und Finanzaktiva bei den Wirtschaftssubjekten beendet, was zeitlich nicht festzulegen ist, werden die Nichtbanken auch andere Umschichtungen vornehmen, da jetzt die Preise der Sachaktiva relativ zu den Preisen der Finanzaktiva niedrig sind.
Damit werden Substitutionseffekte auftreten zwischen Geld und Finanzaktiva auf der einen Seite und **Sachaktiva**, d. h. **Gütern** auf der anderen Seite. **Damit haben wir die Transmission eines monetären Impulses auf den güterwirtschaftlichen Bereich**.
Kaufen die Nichtbanken zu Lasten ihrer Kassenhaltung und ihrer Finanzaktiva Sachvermögen, steigen die Preise für Sachvermögen und ihre Erträge sinken, sofern das Angebot konstant bleibt.
Bei einem Vergleich der Erträge müssen dann die Erträge (pekuniäre und nichtpekuniäre) der Sachaktiva größer sein als die Erträge der Geldbestände und der Finanzaktiva.
Die Nachfrage nach Sachaktiva hat schließlich zur Folge, daß sich das Angebot an neuen Investitions- und Konsumgütern ausweitet, da diese Güter zum bisherigen Bestand an Gütern noch relativ preisgünstig sind. Damit steigt die Produktion, das Volkseinkommen und die Beschäftigung via Multiplikator. Preisniveaueffekte werden bei einem inelastischen Angebot durch Kostensteigerungen und zu geringer Produktivitätssteigerung auftreten.
Es wird außerdem angenommen, daß die Konsum- und Investitionsnachfrage steigt, da auch das Vermögen eine Bestimmungsgröße für Konsum und Investitionen ist.

Phase 4:
Der Transmissionsprozeß und der Substitutionsprozeß können sich nun auch auf die **Nutzung von Sachgütern** (anstatt Kauf: Leasing) ausweiten, da die Sachaktiva relativ teuer geworden sind.

Phase 5:
Der Substitutionsprozeß kann sich auch auf das **Humankapital** auswirken, da diese Investitionen in die Aus- und Fortbildung relativ zu den anderen Aktiva preiswert sind. Nach der Substitution würde der Preis des Humankapitals steigen und die Erträge sinken.

Der Transmissionsprozeß kommt allerdings in der Realität nie völlig zum Abschluß. Er bewegt sich zwar in Richtung einer Gleichgewichtssituation, ohne sie jemals zu erreichen.

5.4.3 EINIGE BEMERKUNGEN ZUM MONETARISMUS

Die Monetaristen unterstellen ein **rationales Verhalten der Wirtschaftssubjekte**, d. h. das Modell eines homo oeconomicus, mit dem die Realität nur begrenzt erklärt werden kann.

Allerdings sehen die Monetaristen diesen homo oeconomicus als rational handelndes Wesen, dessen ökonomisches Handeln nicht nur durch das Ziel einer Maximierung seiner pekuniären Erträge, sondern auch seiner nichtpekuniären Erträge bestimmt wird.
Dies bedeutet bereits einen Schritt in Richtung einer Theorie, welche die Realität erklären kann.
Dieser homo oeconomicus ist bei den Monetaristen, man möchte fast sagen ausschließlich, damit beschäftigt, sein Vermögen beinahe stündlich umzuschichten. Eine Aktion, die insbesondere bei der **Substitution** von Finanzaktiva durch Sachgütern (und umgekehrt) Schwierigkeiten mit sich bringt. Hier helfen allerdings zwei Annahmen der Monetaristen, daß diese Aktionen nicht stündlich erfolgen, nämlich erstens die bereits erwähnte Annahme nichtpekuniärer Erträge und eine weitere Annahme, daß hohe Informations- und Transformationskosten die Substitution verhindern oder zumindest erheblich erschweren wie besonders von Karl BRUNNER betont wird.
Eine weitere Grundaussage ist die **Stabilität des privaten Sektors**.
Diese Annahme ist sicher problematisch, weil davon ausgegangen wird, daß sich durch die Flexibilität der Güter- und Faktorpreise (insbesondere nach unten) ein walrasianisches Gleichgewicht auf den Güter- und Faktormärkte automatisch eintritt. Eine Grundannahme der neoklassischen Theorie, die allerdings keine Erklärung der Realität bringt, da das Preisniveau und die Faktorentlohnung für den Faktor Arbeit nach unten nicht flexibel sind.
Gehen die Monetaristen beim Gleichgewicht im privaten Sektor nur vom Gleichgewicht im güterwirtschaftlichen Bereich aus, so kann durchaus hier zugestimmt werden, da diese Gleichgewichtssituation auch mit Hilfe eines einfachen keynesianischen Modells gezeigt werden und auch in der Realität anhand niedriger Preisniveausteigerungen vermutet werden kann. Allerdings besteht dann in der Realität nicht automatisch ein Vollbeschäftigungsgleichgewicht.

KONTROLLFRAGEN ZU KAPITEL 5

1. Wie erklären die Klassiker und die Neoklassiker die Zinsbildung?
2. Welche Auffassung vertreten die Klassiker und Neoklassiker über die Wirkungen einer Geldmengenänderung auf den güterwirtschaftlichen Bereich?
3. Erklären Sie die Besonderheit der Weiterentwicklung der klassischen Theorie durch Knut Wicksell!
4. Was versteht man unter der Leihfondstheorie, und inwiefern kann sie als eine Antwort der Neoklassik auf Keynes angesehen werden?
5. Erläutern Sie die Liquiditätsfalle bei Keynes und ihre Folgen für die Geldpolitik!
6. Zählen Sie die wichtigsten Grundannahmen des monetaristischen Konzepts auf!
7. Beschreiben Sie die einzelnen Phasen der Transmission eines monetären Impulses nach der monetaristischen Theorie!
8. Welche kritischen Anmerkungen können gegenüber der monetaristischen Theorie gemacht werden?

LITERATURHINWWEISE ZU KAPITEL 5

Brunner, K.	Die „Monetaristische Revolution“ der Geldtheorie, in: Kalmbach, P. (Hg.): Der neue Monetarismus, München 1973, S. 70-103
Duwendag, D. u. a.	Geldtheorie und Geldpolitik, 2. Auflage, Köln 1977
Friedman, M.	Die Gegenrevolution in der Geldtheorie, in: Kalmbach, P. (Hg.): Der neue Monetarismus, München 1973, S. 47-69
Jacob, K.-D.	Geldlehre, Wiesbaden 1981
Jacob, K.-D.	Transmission monetärer Impulse und Theorie der relativen Preise: Eine Relativierung, in: Ollenburg, G./Wedig, W.(Hg.): Gleichgewicht, Entwicklung und soziale Bedingungen der Wirtschaft (Andreas Paulsen zum Gedenken), Berlin o. J., S. 273-287
Kalmbach, P.	Der neue Monetarismus (Einleitung), in: Kalmbach, P. (Hg.): Der neue Monetarismus, München 1973
Kösters, W.	Ergebnisse und Probleme empirischer Tests geldtheoretischer Hypothesen, in: Köhler, K. (Hg.): Geldtheoriekontrovers, Köln 1973, S. 109-124
Peto, R.	Grundlagen der Makroökonomik, 12., überarbeitete und erweiterte Auflage, München; Wien 2000
Woll, A.	Allgemeine Volkswirtschaftslehre, 12. Auflage, München 1996

6. GELDWERTÄNDERUNGEN

6.1 DEFINITIONEN

Geldwertänderungen treten in der Wirtschaft in Form der Inflation und in Form der Deflation in Geldwirtschaften auf.
Die Inflation kann als eine anhaltende Preisniveausteigerung und der damit verbundenen Geldentwertung bezeichnet werden.[1] **Eine Deflation ist dann analog dazu eine anhaltende Preisniveausenkung und der damit verbundenen Geldwerterhöhung.**
Dabei wird unterstellt, daß der **Geldwert** (GW) der Kehrwert des Preisniveaus ist:

$$\text{Geldwert (GW)} = \frac{1}{\text{Preisniveau (P)}}$$

Da die Deflation in Europa wirtschaftspolitisch nicht aktuell ist, soll sich die folgende Analyse der Geldwertänderungen auf die **Inflation** konzentrieren.
Da die Inflation als eine anhaltende Preisniveausteigerung bezeichnet werden kann, zählen folgende Phänomene **nicht** zur Inflation:[2]

1. Die Erhöhung einzelner Preise auf einzelnen Märkten, da in der Marktwirtschaft gerade der Preismechanismus funktionsfähig bleiben muß, um seine Aufgaben erfüllen zu können. Nur wenn das **Preisniveau** steigt, liegt eventuell eine Inflation vor.
2. **Einmalige Steigerungen des Preisniveaus** beispielsweise aufgrund von Preiserhöhungen (insbesondere durch Verbrauchsteuern) gelten nicht als Inflation, da es sich nicht um eine anhaltende Preisniveausteigerung über mehrere Perioden handelt.
3. Schließlich wird eine Situation mit Preisniveausteigerungen von 1-2 % jährlich nicht als Inflation angesehen, da dies aufgrund von Meßfehlern geschehen kann, wie die folgenden Ausführungen zeigen werden.[3]

6.2 MESSUNG DER GELDWERTÄNDERUNG

Die Messung einer Geldwertänderung erfolgt mit Hilfe von Preisindizes.[4]
Preisindizes zeigen die prozentuale Änderung der Ausgaben eines Jahres (Berichtsjahr) gegenüber den Ausgaben eines Ausgangsjahres (Basisjahres), wobei die nachgefragten Mengen (Warenkörbe) konstant gehalten werden, um den Preiseffekt darstellen zu können.
Dabei gibt es grundsätzlich **zwei** Möglichkeiten:
Entweder werden die Mengen eines bestimmten Basisjahres konstant gehalten (Warenkorb des Basisjahres) oder die Mengen des jeweiligen Berichtsjahres (Warenkorb des Berichts-

---

[1] Vgl. Cassel, D.: Inflation, in: Vahlens Kompendium, Bd. 1, 4. Auflage, München 1990, S. 267-321 und Stichwort: Inflation, in: Vahlens großes Wirtschaftslexikon, Bd. 2, S. 851 f.
[2] Vgl. ebenda, S. 851
[3] Vgl. Peto, R.: Makroökonomik, S. 24
[4] Vgl. dazu die ausführliche Darstellung in: Peto, R.: VRW, 5. Auflage, S. 149 ff.

jahres).

Der Statistiker **E. LASPEYRES** hielt die **Mengen des Basisjahres** (q_0) konstant, weshalb dieser Index **Laspeyres-Preisindex** genannt wird:

$$P_L = \frac{\sum p_i \cdot q_0}{\sum p_0 \cdot q_0} \cdot 100$$

p_i ist dabei der Preis des Berichtsjahres, q_0 die Menge und p_0 der Preis des Basisjahres.

Der Vorteil des Laspeyres-Preisindexes besteht darin, daß die Gütermengen des Basisjahres als konstant angesehen werden und der (erwünschte) Preiseffekt beim Zahlenvergleich deutlich wird. Dadurch lassen sich die jeweiligen Jahre gut miteinander vergleichen, weshalb eine Umbasierung unproblematisch ist. Die Annahme eines konstanten Warenkorbs des Basisjahres beim Laspeyres-Preisindex ist allerdings gleichzeitig sein Nachteil: Je weiter Basisjahr und Berichtsjahr auseinander sind, desto weniger stimmen der Warenkorb und die tatsächliche Nachfrage überein.

Die Problematik besteht aber auch in der Tatsache, daß er einen systematischen Fehler aufweist: Bei steigenden Preisen einzelner Güter geht die Nachfrage (bei normalem Verhalten der Nachfrager) zurück. Da die Mengen aber beim Laspeyres-Preisindex konstant gehalten, überzeichnet der Index die inflationäre Entwicklung.[1] Eine neuere Untersuchung berücksichtigt insbesondere die Tatsache, daß auch die Qualitätserhöhung der Güter zu Preissteigerungen führt.[2]

Der Laspeyres-Preisindex dient als Grundlage für die Preisindizes für die Lebenshaltung und den Harmonisierten Verbraucherpreisindex.[3]

Der Statistiker **H. PAASCHE** hat zum ersten Mal eine Formel für einen Preisindex entwickelt, die von den **Mengen des Berichtsjahres** ausgeht. Beim Paasche-Preisindex wird der Wert eines Warenkorbs des Berichtsjahres zu Preisen des Berichtsjahres auf den Wert eines Warenkorbs des Basisjahres zu Preisen des Berichtsjahres prozentuiert. Daraus ergibt sich folgende Formel für den
Paasche-Preisindex:

$$P_P = \frac{\sum p_i \cdot q_i}{\sum p_0 \cdot q_i} \cdot 100$$

Der Vorteil des Paasche-Preisindexes besteht eindeutig darin, daß der Warenkorb der aktuellen Situation angepaßt wird. Der Vorteil geht allerdings zu Lasten der Vergleichbarkeit mit früheren Jahren. Nur ein Vergleich zwischen Basisjahr und Berichtsjahr ist unproble-

[1] Vgl. Peto, R.: Makroökonomik, S. 24
[2] Vgl. BBank MB 5/98, S. 53 ff.
[3] Vgl. Peto, R.: VRW, S. 151 ff.

matisch.
Der Paasche-Preisindex wird beim Inlandsprodukt verwendet.[1]

Mit Hilfe dieser Preisindizes kann nun die Geldwertänderung wie folgt berechnet werden:

$$\text{Geldwert (GW)} = \frac{1}{\text{Preisindex}} \cdot 100$$

Ein Zahlenbeispiel soll dies verdeutlichen:
Der Preisindex für die Lebenshaltung aller privater Haushalte ist vom Basisjahr 1985 (=100) Ende April 1991 auf 109,5 gestiegen. Der Geldwert beträgt damit Ende April 1991:

$$\text{Geldwert (GW)} = \frac{1}{109{,}5} \cdot 100 = 0{,}91$$

Dies bedeutet, daß 1 DM Ende April 1991 nur noch eine Kaufkraft von 91 Pfennig gegenüber 1985 besaß.[2]

6.3 INFLATIONSARTEN

Der Versuch, die Inflationsarten systematisch zu ordnen und zu bezeichnen, führt zur Erkenntnis, daß es grundsätzlich zwei Gruppen von Inflationsarten gibt:

1. Inflationsarten aufgrund der Symptombezeichnung und
2. Inflationsarten aufgrund der Kausalbezeichnung.

Eine Systematisierung der Inflationsarten nach **Symptombezeichnung** ergibt folgende Einteilung nach:

1. Inflationstempo
2. Inflationsdauer
3. Transparenz des Inflationsprozesses

Beim Kriterium **Inflationstempo** wird der Versuch unternommen, je nach Höhe der Inflationsrate zwischen

- schleichender,
- trabender und

[1] Vgl. Peto, R.: VRW, S. 154 ff.
[2] Zu den einzelnen Preisindizes vgl. Peto, R: VRW, Kapitel 9 „Preise“, S. 149 ff.
Zur Zielsetzung „Preisstabilität“ vgl. Peto, R.: Makroökonomik, S. 22 ff.

- galoppierender

Inflation zu unterscheiden. Allerdings besteht für diese Einteilung kein wissenschaftlich haltbares Abgrenzungskriterium.

Da insbesondere die **Änderung des Inflationstempos** im Zeitablauf wirtschaftspolitisch von Bedeutung ist, kann außerdem zwischen einer zunehmenden (akzelerierenden), konstanten (stabilen) und einer abnehmenden (dezelerierenden) Inflation unterschieden werden. Kriterium dafür ist die Höhe der Inflationsrate, die im Zeitablauf zyklisch schwankt.
Bei Kriterium „**Inflationsdauer**" beruht die Beobachtung darauf, daß es temporäre, d. h. zeitlich begrenzte Inflationserscheinungen gibt, die durch Konjunkturzyklen, saisonalen Schwankung oder aber durch besondere Ereignisse (z. B. Kriege) ausgelöst wurden.
Andererseits können aber auch permanente oder säkulare Inflationen beobachtet werden, die auch als „Dauerinflation" bezeichnet werden können.
Nicht alle Inflationen sind sofort erkennbar, vor allem dann nicht, wenn der Staat Preisfixierungen in Form eines allgemeinen Preisstopps vornimmt. Die **Transparenz des Inflationsprozesses** fehlt. Es liegt keine offene, sondern eine **versteckte** Inflation vor. Die Inflation wurde durch den staatlichen Preisstopp zurückgestaut. Eine Situation, die in Zentralverwaltungswirtschaften fast als normal bezeichnet werden kann.

Eine Systematisierung nach der **Kausalbezeichnung**, d. h. nach der **Inflationsursache** kann in der Weise erfolgen, daß zwischen dem

- monokausalen Ansatz der Klassik-Neoklassik und des Neo-Monetarismus sowie dem
- multikausalen Ansatz des Keynesianismus

unterschieden wird.
Der monokausale Ansatz legt den Schwerpunkt auf die inflationäre Wirkung einer zu großen Geldmengenausweitung, während der multikausale Ansatz u. a. Nachfrageüberhänge (demand pull inflation), Kostenerhöhungen (cost push inflation) und Umverteilungsversuche (profit push inflation) als Ursachen ansieht.
Nicht berücksichtigt sind allerdings bei dieser Einteilung außerökonomische Ursachen (exogene Faktoren) wie politische Umwälzungen.

6.4 DER MONOKAUSALE ANSATZ IN DER INFLATIONSTHEORIE

6.4.1 DIE KLASSISCH-NEOKLASSISCHE INFLATIONSTHEORIE

Der monokausale Ansatz ist historisch der ältere Ansatz, weshalb mit seiner Darstellung begonnen werden soll.
Dieser Ansatz geht davon aus, daß die entscheidende Variable, die Inflationen auslösen

kann, die **Geldmenge** ist.
Deshalb behauptet M. FRIEDMAN, daß „Inflation immer ein monetäres Phänomen"[1] ist.

Bereits die griechischen Philosophen (u. a. ARISTOTELES und XENOPHON) haben sich mit dem Zusammenhang von Geldmenge (Münzen) und Preise beschäftigt. Von der Herausbildung einer Inflationstheorie kann aber bei den Griechen noch keine Rede sein.
Erst die Überschwemmung Europas mit **Gold im 16. Jahrhundert nach der Entdeckung Amerikas** und der daraus folgenden säkularen Inflation in Europa führte bei dem Franzosen **Jean BODIN** zur Erkenntnis, daß ein eindeutiger Zusammenhang zwischen der Geldmenge (= Goldmenge) und dem Preisniveau bestehen müsse.[2] Dies war die Zeit der Entstehung einer **naiven Quantitätstheorie**.
Unter den **Klassikern** war besonders David RICARDO ein Anhänger dieser Theorie während andere bereits im 19. Jahrhundert als Häretiker auftraten wie R. MALTHUS und Sylvio GESELL und die Aussagen der Quantitätstheorie, insbesondere die „Neutralität" des Geldes in Zweifel zogen.
Die Quantitätstheorie wurde dann 1911 von I. FISHER in eine mathematische Form gebracht und erweitert.[3] Ausgehend von der Quantitätsgleichung, die hier in der vereinfachten Einkommensversion ausgedrückt werden soll, ergibt sich folgende Funktion:[4]

$$P = \frac{M \cdot V^{o}}{Y^{r}} \qquad (6.1)$$

Durch eine Logarithmierung der Variablen und einer Ableitung nach der Zeit, erhält man die Änderungsraten der Variablen:

$$\frac{\dot{P}}{P} = \frac{\dot{M}}{M} + \frac{\dot{V}}{V} - \frac{\dot{Y}^{r}}{Y^{r}} \qquad (6.2)$$

Multipliziert mit 100, ergeben sich die **prozentualen Änderungsraten der einzelnen Variablen**:

[1] Friedman, M.: Die optimale Geldmenge, S. 64
[2] Vgl. Bodin, J.: Response aux paradoxes de Malestroit, Paris 1560, Edition Hauser, Paris 1932, S. 2, S. 32. Peter Durniok hat dieser monokausalen Betrachtung der Inflation im 16. Jahrhundert widersprochen und weitere Ursachen für die Geldentwertung aufgezeigt. Vgl. Durniok, P.: Ökonomische Erkenntnisse aus den preisgeschichtlichen Arbeiten über das 16. Jahrhundert, Darstellung und Kritik eines wirtschaftsgeschichtlichen Problems, Diss. Köln 1958
[3] Vgl. S. 80
[4] Vgl. S. 81 und S. 196

$$\frac{\dot{P}}{P} \cdot 100 = \frac{\dot{M}}{M} \cdot 100 + \frac{\dot{V}}{V} \cdot 100 - \frac{\dot{Y}^r}{Y^r} \cdot 100 \qquad (6.2')$$

Setzt man anstatt $\frac{\dot{P}}{P} \cdot 100 = \hat{P}$ usw., so ergibt sich:

$$\hat{P} = \hat{M} + \hat{V} - \hat{Y}^r \qquad (6.2'')$$

Bei Konstanz des realen Volkseinkommens und der Umlaufsgeschwindigkeit führt eine Verdoppelung der Geldmenge zu einer Verdoppelung des durchschnittlichen Preisniveaus, wie anderer Stelle bereits dargestellt.

Damit wird unterstellt, daß die Geldmengenänderung keine reale Wirkung hat, da sie ja die relativen Güterpreise nicht beeinflußt. Eine Annahme, die so nicht haltbar ist, weshalb bereits J. A. SCHUMPETER nicht das Produkt $T \cdot P_T$ als bewertete Transaktionen verwendet hat, sondern die Summe aller Umsätze:[1]

$$U \equiv q_1 \cdot p_1 + q_2 \cdot p_2 + \ldots + q_n \cdot p_n \qquad (6.3)$$

Damit wollte SCHUMPETER deutlich machen, daß keine automatische proportionale Anpassung aller Preise erfolgt, sondern auch **Verschiebungen im Preisgefüge** stattfinden können, die unweigerlich reale Auswirkungen haben.

6.4.2 DIE MONETARISTISCHE INFLATIONSTHEORIE

Wie bei der Quantitätstheorie ist auch bei ihrer Neuformulierung durch die Neo-Monetaristen die **Erhöhung der Geldmenge** der Auslöser einer Inflation, weshalb der Monetarismus als ein monokausaler Ansatz der Inflationserklärung gilt.

Eine inflatorische Entwicklung kann nach Auffassung der Monetaristen kurzfristig nicht gestoppt werden, da sie erst mit einer **zeitlichen Verzögerung** von 4-6 Quartalen nach einer Geldmengenerhöhung auftritt.[2]

Wichtige Ursache von größeren Geldmengenerhöhungen ist nach monetaristischer Auffassung die **Finanzierung von Staatsausgaben** durch Geldschöpfung.

Das Geldangebot wird autonom (exogen) von der Zentralbank über eine Änderung der Geldbasis gesteuert. Um die Kredit- und Geldschöpfungsmöglichkeiten der Geschäftsbanken zu beschränken, sollten deshalb die Mindestreservesätze auf 100 % gesetzt werden (eine Forderung von M. FRIEDMAN).

---

[1] Vgl. James, E.: Problèmes monétaires d'aujourdhui, 2e éd., Paris 1970, S. 25 und Schumpeter, A.: Das Wesen des Geldes, Berlin 1970, S. 245 ff.

[2] Vgl. zur Grundposition des Monetarismus und zur Geldnachfragefunktion von Friedman, S. 99 ff., S. 130 ff.

Erhöht sich das Geldangebot, so versuchen die Wirtschaftssubjekte ihre bisherige optimale Vermögensstruktur umzuschichten. Bei der Umschichtung von Finanzaktiva in Sachaktiva treten dann inflatorische Entwicklungen ein, wenn das Angebot an Gütern kleiner ist als die Nachfrage (Angebotslücke).[1]

Haben sich inflatorische Entwicklungen bereits manifestiert, so werden die Wirtschaftssubjekte ihre Kassenhaltung aus diesem Grund revidieren.

Dies bedeutet eine Änderung der Geldnachfrage.

Wie bereits an andere Stelle untersucht, spielt kurzfristig die **erwartete Inflationsrate** eine Rolle. Das bedeutet, daß bei einer erwarteten höheren Inflationsrate die Kassenhaltung sinkt, was gleichbedeutend mit einer Steigerung der Umlaufsgeschwindigkeit ist. Eine Flucht in die Sachwerte beginnt. Der Inflationsprozeß beschleunigt sich noch mehr. Hält der Inflationsprozeß länger an, so ändern sich auch das permanente Einkommen und die Zinssätze.

Damit wird die Geldnachfrage, die Umlaufsgeschwindigkeit und daraus folgend auch die Inflationsrate durch diese beiden Faktoren bestimmt. Kurzfristig sind diese Faktoren relativ stabil. Die Monetaristen versuchen daher zwischen kurz- und langfristigen (manchmal sogar mittelfristigen) Zeithorizonten zu unterscheiden.

Beschleunigt sich der Inflationsprozeß, so führt dies zu einer Reallohnsenkung bei den Arbeitnehmern. Da sie keiner Geldillusion unterliegen, (in dem Sinne, daß sie diesen Kaufkraftverlust erkennen) fordern sie höhere Nominallöhne, die sie auch durchsetzen. Bei diesen höheren Nominallöhnen antizipieren sie die zukünftig erwartete Inflationsrate, so daß sich die Inflationsrate weiter beschleunigt (Preis-Lohn-Spirale). Ein Trade-off zwischen Inflationsrate und Arbeitslosenquote wie sie die Phillips-Kurve zeigt, ist daher nach Auffassung der Monetaristen langfristig nicht möglich.[2]

6.5 DER MULTIKAUSALE ANSATZ IN DER INFLATIONSTHEORIE

Der multikausale Ansatz geht davon aus, wie der Name sagt, daß es mehrere Ursachen der Inflation geben kann, und zwar von der Geldmengenerhöhung über die Erhöhung einzelner Ausgaben der Wirtschaftssubjekte bis zu dem erfolgreichen Versuch der Unternehmen, Kostenerhöhungen unterschiedlicher Art auf die Nachfrager überzuwälzen oder erhöhte Gewinnerwartungen durchzusetzen.

Wir beginnen die Analyse mit der Darstellung der Nachfragesoginflation unter Verwendung eines einfachen keynesianischen Modells. Danach wird die Kostendruckinflation und die Gewinndruckinflation dargestellt.

---

[1] Vgl. S. 135

[2] Vgl. Peto, R.: Makroökonomik, S. 229 ff.

6.5.1 DIE NACHFRAGESOGINFLATION

Geht man von einem Vollbeschäftigungseinkommen in einer Volkswirtschaft aus, so führt eine Erhöhung der Gesamtnachfrage im güterwirtschaftlichen Bereich bei Konstanz des Gesamtangebots zu einer Preisniveausteigerung, wenn keine Möglichkeiten des Lagerabbaus und der Lieferfristenverlängerungen bestehen.[1]
Bei der Wirkungsanalyse einzelner Komponenten der Gesamtnachfrage wird die Verwendungsseite des Volkseinkommens einer offenen Volkswirtschaft zugrundegelegt:

$$Y = C + I + A_{St} + Ex - Im - T^{ind} + Z_U$$

Diese Gleichung kann als Strukturgleichung für die Gesamtnachfrage (D) angesehen werden.
Eine graphische Darstellung in Abb. 6.01 auf der Basis einer linearen keynesianischen Konsumfunktion zeigt den Effekt einer Erhöhung der Nachfrage von D_0 auf D_1. Dabei wurde von einem Vollbeschäftigungsgleichgewicht (auf dem Arbeitsmarkt) bei Y_0 ausgegangen. Es ist deshalb nicht möglich, das Güterangebot kurzfristig zu erhöhen. Das Volkseinkommen kann aus diesem Grunde von Y_0 auf Y_1 nur **nominal** steigen, d. h. es erfolgt kein realer Ausgleich der erhöhten Nachfrage, sondern nur ein Ausgleich über den Preis.[2]
Mit Hilfe einer komparativ-statische Analyse soll der Effekt einer Nachfrageerhöhung bei Vollauslastung der Ressourcen dargestellt werden.

Abb. 6.01

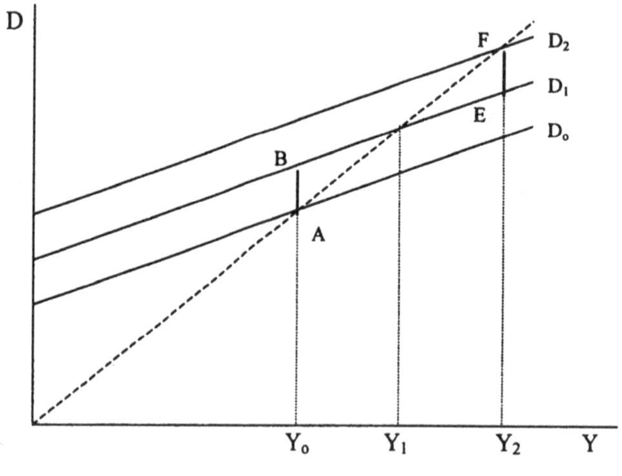

[1] Vgl. dazu ausführlich Peto, R.: Makroökonomik, S. 74 ff.
[2] Vgl. Peto, R.: Makroökonomik, S. 74 ff.

Abb. 6.01 zeigt die **inflatorische Lücke (AB)**, die durch eine **Nachfrageerhöhung** von D_0 auf D_1 entstanden ist.

Eine **Reduzierung der Nachfrage** von D_2 nach D_1 führt zu einem nominellen Rückgang des Volkseinkommens von Y_2 nach Y_1. Es liegt eine **deflatorische Lücke (EF).** Die Unternehmen können nur dann die gleiche Menge wie geplant absetzen, wenn sie die Preise senken. Es erfolgt dann ein Preisausgleich. Aufgrund der stark monopolisierten Volkswirtschaften der Industrieländer ist diese Reaktion allerdings nach Auffassung von KEYNES nicht möglich. Das Preisniveau ist nach unten nicht flexibel. Die Waren können nicht abgesetzt werden. Es gibt ungeplante Lagerinvestitionen.

Die Nachfragesoginflation läßt sich durch **explizite Einführung des Preisniveaus (P)** als Variable differenzierter mit Abb. 6.02 darstellen.

Dazu ist es notwendig, von der aggregierten Gesamtnachfragekurve (D) und der aggregierten Gesamtangebotskurve (O) in Abhängigkeit vom Preisniveau auszugehen.

Bei der Darstellung der aggregierten Gesamtnachfragekurve in Abb. 6.02 wird eine überwiegend normale Reaktion der Nachfrage angenommen, so daß die Gesamtnachfragekurve von links oben nach rechts unten verläuft.[1]

Sinkt (steigt) das Preisniveau, so nimmt die mengenmäßige Gesamtnachfrage zu (ab).

Bei der Gesamtangebotskurve wird bis zum Punkt B (Bereich a) ein unendlich elastisches Angebot unterstellt. Steigt die gesamtwirtschaftliche Nachfrage von D_1 nach D_2 so werden nach KEYNES im Falle einer Rezession (Bereich a) keine Preiseffekte ausgelöst, sondern nur der Anstieg des realen Volkseinkommens. Die Lagerbestände nehmen ab, was auch als negative ungeplante Investition bezeichnet wird. Da die Haushalte ihre Konsumpläne nicht sofort realisieren können, verlängern sich die Lieferfristen. Es entstehen ungeplante (positive) Ersparnisse. Langfristig werden die Anbieter ihre Kapazität ausweiten.

Erhöht sich die Nachfrage bis auf D_3 bedeutet dies, so befinden wir uns bereits im Bereich „b" der Kurve. Dies ist der (klassisch-neoklassische) Fall einer „normalen" Angebotskurve. Steigt die Nachfrage von D_2 nach D_3, so nimmt das reale Volkseinkommen nicht so stark wie im Bereich „a" zu, da auch gleichzeitig das Preisniveau von P_2 auf P_3 steigt, denn beim Preisniveau P_2 würde ein Nachfrageüberhang (BC) bestehen, der als **inflatorische Lücke** bezeichnet werden kann. Erst ab diesem Bereich b tritt eine **Nachfragesoginflation** auf. Sie kann durch alle **Nachfragekomponenten** wie privater Konsum, Investitionen, Staatsausgaben oder Exporte ausgelöst werden. Wird sie durch eine Erhöhung der Exportnachfrage ausgelöst, so ist dies eine Form der importierten Inflation.

Abb. 6.02 zeigt schließlich auch den Extremfall einer völlig ausgelasteten Volkswirtschaft im Bereich „c". Eine Zunahme der Nachfrage hat nur noch Preisniveaueffekte und keine Beschäftigungseffekte.

---

[1] Eine Herleitung der Gesamtnachfrage aus dem Hicksschen IS-LM-Modell (aber ohne Liquiditätsfalle) bringt Pohl, R.: Theorie der Inflation, München 1981, S. 70 ff.

Abb. 6.02

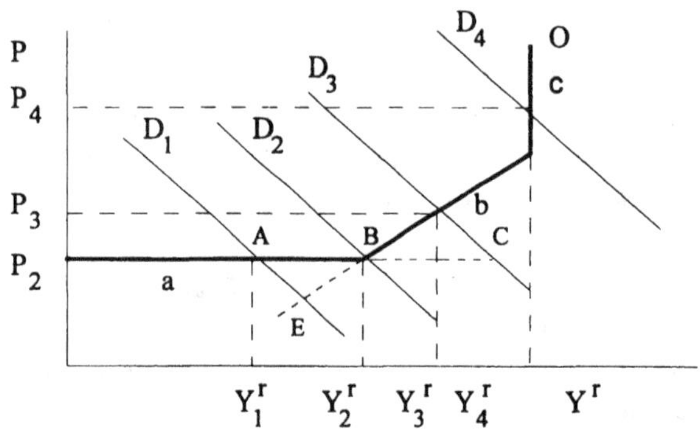

Sinkt die Gesamtnachfrage nach Gütern, so wird von KEYNES angenommen, daß in Zeiten der Rezession das Preisniveau nicht automatisch ebenfalls sinkt, da der Monopolisierungsgrad der Volkswirtschaften relativ hoch ist. Bei einem Nachfragerückgang erfolgt damit nicht automatisch ein Preisausgleich. Die Lagerbestände der Anbieter nehmen zu, was eine Erhöhung der ungeplanten Investitionen bedeutet. Eine andere Möglichkeit wäre eine Lieferfristenverkürzung. Dies ist bedeutet, daß die Haushalte weniger sparen als sie ursprünglich für diese Periode geplant hatten. Es entsteht eine sogenannte ungeplante negative Ersparnis. Langfristig werden die Anbieter ihre Kapazität einschränken.
Der Nachfragerückgang auf dem Gütermarkt löst Arbeitslosigkeit aus.
Der Nachfragerückgang von D_2 nach D_1 ist in Abb. 6.02 im Bereich „a" der Angebotskurve dargestellt. Der dabei entstandene Angebotsüberschuß (AB) wird auch als **deflatorische Lücke** bezeichnet, da im klassisch-neoklassischen Modell bekanntlich ein Preisausgleich durch ein niedrigeres Preisniveau erfolgt, was in Abb. 6.02 mit Punkt E angedeutet wird.

6.5.2 DIE ANGEBOTSDRUCKINFLATION

Die Angebotsdruckinflation tritt im wesentlichen in den beiden Formen
- einer Kostendruckinflation und
- einer Gewinndruckinflation

auf.

6.5.2.1 DIE KOSTENDRUCKINFLATION

Die Kostendruckinflation kann durch den Anstieg der verschiedenen Kostenarten ausgelöst werden, wenn eine Überwälzbarkeit der Kosten auf die Preise möglich ist.

Zu den wichtigsten **Kostenarten** können

- die Lohnkosten (Personalkosten)
- die Kapitalkosten (Sachkapital: Anlagen und Material)
- die Kostensteuern,
- die Kosten für Importgüter und die
- die Zinsen (als Kosten für das Geldkapital)

gezählt werden.
Exemplarische auf die Effekte einer Lohnkostenerhöhung und auf die Erhöhung der Kosten für Importgüter näher eingegangen werden.

A. Lohnkostenerhöhung
Gehen die Gewerkschaften mit dem erklärten Ziel in die Tarifverhandlungen, die Lohnquote zu erhöhen, und damit eine funktionale Einkommensumverteilung durchzusetzen, so müssen sie versuchen, eine Lohnanstiegsrate zu erzielen, die über den Zuwachsrate der Produktivität liegt.
Dies kann ihnen nur gelingen, wenn sie eine gewisse Verhandlungsmacht haben, und es den Unternehmen nicht gelingt, das Preisniveau mindestens in Höhe der Differenz zwischen Produktivitätszuwachs und Lohnanstieg anzuheben.
Als Bedingung für den Lohnkostenanstieg gilt dann, daß die Lohnsteigerungsrate über der Zuwachsrate der Produktivität liegt:
Gelingt es den Unternehmen, die über dem Produktivitätszuwachs liegende Lohnsteigerung auf die Preise zu überwälzen, so ergibt sich eine Kostendruckinflation und die Einkommensumverteilungszielsetzung der Gewerkschaften ist gescheitert.

B. Erhöhung der Importgüterpreise
Was nun Preiserhöhungen für Importgüter betrifft, so entsteht hier im Prinzip genauso ein Kostendruck wie bei einer Lohnerhöhung.
Bestehen feste Wechselkurse zwischen dem Lieferland und dem Abnahmeland so wirken sich Preisniveausteigerungen im Lieferland direkt auf das Preisniveau des Abnahmelandes wegen des eindeutigen Preiszusammenhangs aus. Es liegt dann eine Spielart der **importierten Inflation** vor.
Bei (effektiv) flexiblen Wechselkursen besteht allerdings die Möglichkeit, über eine Aufwertung der Währung des Abnahmelandes den ausländischen Preisanstieg zu kompensieren.

C. Graphische Darstellung der Kostendruckinflation

Mit Hilfe von Abb. 6.03 soll beispielhaft für eine Kostendruckinflation der Zusammenhang zwischen einer Nominallohnerhöhung und einer Preisniveauerhöhung graphisch gezeigt werden.

Abb. 6.03

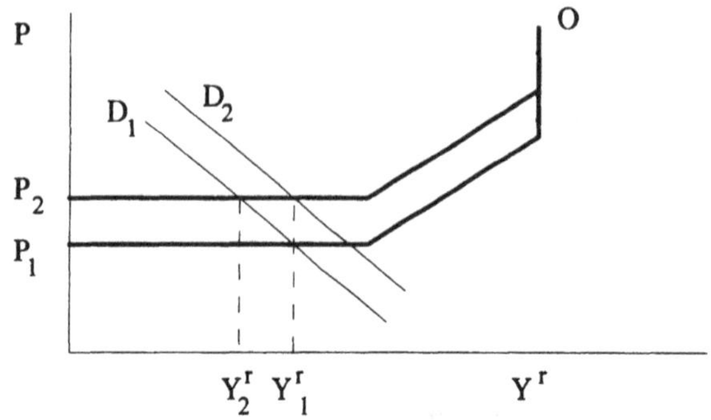

Eine Überwälzung der Kostenerhöhung durch die Unternehmen aufgrund einer Lohnerhöhung über dem Produktivitätsfortschritt führt zu einer **Verschiebung der aggregierten Angebotskurve nach oben.**

Das Preisniveau steigt von P_1 nach P_2. Das reale Volkseinkommen würde dann von Y_1^r nach Y_2^r sinken, was mit einem Rückgang der Beschäftigung verbunden wäre. Als Folge der Nominallohnerhöhung verschiebt sich jedoch auch die Nachfragekurve von D_1 nach D_2. Das Volkseinkommen bleibt in gleicher Höhe bestehen (Stagnation), aber das Preisniveau ist jetzt von P_1 auf P_2 gestiegen. Inflation bei Stagnation ist ein seit Anfang der 70er Jahr in den westlichen Industriegesellschaften zu beobachtendes Phänomen, das sich nicht mit der Nachfragesoginflation erklären läßt, sondern nur mit der Angebotsdruckinflation. Dieses besondere Phänomen wird mit dem neuen Begriff „**Stagflation**“ bezeichnet.

Ist die von den Arbeitnehmern erzielte Nominallohnsteigerung kleiner als die Preisniveausteigerung so werden die Arbeitnehmer erneut versuchen, eine weitere Nominallohnerhöhung durchzusetzen. Die Gewerkschaften werden ein Absinken des Reallohns nicht hinnehmen. Sie werden bei den nächsten Lohnverhandlungen eine weitaus höhere Lohnsteigerungsrate verlangen, die wesentlich über der Produktivitätszuwachsrate liegt.

Damit kann sich die Nachfrage im Vollbeschäftigungsbereich weiter erhöhen, was wiederum eine Preisniveausteigerung mit sich bringt. Dieser Zusammenhang wird **Lohn-Preis-Spirale** oder **Preis-Lohn-Spirale** genannt, je nachdem, durch welchen Faktor der Inflationsprozeß ausgelöst wurde.[1]

[1] Vgl. Peto, R.: Makroökonomik, S. 229 ff.

6.5.2.2 DIE GEWINNDRUCKINFLATION

Eine Gewinndruckinflation kann in einer Volkswirtschaft nur dann entstehen, wenn die Marktmacht einzelner Unternehmen so zunimmt, daß sie von sich aus jeden Preis durchsetzen können.[1] Dies ist nur in monopolistischen Strukturen möglich aber auch in Grenzen bei Oligopolen und beim Vorliegen einer monopolistischen Konkurrenz (monopolistic competition), sofern die Nachfrager weder auf das Gut verzichten noch ausweichen können.

Hier bestimmt neben den Kosten die Preis-Absatz-Funktion und der geplante Gewinn die Höhe des Preises. Produktivitätssteigerungen werden nicht durch Preissenkungen an den Abnehmer weitergegeben, sondern zur Erhöhung des Gewinns genutzt. Eine Situation, die auch als **relative Inflation** bezeichnet wird.

Eine modifizierter Form der Gewinndruckinflation ist die **Inflationstheorie der administrierten Preise**, die davon ausgeht, daß die Preissetzung der Unternehmen durch einen konstanten Gewinnzuschlag auf die Stückkosten ohne Rücksicht auf die Marktsituation erfolgt. Erhöhen sich ihre Gewinnerwartungen, dann steigen auch die Preise.

Dies funktioniert dann in reiner Form (unter den oben erwähnten Bedingungen), wenn sich die ganze Branche gleichförmig verhält.

Eine andere Form der administrierten Preise sind die vom Staat festgelegten Preise in Form von Gebühren beispielsweise oder von Staat beeinflußten Preise (Preise der Telekomunikation durch die Regulierungsbehörde, Preise im Gesundheitswesen).

6.6 INFLATIONSWIRKUNGEN

Die Folgen einer Inflation sind nicht in jedem Falle eindeutig erkennbar und prognostizierbar, was dazu führt, daß sie meist strittig sind.

Im folgenden wird der Versuch unternommen, die Inflationswirkungen nach bestimmten Effekten zu gliedern und zu erörtern, und zwar nach

1. Effekten auf die Geldfunktionen,
2. Effekten auf die internationale Wettbewerbsfähigkeit,
3. Beschäftigungseffekten,
4. Wachstumseffekten und
5. Verteilungseffekten.

6.6.1 EFFEKTE AUF DIE GELDFUNKTIONEN

Wie bereits an anderer Stelle erwähnt, werden die Funktionen des gesetzlichen Zahlungsmittels dann beeinträchtigt, wenn die Kaufkraft dieser Geldform durch inflationäre Entwicklungen abnimmt.

[1] Zur Gewinndruckinflation vgl. Willms, M.: Inflationsursachen, in: Woll, A. (Hg.): Inflation, S. 23 f.

Zwar wird das gesetzliche Zahlungsmittel auch bei schleichender und trabender Inflation als Tauschmittel und Wertübertragungsmittel weiterhin verwendet, doch fällt in diesem Falle anderen Aktiva immer mehr die Funktion als Wertmaßstab und insbesondere als Wertaufbewahrungsmittel zu. Zum Teil wird eine andere Währung als Wertmaßstab genommen.

Die Aufgabe der Notenbank besteht deshalb darin, mit Hilfe ihres Instrumentariums die Wertstabilität des gesetzlichen Zahlungsmittels zu sichern.

6.6.2 EFFEKTE AUF DIE INTERNATIONALE WETTBEWERBSFÄHIGKEIT

Für alle exportorientierte Länder wie die Bundesrepublik Deutschland bedeutet die Sicherung der inneren Stabilität gleichzeitig eine Sicherung der äußeren Stabilität der Währung, denn Inflationen lösen in der Regel eine Änderung des Außenhandels und des internationalen Kapitalverkehrs aus.

Bei der Analyse dieser Effekte muß von unterschiedlichen Wechselkurssystemen ausgegangen werden.

Liegen **feste Wechselkurse** mit Bandbreiten wie beispielsweise vor, so bedeutet Inflation in einem Land ceteris paribus eine Einbuße der Wettbewerbsfähigkeit des Landes und in der Regel einen Rückgang des Exports und damit der Beschäftigung. Andererseits steigt der Import, da ausländische Güter relativ zu den heimischen Gütern billiger werden.

Dies gilt allerdings zunächst ohne Rückkopplungseffekt, denn durch den höheren Export der anderen Ländern und eventuell durch die Einfuhr nicht substituierbarer Güter importiert das Ausland die bisher nur im Inland aufgetretene Inflation. Dies geschieht mit einer zeitlichen Verzögerung. Es ist daher sinnvoll, daß die Länder mit festen Wechselkursen eine Stabilitätsgemeinschaft und keine Inflationsgemeinschaft bilden.

Bei **flexiblen Wechselkursen** (ohne Interventionen der Zentralbanken, d. h. bei reinem Floaten) kann sich eine inländische Inflation auf den Wechselkurs in Form einer Abwertung der inländischen Währung auswirken. Zwar müssen dann die ausländischen Abnehmer entweder gleichviel oder weniger für die inländischen Güter bezahlen, was eine Stabilisierung des Exports oder sogar eine Ausweitung möglich macht, doch wird der Import durch die Wechselkursverschlechterung getroffen. Kann das Land die importierten Güter nicht substituieren, so verschlechtert sich seine Situation durch Zunahmen seiner Importausgaben, was zu einer Verschlechterung der Leistungsbilanz führen kann.

Zusätzlich kann eine laufende Abwertung der Währung eines Landes den Kapitalexport fördern und den Kapitalimport behindern.

6.6.3 BESCHÄFTIGUNGSEFFEKTE

A. W. PHILLIPS stellte 1958 in einer empirischen Untersuchung über Nominallohnsteigerungen und Inflationsraten in England folgenden Zusammenhang fest: Je höher die Nominallohnsteigerung, desto niedriger die Arbeitslosenquote.[1]

P. A. SAMUELSON und R. M. SOLOW haben dann 1960 von der Lohnsteigerungsrate die jährliche Produktivitätssteigerungsrate (von 3 %) abgezogen und interpretierten diesen Restwert als Inflationsrate, so daß dies nur noch einen Zusammenhang zwischen der Inflationsrate und der Arbeitslosenquote ergibt.[2]
Daraus folgte die Hypothese:

Je höher die Inflationsrate, desto niedriger die Arbeitslosenquote.

Dies bedeutet damit die Annahme, daß es eine Wahlmöglichkeit, einen **Trade-off**, zwischen der Höhe der Arbeitslosenquote und der Höhe der Inflationsrate gäbe. Ja, noch mehr: Inflation begünstige die Vollbeschäftigung.
Dabei wurde davon ausgegangen, daß kein Zusammenhang zwischen der tatsächlichen und der erwarteten Inflationsrate besteht. Es wurde eine statische Inflationserwartung unterstellt, oder anders ausgedrückt: Die Wirtschaftssubjekte akzeptieren, daß sie nominell gleich viel Einkommen haben wie bisher, real aber eine Einkommensminderung.
Diese Hypothese wurde von E. S. PHELPS (1967) und von M. FRIEDMAN (1968) in der Weise bestritten, daß zwar kurzfristig ein Trade off möglich ist, langfristig aber ein sogenannter **Non-Trade-off** besteht, da die Arbeitnehmer keiner Geldillusion unterliegen und die erwartete Inflationsrate sich an die tatsächliche angleichen werde.[3]
Nach diesen Anpassungsprozessen erhält man eine natürliche Arbeitslosenquote, die nicht durch höhere Inflationsraten geändert werden kann, sondern nur durch strukturelle Maßnahmen.
Unterstellt man nun wie die Vertreter der Neuklassischen Schule R. E. Jr. LUCAS (1972); T. J. SARGENT und N. WALLACE (1976) nur rationale Inflationserwartungen, so besteht weder kurz- noch langfristig ein Zusammenhang zwischen der Inflationsrate und der Arbeitslosenquote.[4]
Neuere Auffassungen versuchen, auf andere Weise doch noch einen Trade-off herzuleiten[5]: So geht W. J. BAUMOL (1978) davon aus, daß allein der Glaube der Arbeitnehmer an einen Trade-off, diesen tatsächlich auftreten läßt in Form einer **sich selbst erfüllenden Prophezeiung** (self-fulfilling prophecy), denn die Arbeitnehmer haben nach BAUMOL eine Geldillusion und glauben an einen Trade-off. Sie akzeptieren daher eine Lohnerhö-

---

[1] Vgl. Phillips, A.W.: The Relation between Unemployment and the Rate of Change of Money Wage Rates in the United Kingdom, 1861-1957, in: Economica, New Series 25 (November 1958), S. 283-299; vgl. außerdem die ausführliche Darstellung der Problematik in: Peto, R.: Makroökonomik, S. 229 ff.; vgl. außerdem Pohl, R.: Theorie der Inflation, München 1981, S. 133 ff., an die sich die folgenden Ausführungen angelehnt haben. Vgl. auch Kromphardt, J.: Arbeitslosigkeit und Inflation, Göttingen 1987

[2] Vgl. Samuelson, P. A. and Solow, R. M.: Analytical Aspects of Anti-Inflation-Policy, in: American Economic Review, Mai 1960, S. 177 ff. Eine Darstellung empirischer (modifizierter) Phillipskurven Deutschlands, Frankreichs, Großbritanniens und der Vereinigten Staaten bringt Siebert, H.: Einführung in die Volkswirtschaftslehre, 10. Auflage, Stuttgart 1991, S. 36 ff.

[3] Vgl. Phelps, E. S.: Phillips Curves, Expectations of Inflation and Optimal Unemployment Over Time, in: Economica 1967, S. 254-281;Friedman, M.: The Role of Monetary Policy, in: American Economic Review 1968, S. 8-11

[4] Vgl. dazu Pohl, R. Theorie der Inflation, S. 135

[5] Vgl. ebenda, S. 155 ff.

hung unter der Inflationsrate, womit ihre Prophezeiung in Erfüllung geht.
St. FISCHER (1977) geht von unterschiedlichen Laufzeiten der Tarifverträge aus, weshalb eine Anpassung der Lohnerhöhungen an die Inflationsrate mit zeitlicher Verzögerung erfolgt. Es herrscht deshalb Geldillusion bei den Arbeitnehmern im Sinne von KEYNES:
Die Arbeitnehmer wissen, daß sie eine Reallohnsenkung haben, können dies aber kurzfristig nicht ändern, da sie tarifvertraglich gebunden sind. Damit entsteht ein Trade-off aufgrund von **institutionellen Hemmnissen**.
Schließlich stellt R. POHL einen dauerhaften Trade-off zwischen Inflationsrate und Arbeitslosenquote fest. Dieser Trade-off entsteht durch eine **„akzeptierte Arbeitslosigkeit“**[1]:
Einige Arbeitnehmer scheiden im Zusammenhang mit der Reallohnsenkung aus dem Arbeitsprozeß aus und bleiben arbeitslos. Dies gilt für Arbeitslose, denen hohe Suchkosten und Kosten im Zusammenhang mit der Wiederaufnahme einer Arbeit (z. B. Umzugskosten) entstehen. Die Kosten werden von dem Arbeitssuchenden nur dann als vertretbar angesehen, wenn ein entsprechendes Lohnangebot das ist, das auch diese Kosten abdeckt. Nicht alle Arbeitslose können mit der Deckung dieser Kosten rechnen wie beispielsweise ältere Arbeitslose und behinderte Arbeitslose. Sie nehmen daher aus rationalen Gründen nicht am Arbeitssuchprozeß teil und scheiden aus dem Suchprozeß aus.
Damit verknappt sich das Arbeitsangebot und man kommt so dem Ziel der Vollbeschäftigung näher.

6.6.4 WACHSTUMSEFFEKTE

Auch hier taucht das Problem auf, daß der Einfluß der Inflation strittig ist.
Dennoch sollen einige Argumente im Hinblick auf das Wirtschaftswachstum erörtert werden.[2]
Beim **Finanzierungsargument** wird davon ausgegangen, daß die Preiserhöhung die Profitrate und damit auch die Investitionsneigung steigen läßt. Außerdem wird das Fremdkapital bei gleichem Nominalzins relativ billiger. Kurzfristig mag diese Argumentation richtig sein, langfristig werden sich aber die Löhne und die Fremdkapitalzinsen anpassen, so daß sich die Effekte neutralisieren. Inflationsraten erschweren bekanntlich die Investitionsrechnung bei langfristigen Investitionen, weshalb gerade langfristige Investitionen bei unsicheren Erwartungen nicht steigen werden.
Ein weiteres Argument für eine Inflation ist das **Akzelerationsargument**:
Die Inflation stimuliert die Nachfrage, auch „Flucht in die Sachwerte“ genannt, wodurch die (induzierten) Investitionen steigen (Akzelerationsprinzip) und damit das Wachstum der Wirtschaft zunimmt. Ob sich allerdings die Haushalte immer so verhalten, daß sie mehr konsumieren und nicht mehr sparen, ist fraglich.
Schließlich führt das **Allokations- oder Effizienzargument** zu der Forderung, die Inflation vom Staat aus nicht zu bekämpfen:

---

[1] Vgl. ebenda, S. 161 ff.
[2] Vgl. Pohl, R, a.a.O., S. 165 ff.

Geht man davon aus, daß auf einigen Märkten eine Preisrigidität besteht, so fallen die Preise bei einem Nachfragerückgang nicht. Eine Nachfragesteigerung auf anderen Märkten führt dagegen zu einer Preiserhöhung. Ist der Nachfragerückgang dem Betrag nach gleich groß wie die Nachfragesteigerung so führt die Preisrigidität zu einer Erhöhung des Preisniveaus. Eine Bekämpfung der Preiserhöhungen auf den einzelnen Märkten würde dann die Reallokation der vorhandenen Ressourcen verhindern. Die Ressourcen werden zwar von den Branchen mit dem Nachfragerückgang entlassen, können aber in den Branchen mit Nachfragesteigerungen nicht eingesetzt werden.

Dies wäre allerdings der Eingriff des Staates auf Einzelmärkten und nicht die globale Bekämpfung der Inflation.

Liegt dagegen eine allgemeine Preissteigerung beispielsweise als Folge einer Nachfragesteigerung bei Vollauslastung der Ressourcen vor, so droht der Preismechanismus seine Funktion als Knappheitsmesser zu verlieren und Fehlallokationen der Ressourcen auszulösen.

6.6.5 VERTEILUNGSEFFEKTE

Nimmt das Vermögen und das Einkommen in gleichem Maße wie die Inflationsrate zu (Proportionalität), so ergeben sich keine Umverteilungswirkungen (pure inflation).[1]

Ist diese Bedingung nicht erfüllt, gibt es Gewinner und Verlierer bei einer Inflation. Leisten die potentiellen Verlierer, wie eventuell die Bezieher von Einkommen aus abhängiger Tätigkeit, Widerstand, gibt es **Verteilungskämpfe**.

Da die Falsifizierung von Umverteilungsvorgängen relativ schwierig ist, sollen nur vier Hypothesen über Verteilungseffekte nach R. POHL aufgezählt werden:[2]

a) Die **Lohn-lag-Hypothese**

Bereits KEYNES äußerte die Vermutung, daß die Nominallöhne erst mit einer zeitlichen Verzögerung angepaßt werden. Damit sinkt die Lohnquote tendenziell bei Inflation, was eine Verschlechterung der funktionalen Einkommensverteilung zuungunsten der Lohneinkommen bedeutet.

b) Die **Transfereinkommens-Hypothese**

Die Faktoreinkommen, die ja am Markt erzielt werden, können schneller auf Preisniveausteigerungen reagieren als feste Einkommen wie beispielsweise Transfereinkommen (Renten, Arbeitslosenhilfe, Sozialhilfe). Allerdings waren die Sozialrenten in der Bundesrepublik (bis 1999) dynamisiert. Sie folgten den Löhnen aber erst mit einer zeitlichen Verzögerung.

c) Die **Nettoeinkommens-Hypothese**

Bei einer progressiven Einkommensbesteuerung bewirkt die Inflation nach einer Anpassung der Faktoreinkommen eine Umverteilung zugunsten des Staates und zuungunsten der

[1] Vgl. Pohl, R.: a.a.O., S. 199 ff.
[2] Vgl. ebenda, S. 201 ff.

privaten Steuerzahler. Die Differenz zwischen Brutto- und Nettoeinkommen wird größer.
d) Die **Gläubiger-Schuldner-Hypothese**
Durch die Inflation erfolgt eine Entwertung des Geldvermögens, d. h. der Forderungen, da der Nominalwert konstant bleibt.
Dies bedeutet eine Umverteilung des Realvermögens vom Gläubiger auf den Schuldner.

Zur Neutralisierung inflationärer Wirkungen auf die Einkommens- und Vermögensverteilung gibt es **Kompensationsmechanismen**, und zwar in Form globaler Maßnahmen, die allen oder einer Gruppe zugute kommen über den Markt oder durch politisch-administrative Maßnahmen.
Andererseits versuchen die einzelnen Wirtschaftssubjekte jeweils **individuelle Lösungen** durch die Schaffung eines optimalen Portfolios.
Zu den **globalen Kompensationsmöglichkeiten über den Markt** zählt die Erhöhung der Tariflöhne, um die Inflationsverluste wieder auszugleichen. Die Erhöhung erfolgt allerdings mit einer gewissen zeitlichen Verzögerung (Lohn-lag-Hypothese). In ähnlicher Weise versuchen die Gläubiger, ihre Inflationsverluste über eine Nominalverzinsung bei Inflation zu vermeiden, die höher liegt als bei Preisniveaustabilität. Auch dies ist eine globale Kompensationsmöglichkeit über den Markt, wenn das allgemeine Zinsniveau um die Inflationsrate nach oben verschoben ist.
Bei allen festen Einkommen, deren Höhe nicht am Markt sondern durch staatliche Stellen bestimmt wird, wie beispielsweise die Sozialhilfe oder das Arbeitslosengeld, müssen **politisch-administrative Maßnahmen** erfolgen, um die Kaufkraftverluste zu kompensieren (Tranfereinkommens-Hypothese).
Eine Besonderheit waren in der Bundesrepublik (bis 1999) allerdings die dynamischen Renten, wie bereits erwähnt. Sie erhöhten sich zwar wie die Löhne aber mit einer zeitlichen Verzögerung.
Schließlich versucht der Staat, die Einkommensumverteilung zu seinen Gunsten bei inflationsbedingten Steuererhöhungen aufgrund eines progressiven Einkommensteuertarifs immer wieder durch eine politisch-administrative Maßnahme in Form einer Änderung der Einkommensteuer zu korrigieren.[1]

[1] Vgl. Pohl, R. a.a.O., S. 207 ff.

KONTROLLFRAGEN ZU KAPITEL 6

1. Was versteht man unter „Inflation“ und unter „Deflation“?
2. Welche Beziehung besteht zwischen Geldwert und Preisniveau?
3. Erläutern Sie die Preisindizes nach E. Laspeyres und H. Paasche und deren Aussage wert!
4. Erklären Sie die möglichen Inflationsarten nach der Symptombezeichnung!
5. Wodurch entsteht eine versteckte Inflation?
6. Erläutern Sie die klassisch-neoklassische und die monetaristische Inflationstheorie!
7. Was versteht man unter einer „Nachfragesoginflation“, und welche Komponenten der Nachfrage kann sie auslösen?
8. Beschreiben Sie die Nachfragesoginflation anhand einer Änderung der Konsumnachfrage!
9. Was versteht man unter einer „Kostendruckinflation“?
10. Wodurch kann eine importierte Inflation entstehen?
11. Welcher Zusammenhang wird als „Lohn-Preis-Spirale“ oder als „Preis-Lohn-Spirale“ bezeichnet?
12. Wie kann eine Gewinndruckinflation entstehen?
13. Erläutern Sie die möglichen Verteilungseffekte einer Inflation!
14. Welcher Zusammenhang wird zwischen der Inflationsrate und der Arbeitslosenquote gesehen?
15. Welche Probleme ergeben sich für das außenwirtschaftliche Gleichgewicht eines Landes durch eine Inflation?
16. Gibt es einen Zusammenhang zwischen Wachstum und Inflation?

LITERATURHINWEISE ZU KAPITEL 6

Cassel, D.	Inflation, in: Vahlens Kompendium, Bd. 1, 4. Auflage, München 1990, S. 267-321
Kromphardt, J.	Arbeitslosigkeit und Inflation, Göttingen 1987
Peto, R.	Einführung in das volkswirtschaftliche Rechnungswesen, 5., überarbeitete Auflage, München; Wien 2000
Peto, R.	Grundlagen der Makroökonomik, 12., überarbeitete und erweiterte Auflage, München; Wien 2001
Pohl, R.:	Theorie der Inflation, Grundzüge der monetären Makroökonomik, München 1981
Ströbele, W.	Inflation, Einführung in Theorie und Politik, München 1979
Woll, A. (Hg.)	Inflation, Definitionen, Ursachen, Wirkungen und Bekämpfungsmöglichkeiten, München 1979

7. GELDPOLITIK

7.1 EINLEITUNG

Während die Geldtheorie die Wirkungen von Geldmengenänderungen und Zinssatzvariationen modellhaft erklären will, untersucht die **Theorie der Geldpolitik** die Geldordnung (Geldverfassung), die Träger der Geldpolitik, die Ziele und Instrumente und deren Einsatzfolgen.

Von der Theorie der Geldpolitik ist die **praktische Geldpolitik** zu unterscheiden. Die praktische Geldpolitik ist die Gesamtheit der erfolgten oder beabsichtigten Maßnahmen zur Regelung und Steuerung der Geldmenge, der Zinssätze und der Liquidität einer Volkswirtschaft.

Die folgende Darstellung bezieht sich überwiegend auf die Theorie der Geldpolitik und auf die praktische Geldpolitik in der Europäischen Union mit Schwerpunkt Bundesrepublik Deutschland.

Sie beginnt mit der Einordnung der Geldpolitik in die Wirtschaftspolitik und ihrer Abgrenzung zur Währungspolitik.

Danach werden die Träger und Ziele der Geldpolitik behandelt. Diesen Ausführungen folgt eine Beschreibung und Kommentierung des geldpolitischen Instrumentariums der Europäischen Zentralbank und eine Erörterung geldpolitischer Strategien.

7.2 WIRTSCHAFTSPOLITIK UND GELDPOLITIK

Versteht man mit Karl SCHILLER unter der **Wirtschaftspolitik**

> „die gestaltenden Maßnahmen, die der Staat oder von ihm abgeleitete oder faktisch zuständige Einrichtungen im Hinblick auf Wirtschaftsprozeß, Wirtschaftsstruktur und Wirtschaftsordnung treffen“[1],

so kann man feststellen, daß die Währungspolitik der Teil der staatlichen Wirtschaftspolitik ist, der die staatlichen Maßnahmen zu Gestaltung des Geldwesens umfaßt.[2]

Ein Teil der Währungspolitik ist **Ordnungspolitik** und wird als institutionelle oder konstitutive Währungspolitik bezeichnet. Der rechtliche Aspekt dieser Ordnungspolitik ist die **Geldverfassung**. Das Recht auf Schaffung einer Geldordnung liegt in der Bundesrepublik Deutschland gem. Art. 73 GG ausschließlich beim Bund und betrifft expressis verbis u. a. das „Währungs-, Geld- und Münzwesen.“

Da der Bund außerdem die Bundesrepublik nach außen vertritt und nur er völkerrechtliche Verträge eingehen kann (Art. 32 GG), sind auch die internationalen Währungsfragen und

---

[1] Schiller, K.: Wirtschaftspolitik, HDSW, Bd. 12, Stuttgart 1965, S. 210

[2] Vgl. Issing, O.: Geldpolitik, S. 1

Verträge wie die Mitgliedschaft im Internationalen Währungsfonds (IWF) Angelegenheiten des Bundes.
Teilbereiche der Ordnungspolitik (wie beispielsweise die Organisation der Finanzmärkte) sind der Deutschen Bundesbank übertragen worden.
Der andere Teil der Währungspolitik wird als **Prozeßpolitik** (funktionelle oder regulierende Politik) bezeichnet. Eine Politik, die nicht die Setzung der Ordnung betrifft und außerdem schwerpunktmäßig nicht unmittelbar auf die Währungsbeziehungen mit dem Ausland gerichtet ist. Die Prozeßpolitik als Teil der Währungspolitik wird auch **Geldpolitik** genannt. Sie hat primär die Aufgabe, mit Hilfe monetärer Maßnahmen zur Stabilisierung und zum Wachstum einer Volkswirtschaft beizutragen.
Die Geldpolitik wurde in der Bundesrepublik Deutschland bis zum 31.12.1998 von der Deutschen Bundesbank wahrgenommen. Mit dem Vertrag von Maastricht und dem Beitritt zur Europäischen Währungsunion (EWU) hat die Bundesrepublik Deutschland ab dem 1.1.1999 die Geldpolitik auf das Eurosystem übertragen.

7.3 DAS EUROPÄISCHE SYSTEM DER ZENTRALBANKEN (ESZB) UND DAS EUROSYSTEM

7.3.1 ORGANISATIONSSTRUKTUR

Mit der Errichtung einer Wirtschafts- und Währungsunion wurde durch den Maastrichter Vertrag das Europäische System der Zentralbanken (ESZB) geschaffen. Da jedoch zu Beginn der Wirtschafts- und Währungsunion nicht alle Länder den Euro eingeführt haben, muß zwischen dem ESZB und dem Eurosystem unterschieden werden.
Zum **Eurosystem** werden die Europäische Zentralbank (EZB) und die nationalen Zentralbanken (NZB) der Mitgliedstaaten gezählt, die den Euro eingeführt haben. Seit dem 1.1.2001 gehören dem Eurosystem 12 nationale Zentralbanken an, und zwar der Länder Belgien, Deutschland, Finnland, Frankreich, Griechenland, Irland, Italien, Luxemburg, Niederlande, Österreich, Portugal und Spanien.
Zum **Europäischen System der Zentralbanken (ESZB)** gehören die EZB und die nationalen Zentralbanken **aller** 15 Mitgliedstaaten.
Sobald alle 15 nationalen Zentralbanken dem Euro-Währungsgebiet angehören, entfällt der Hilfsbegriff „Eurosystem", der im Maastrichter Vertrag nicht vorgesehen ist, da dann das Europäische System der Zentralbanken mit dem Eurosystem identisch ist.

Die **Leitung des Eurosystems** liegt beim EZB-Rat und dem Direktorium der EZB. Der **EZB-Rat** umfaßt die Mitglieder des Direktoriums und die Zentralbankpräsidenten der Mitgliedstaaten, die den Euro eingeführt haben (Abb. 7.01).
Das Direktorium besteht aus dem Präsidenten, dem Vizepräsidenten der EZB und vier weiteren Mitgliedern.

Die Aufgabe des EZB-Rats besteht darin, die **Geldpolitik des Eurosystems festzulegen** und Entscheidungen über geldpolitische Zwischenziele, Leitzinssätze und die Bereitstellung von Zentralbankgeld im Eurosystem zu treffen.

Das Direktorium des EZB und die Zentralbankpräsidenten **aller** 15 nationalen Zentralbanken bilden den **Erweiterten Rat,** der keine geldpolitischen Kompetenzen hat. Der Erweiterte Rat fungiert als beratendes Gremium mit wesentlichen Koordinationsaufgaben mit den Noch-nicht-Euroländern, so lange noch nicht alle EU-Länder der Währungsunion beigetreten sind.

Abb. 7.01: EZB-Rat und Erweiterter Rat

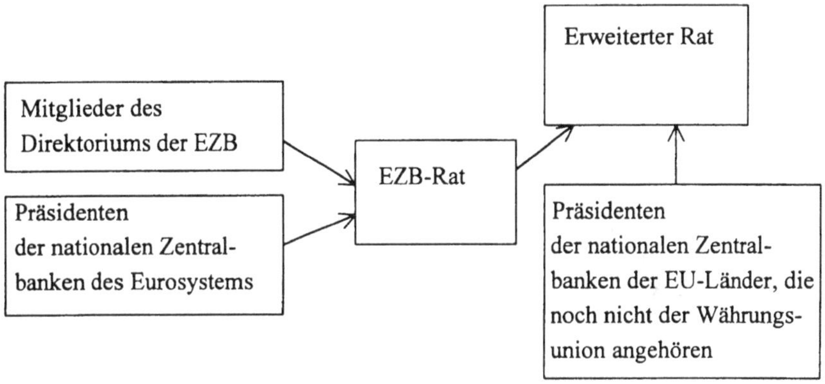

7.3.2 ZIELE, AUFGABEN UND AUTONOMIERECHTE

Das **Europäische System der Zentralbanken** und damit auch das **Eurosystem** haben nach dem Vertrag von Maastricht das vorrangige **Ziel „Preisstabilität"** zu gewährleisten (Art. 105 Abs. 1 EGV).
Außerdem soll das ESZB **die allgemeine Wirtschaftspolitik der Gemeinschaft unterstützen**, soweit dies ohne Beeinträchtigung des Zieles „Preisstabilität" möglich ist. Ordnungspolitisch soll das ESZB im Einklang mit „einer offenen Marktwirtschaft mit freiem Wettbewerb" handeln.
Mit der Unterstützung der allgemeinen Wirtschaftspolitik sollen vor allem die Ziele der Gemeinschaft gefördert werden, die in Art. 2 des EG-Vertrages festgeschrieben wurden:

> „Aufgabe der Gemeinschaft ist es, durch die Errichtung eines Gemeinsamen Marktes und einer Wirtschafts- und Währungsunion sowie durch die Durchführung der in den Artikeln 3 und 3a genannten gemeinsamen Politiken oder Maßnahmen eine harmonische und ausgewogene Entwicklung des Wirtschaftslebens innerhalb der Gemeinschaft, ein beständiges, nichtinflationäres und umweltverträgliches Wachstum, einen hohen Grad an Konvergenz der Wirtschaftsleistungen, ein hohes Beschäftigungsniveau, ein hohes Maß an sozialem Schutz, die Hebung der Lebens-

haltung und der Lebensqualität, den wirtschaftlichen und sozialen Zusammenhalt und die Solidarität zwischen den Mitgliedstaaten zu fördern"

Aus dem wohlbekannten magischen Viereck des deutschen Stabilitäts- und Wachstumsgesetzes[1] ist ein Vieleck geworden, das jetzt insbesondere zusätzlich ökologische, regionale und sozialpolitische Zielsetzungen beinhaltet. Das Konfliktpotential ist damit für das ESZB noch größer geworden als für die Deutsche Bundesbank.
Konflikte können vor allem dann auftreten, wenn der Rat der EU der Wirtschafts- und Finanzminister das Wirtschaftswachstum forcieren möchte, um ein hohes Beschäftigungsniveau zu erreichen unter Inkaufnahme einer Preisniveausteigerung.

Die **grundlegenden Aufgaben des ESZB** werden (in Art. 105 Abs. 2 EGV) wie folgt beschrieben:

„- die Geldpolitik der Gemeinschaft festzulegen und auszuführen,
- Devisengeschäfte im Einklang mit Artikel 111 durchzuführen,
- die offiziellen Währungsreserven der Mitgliedstaaten zu halten und zu verwalten,
- das reibungslose Funktionieren der Zahlungssysteme zu fördern."

Damit soll die **funktionelle Unabhängigkeit** des ESZB gesichert werden: Die Ziele und Aufgaben des Zentralbanksystems werden vom Vertrag definiert und nicht von der Regierung oder anderen Stellen vorgeschrieben.
Die Autonomie des ESZB wird allerdings durch die Kooperationspflicht mit den anderen EU-Institutionen (insbesondere auch mit dem Europäischen Parlament) in Form von **Berichterstattungspflichten** eingeschränkt. Der Präsident der EZB muß dem Europäischen Parlament vierteljährlich Bericht erstatten und zusätzlich den EZB-Jahresbericht erläutern. Das Parlament hat jederzeit ein Auskunftsrecht über geldpolitische Beschlüsse des EZB-Rats. Andererseits besteht aber auch ein **Anhörungsrecht** für die EZB, sofern es sich um Entwürfe und Rechtsvorschriften handelt, die in den Zuständigkeitsbereich der Europäischen Zentralbank fallen. Außerdem wirkt das ESZB bei der Bankenaufsicht mit.
Schließlich besitzt die EZB nach Art. 106 Abs. 1 EGV „das ausschließliche Recht, die Ausgabe von Banknoten innerhalb der Gemeinschaft zu genehmigen".
Das Münzregal verbleibt nach bei den Mitgliedstaaten. Der Umfang der Ausgabe von Münzen bedarf aber der Genehmigung durch die EZB.

Schließlich wurde im Vertrag (Art. 108 EGV), die **Autonomie des ESZB** expressis verbis festgelegt:

„Bei der Wahrnehmung der ihnen durch diesen Vertrag und die Satzung des ESZB übertragenen Befugnisse, Aufgaben und Pflichten darf weder die EZB noch eine nationale Zentralbank noch ein Mitglied ihrer Beschlußorgane Weisungen von Organen oder Einrichtungen der Gemeinschaft, Regierungen der Mitgliedstaaten oder anderen Stellen einholen oder entgegennehmen. Die Organe und Einrichtungen der

[1] Vgl. Peto, R.: Makroökonomik, S. 18 ff.

Gemeinschaft sowie die Regierungen der Mitgliedstaaten verpflichten sich, diesen Grundsatz zu beachten und nicht zu versuchen, die Mitglieder der Beschlußorgane der EZB oder der nationalen Zentralbanken bei der Wahrnehmung ihrer Aufgaben zu beeinflussen."

Dies sind eindeutige Festlegungen, die sogar über die Regelungen des Bundesbankgesetzes hinausgehen und die **funktionelle,** aber auch die **institutionelle Unabhängigkeit des ESZB**.
Institutionelle Autonomie bedeutet: Keine Abhängigkeit von Regierungsinstitutionen wie früher in Frankreich vom Finanzministerium oder heute noch in Großbritannien vom Schatzamt. Diese Autonomie wird nochmals expressis verbis in Art. 8 des Statuts wie folgt festgelegt: „Das ESZB wird von den Beschlußorganen geleitet."
Das ESZB besitzt außerdem eine **finanzielle** Autonomie. Dies bedeutet, daß es sich als Institution selbst finanziert und keine Kredite an die Staaten gewähren muß.

Die **instrumentelle Unabhängigkeit** als Recht, die vom Gesetz vorgegebenen Instrumente ohne Weisung von anderer Stelle einzusetzen, ist noch weitergehender als sie bei der Bundesbank war. Der EZB-Rat hat nicht nur das Recht, die vertraglich festgelegten Instrumente einzusetzen, sondern kann sie auch weiter ausgestalten.

Die Grenze der Autonomie des ESZB ist im außenwirtschaftlichen Bereich erkennbar, denn das ESZB hat, wie früher die Deutschen Bundesbank, keine **Wechselkurskompetenz** (Art. 111 EGV). Die **Wechselkurskompetenz** und damit die **Wechselkurspolitik**, im Sinne der Festlegung des Wechselkurssystems (feste oder flexible Wechselkurse) und bei festen Wechselkursen auch des Wechselkurses, liegt beim Rat der EU (in der Zusammensetzung der Finanz- und Wirtschaftsminister) und nicht beim ESZB. Das Wechselkurssystem gegenüber Drittwährungen legt der Rat der EU nach Anhörung oder auf Empfehlung der EZB fest.
Zur Einführung eines Festkurssystems gegenüber Drittlandswährungen mit einem Leitkurs und den damit verbundenen Interventionsverpflichtungen ist ein einstimmiger Beschluß des Rates der EU notwendig (Art. 111 Abs. 1 EGV). Für spätere Änderungen ist eine qualifizierte Mehrheit im Rat ausreichend. Die EZB muß dabei gehört werden, um einen Konsens herzustellen, der mit dem Ziel der Preisstabilität in Einklang steht.
Bei grundsätzlich flexiblen Wechselkursen gegenüber Drittlandswährungen kann der Rat der EU mit qualifizierter Mehrheit allgemeine Orientierungen für die Wechselkurspolitik gegenüber diesen Währungen geben (Art. 111 Abs. 2 EGV), dabei darf allerdings das vorrangige Ziel des ESZB, die Preisstabilität zu gewährleisten, nicht beeinträchtigt werden.

Liegt das Wechselkurssystem fest, so kann die EZB im Rahmen des jeweiligen Systems von sich aus ohne Weisungen des Rates auf den Devisenmärkten intervenieren. Dies bedeutet aber auch, daß es bei festen Wechselkursen sogar eventuell gegen seinen Willen intervenieren muß, wenn der obere oder untere Interventionspunkt erreicht ist.

Diese Regelung hätte dann entsprechende Folgen für die Geldpolitik, wenn der Rat an einem Wechselkurs festhalten würde, bei dem das ESZB laufend fremde Währungen gegen Euro ankaufen müßte und somit eine unerwünschte Geldmengenerhöhung auftreten würden. Damit bestünde die Gefahr, daß die EZB die Kontrolle über die Geldmenge verlöre. Bei flexiblen Wechselkursen ist die Möglichkeit einer allgemeinen Orientierung durch den Rat der EU heftig kritisiert worden. Allerdings hat der Rat selbst auf seiner Tagung im Dezember 1997 festgestellt, daß eine derartige allgemeine Orientierung nur unter außergewöhnlichen Umständen ausgesprochen würde.

Was die **personelle Unabhängigkeit** des ESZB betrifft, so werden die Mitglieder des Direktoriums (Präsident, Vizepräsident und vier weitere Mitglieder) auf acht Jahre von den Regierungen der Mitgliedstaaten ernannt. Eine Wiederwahl ist nicht möglich (Art. 112 EGV). Damit die personelle Autonomie des ESZB auch nicht über die **nationalen Zentralbanken** unterlaufen werden kann, waren die einzelnen Staaten verpflichtet, ihre gesetzlichen Regelungen mit dem Vertrag und der Satzung des ESZB spätestens bis zur Errichtung der EZB in Einklang zu bringen (Art. 109 EGV).
Um die personelle Unabhängigkeit des EZB-Rates zu sichern, schreibt das Statut des ESZB in Art. 14 vor, daß die Präsidenten der nationalen Zentralbanken auf mindestens fünf Jahre zu wählen sind.

Die Unabhängigkeit der nationalen Zentralbanken muß genauso wie die Autonomie des ESZB in institutioneller, funktioneller, instrumenteller, personeller und finanzieller Form vorhanden sein.
Für die meisten Staaten bedeutete dies eine **Aufgabe ihrer Souveränität in der Geldpolitik,** sofern bei ihnen die Geldpolitik in Händen der Regierung lag.

Um eine **Koordination der allgemeinen Wirtschaftspolitik** mit der Geldpolitik zu sichern, ist eine Kooperation zwischen dem ESZB und den anderen EU-Institutionen vorgesehen:
Die Wirtschafts- und Finanzpolitik wird in der EU durch den Ministerrat bestimmt, der sich seit 1993 Rat der Europäischen Union der Wirtschaft- und Finanzminister nennt.
Der Präsident und ein Mitglied dieses Rates können an EZB-Ratssitzungen mit Antragsrecht, aber ohne Stimmrecht, teilnehmen.
Schließlich kann der Präsident der EZB zur Teilnahme an der Tagung des Rates der EU eingeladen werden, wenn Fragen im Zusammenhang mit dem ESZB erörtert werden.
Neben diesen Gremien des ESZB wurde zusätzlich ein **Wirtschafts- und Finanzausschuß** eingesetzt, der aus je zwei Mitgliedern besteht, die von einem Mitgliedstaat, der Kommission und der EZB entsandt werden. Er gilt als beratender Ausschuß des Rates der EU in Wirtschafts- und Finanzfragen (Art. 114 Abs. 2 EGV).

Es ist natürlich die Frage, welches Gewicht diese Institution gegenüber dem EZB-Rat in

Zukunft entwickeln wird. Hier besteht die Gefahr der Entstehung eines wichtigen Nebenzentrums der Geldpolitik.

Für die Preisstabilität besteht (neben der nicht kontrollierbaren Flanke „Einkommenspolitik“ in Form der Tarifabschlüsse) eine besondere **Gefahr in Form unsolider Fiskalpolitiken der einzelnen Mitgliedstaaten und der Gemeinschaft**.
Zur Eindämmung dieser Gefahr, wurden spezielle Kontrollen aber auch Sanktionen in das Vertragswerk eingebaut (Art. 104 EGV). Dabei wurde auch den Befürchtungen der Deutschen Bundesbank Rechnung getragen, daß über den innergemeinschaftlichen Finanzausgleich unsolide Länder die anderen zur Kasse bitten.
U.A. wurde in Art. 103 EGV eindeutig festgelegt:

> „(1) Die Gemeinschaft haftet nicht für die Verbindlichkeiten der Zentralregierungen, der regionalen und lokalen Gebietskörperschaften oder anderer öffentlich-rechtlicher Körperschaften, sonstiger Einrichtungen des öffentlichen Rechts oder öffentlicher Unternehmen von Mitgliedstaaten und tritt nicht für derartige Verbindlichkeiten ein ...“

Zusätzlich wurde noch vor der Schaffung der Europäischen Zentralbank noch ein Stabilitäts- und Wachstumspakt (im Juni 1997 in Amsterdam) geschlossen, um auch diese Gefahr zu bannen.
Die Amsterdamer Fassung des EG-Vertrages (gültig ab 1.1.1999) versucht mit Art. 121, übermäßige öffentliche Defizite zu vermeiden. Die einzelnen Staaten müssen auch nach dem Beitritt zum Eurosystem bestimmte Referenzwerte einhalten und sich verpflichten, das Ziel eines ausgeglichen Staatshaushalts zu verfolgen.

7.3 DIE DEUTSCHE BUNDESBANK

7.3.1 ZIELE, AUFGABEN UND KOMPETENZEN DER DEUTSCHEN BUNDESBANK

Seit 1.1.1999 ist die Deutsche Bundesbank ein Teil des Eurosystems und kann daher ihre wichtige Funktion, die Geldpolitik zu bestimmen, nur im Rahmen des Eurosystems ausüben. Dies macht die Neufassung des § 3 BBankG97 deutlich, der die Aufgaben der Bundesbank wie folgt definiert:

> „Die Deutsche Bundesbank ist als Zentralbank der Bundesrepublik Deutschland integraler Bestandteil des Europäischen Systems der Zentralbanken. Sie wirkt bei der Erfüllung seiner Aufgaben mit dem vorrangigen Ziel mit, die Preisstabilität zu gewährleisten, und sorgt für die bankmäßige Abwicklung des Zahlungsverkehrs im Inland und Ausland. Sie nimmt darüber hinaus die ihr nach diesem Gesetz oder anderen Rechtsvorschriften übertragenen Aufgaben wahr.“

Die Bundesbank ist allerdings nach wie vor autonom im Hinblick auf die Bundesregierung wie § 12 BbankG97 klar erkennen läßt. Sie muß aber die allgemeine Wirtschaftspolitik der Bundesregierung unterstützen:

> „Die Deutsche Bundesbank ist bei der Ausübung der Befugnisse, die ihr nach diesem Gesetz zustehen, von Weisungen der Bundesregierung unabhängig. Soweit dies unter Wahrung ihrer Aufgabe als Bestandteil des Europäischen Systems der Zentralbanken möglich ist, unterstützt sie die allgemeine Wirtschaftspolitik der Bundesregierung."

Diese **Kooperationsvorschrift** kann in der Weise interpretiert werden, daß sie die Ziele der Bundesregierung unterstützen muß unter der strengen Nebenbedingung der Preisstabilität.
Die allgemeinen wirtschaftspolitischen **Ziele** der Bundesregierung sind im Gesetz zur Förderung der Stabilität und des Wachstums der Wirtschaft (Stabilitätsgesetz) vom 8. Juni 1967 in § 1 festgelegt:

> „Bund und Länder haben bei ihren wirtschafts- und finanzpolitischen Maßnahmen die Erfordernisse des gesamtwirtschaftlichen Gleichgewichts zu beachten. Die Maßnahmen sind so zu treffen, daß sie im Rahmen der marktwirtschaftlichen Ordnung **gleichzeitig** zur **Stabilität des Preisniveaus, zu einem hohen Beschäftigungsstand und außenwirtschaftlichen Gleichgewicht bei stetigem und angemessenem Wirtschaftswachstum beitragen."**

Da die gleichzeitige Realisierung dieser vier Ziele an Magie grenzt, wird dies auch als das „magische Viereck" bezeichnet.[1] Wie bereits dargestellt, wurde dieser Zielkatalog allerdings inzwischen durch Art. 2 des Vertrags über die Europäische Gemeinschaft (Amsterdamer Fassung vom 2.10.1997) etwas anders formuliert und um ein ökologisches und ein sozialpolitisches Ziel erweitert.
Durch eine enge Kooperation zwischen der Bundesregierung und der Bundesbank wird versucht, das Konfliktpotential zu minimieren.
Zu dieser Zusammenarbeit sind **beide** Institutionen verpflichtet, und zwar nach § 13 BBankG97:

> „(1) Die Deutsche Bundesbank hat die Bundesregierung in Angelegenheiten von wesentlicher währungspolitischer Bedeutung zu beraten und ihr auf Verlangen Auskunft zu geben.
> (2) Die Mitglieder der Bundesregierung haben das Recht, an den Beratungen des Zentralbankrates teilzunehmen. Sie haben kein Stimmrecht, können aber Anträge stellen.
> (3) Die Bundesregierung soll den Präsidenten der Deutschen Bundesbank zu ihren Beratungen über Angelegenheiten von währungspolitischer Bedeutung zuziehen."

Im Vordergrund dieser Kooperation steht sicher die **Beratung der Bundesregierung in wichtigen währungspolitischen Angelegenheiten,** wobei die Bundesregierung das Recht

[1] Vgl. dazu Peto: Makroökonomik, S. 18 ff.

hat, auf den Sachverstand der Bundesbank zurückzugreifen. Andererseits ist die Bundesbank verpflichtet, ihren Sachverstand auch zur Verfügung zu stellen.
Eine beschränkte direkte Mitwirkung der Bundesregierung ist über die Teilnahme an den Sitzungen des Zentralbankrates möglich. Allerdings besitzt sie kein Mitentscheidungsrecht, sondern nur ein **Antragsrecht**.[1]
Abs. 3 des § 13 BbankG97 weist darauf hin, daß eine Zusammenarbeit der Bundesregierung und der Bundesbank im **außenwirtschaftlichen** Bereich erfolgen soll. Dies geht auch aus dem Außenwirtschaftsgesetz hervor, da außenwirtschaftliche Verordnungen von der Bundesregierung erlassen werden. Allerdings muß die Bundesregierung bei einer derartigen Verordnung eine Abstimmung mit der Bundesbank herbeiführen.

Die Autonomie der Bundesbank und des ESZB hat ihre **Grenzen** bei internationalen Währungsvereinbarungen, sofern es sich um völkerrechtliche Verträge und nicht um Vereinbarungen der Notenbanken handelt, da die Bundesregierung die Bundesrepublik nach außen vertritt und dem Bund nach dem Grundgesetz (Art. 73 Abs.1 Ziff.4) ausschließlich die Gesetzgebung über das Währungs-, Geld- und Münzwesen zusteht.
So ist die Bundesrepublik Deutschland, vertreten durch die Bundesregierung, Mitglied im Internationalen Währungsfonds (IWF) und nicht die Bundesbank. Das deutsche Finanzministerium gibt Weisungen an den deutschen Direktor beim IWF. Die Bundesbank wird an der Meinungsbildung beteiligt.
Die EU ist zwar Völkerrechtssubjekt und kann internationale Verträge schließen. Beim IWF gibt es jedoch keine automatische Rechtsnachfolge, da nicht alle EU-Länder Mitglieder des Eurosystems sind und die Wirtschaftspolitik noch immer national geblieben ist.

Die EU ist im IWF durch einen Vertreter der **EZB als Beobachter** im Exekutivrat vertreten, allerdings ohne Stimmrecht.[2]

7.3.2 DIE ORGANE DER DEUTSCHEN BUNDESBANK

Die Organe der Deutschen Bundesbank sind der Zentralbankrat, das Direktorium und die Vorstände der Landeszentralbanken.
Das oberste Organ der Deutschen Bundesbank ist der **Zentralbankrat** (§ 6 BBankG97). Er bestimmt die Geschäftspolitik der Bank und stellt allgemeine Richtlinien für die Geschäftsführung und Verwaltung der Bundesbank auf.
Der Zentralbankrat handelt „im Rahmen der Leitlinien und Weisungen der Europäischen Zentralbank. Er erörtert die Auswirkungen der Geld- und Währungspolitik unbeschadet der Weisungsunabhängigkeit des Präsidenten in seiner Eigenschaft als Mitglied des Rates der Europäischen Zentralbank..." (§ 6 Abs. 1 BbankG97).

---

[1] Das früher existierende aufschiebende Vetorecht ist bereits 1992 weggefallen. Danach mußte die Bundesbank auf Verlangen des Vertreters der Bundesregierung die Beschlußfassung bis zu zwei Wochen aussetzen.
[2] Vgl. Deutsche Bundesbank: Die Beziehungen Deutschlands zum Internationalen Währungsfonds nach Einführung des Euro, in: BBank MB 9/99, S. 15 ff.

Der Zentralbankrat besteht aus dem

- Präsidenten und dem
- Vizepräsidenten der Bundesbank, den
- weiteren Mitgliedern des Direktoriums und den
- Präsidenten der Landeszentralbanken.

Die Landeszentralbanken sind Hauptverwaltungen der Bundesbank in den Ländern. Während die Mitglieder des Direktoriums von der **Bundesregierung** vorgeschlagen werden, erfolgt dies bei den Präsidenten der Landeszentralbanken durch die jeweiligen **Landesregierungen** über den Bundesrat. Die Ernennung nimmt der Bundespräsident vor. Mit dieser Konstruktion wird dem föderalistischen Aufbau der Bundesrepublik Rechnung getragen. Die Zahl der Landeszentralbanken entsprach nach der Wiedervereinigung der Länderzahl (16). Seit 1.11.92 gibt es nur noch 9 LZB-Bezirke, da die Landeszentralbanken mehrerer Bundesländer zusammengelegt wurden. Die Neugliederung der Bundesbank ist damit noch nicht abgeschlossen, da der Finanzminister eine weitere (zentralistische) Straffung der Bundesbank plant.
Der Zentralbankrat faßt seine Beschlüsse mit einfacher Mehrheit. Er tagt in der Regel alle 14 Tage. Durch die Mitgliedschaft im Eurosystem hat die Deutsche Bundesbank ihre wichtigste Aufgabe in Form der Gestaltung der Geldpolitik verloren. Wie bereits erwähnt, kann nur noch der Präsident der Deutschen Bundesbank als Mitglied des EZB-Rates die nun europäisierte Geldpolitik mitbestimmen. Der Präsident unterliegt dabei keinem imperativen Mandat, denn der Zentralbankrat kann und darf den Präsidenten nicht zu einem bestimmten Abstimmungsverhalten zwingen.
Das **Direktorium** der Bundesbank ist das ausführende Organ der Bundesbank. Es leitet die Bank und ist für die Durchführung der Beschlüsse des Zentralbankrates verantwortlich, soweit nicht die Vorstände der Landeszentralbanken zuständig sind (§ 7 BbankG97).

Das Direktorium besteht aus dem

- Präsidenten und dem
- Vizepräsidenten der Bundesbank sowie aus
- sechs weiteren Mitgliedern.

Für die Mitglieder des Direktoriums (und für die Landeszentralbankpräsidenten) ist eine **besondere fachliche Eignung** Voraussetzung.
Die Amtszeit der Mitglieder des Direktoriums beträgt in der Regel acht Jahre, ausnahmsweise auch weniger, mindestens jedoch fünf Jahre.
Die Bundesregierung hat vor der Bestellung eines neuen Mitgliedes den Zentralbankrat zu hören. Die Mitglieder des Zentralbankrates können vor Ablauf ihrer Amtszeit **nicht** abberufen werden. Der Präsident der Bundesbank ist Vorsitzender sowohl des Zentralbankrates als auch des Direktoriums. Der Zentralbankrat kann daher als ein **erweiterter Vorstand**

oder **Gesamtvorstand** bezeichnet werden.

Die Einflußnahme der Bundesregierung über die Berufung der Mitglieder des Direktoriums ist durch die lange Amtszeit bewußt begrenzt worden: Es ist nicht möglich, während einer (normalen) Legislaturperiode alle Mitglieder (von einer eventuellen neuen Regierung) auszuwechseln. Bei einer Amtszeit der Direktoriumsmitglieder von acht Jahren, muß eine Regierung drei normale Legislaturperioden an der Macht sein, um eine komplette Auswechslung vornehmen zu können.

7.3.4 DAS INSTRUMENTARIUM DES EUROSYSTEMS

Wie bereits bei den Aufgaben des Eurosystems dargelegt, besitzt das Eurosystem auch die **instrumentelle Unabhängigkeit** als ein Recht, die vom Gesetz vorgegebenen Instrumente ohne Weisung von anderer Stelle einzusetzen.
Der EZB-Rat hat nicht nur das Recht, die vertraglich festgelegten Instrumente einzusetzen, sondern auch weiter auszugestalten.

Nach dem Statut des ESZB sind folgende Instrumente vorgesehen (Art. 18-20):

I. Offenmarktpolitik
II. Refinanzierungspolitik (Kreditgewährung an Geschäftsbanken gegen entsprechende Sicherheiten),
III. Mindestreservepolitik

Dem EZB-Rat bleibt die **Ausgestaltung** der Instrumente und außerdem deren **Neuentwicklung** mit einer Zweidrittelmehrheit überlassen.
Da der EZB-Rat nur grundsätzliche einheitliche Leitlinien für die einzelnen Instrumente erläßt, haben die nationalen Zentralbanken die Möglichkeit, die Ausformung der Einzelheiten vorzunehmen.
Die Deutsche Bundesbank hat diese Möglichkeit in Form einer Neugestaltung der ihrer Allgemeinen Geschäftsbedingungen (AGB) wahrgenommen.[1]
Die Refinanzierung der deutschen Geschäftsbanken bei der Bundesbank erfolgte bis zum 31.12.98 im Rahmen der Diskontpolitik, der Lombardpolitik und seit einigen Jahren im verstärkten Maße im Rahmen der speziellen Offenmarktpolitik mit Rückkaufsvereinbarung, auch Wertpapierpensionsgeschäft genannt.
Die Diskontpolitik entfiel ab dem 1.1.1999, wobei allerdings die Wechsel als Sicherheit im Rahmen der Kreditgewährung dienen können. Die Lombardpolitik erlebt eine gewisse Renaissance in Form der eben erwähnten ständigen Fazilitäten. Das Wertpapierpensionsgeschäft allerdings (in anderer Form) ist wie bei der Bundesbank das Hauptrefinanzierungsinstrument der EZB.

Die Instrumente einer Zentralbank können unter dem Aspekt der **primären Wirkung** in

- liquiditätspolitische und in
- zinspolitische Instrumente

eingeteilt werden.

Beim Einsatz **liquiditätspolitischer Instrumente** geht es primär um die Steuerung der Liquidität der Geschäftsbanken bzw. Monetären Finanzinstitute, was die EZB beispielsweise durch eine Erhöhung oder Senkung des Mindestreservesatzes bewirken kann. Die Änderung der Bankenliquidität hat allerdings sekundär Zinseffekte zur Folge.

[1] Vgl. Deutsche Bundesbank: Die Umsetzung der Geldpolitik des ESZB durch die Deutsche Bundesbank und ihre Ausformung in den Allgemeinen Geschäftsbedingungen, in: BBank MB 11/98, S. 18-26

Mit **zinspolitischen Instrumenten** verfolgte die Zentralbank dagegen primär eine Änderung des Zinsniveaus, was nachfolgend eine Änderung der Liquidität der Geschäftsbanken und der Nichtbanken bewirken soll.
Ein weiteres Einteilungskriterium ist die „**beabsichtigte Wirkungsdauer**".
Hier kann zwischen den Instrumenten der

- Feinsteuerung und der
- Grobsteuerung

unterschieden werden.
Maßnahmen der Grobsteuerung sollen als mittel- und langfristiger **Orientierungsrahmen** für die Geschäftsbanken dienen und auf längere Sicht ihren Liquiditätsbedarf decken oder ihren Liquiditätsspielraum begrenzen, während die Bundesbank mit den **Instrumenten der Feinsteuerung** temporäre Schwankungen der Bankenliquidität ausgleichen wollte.

Zu den **Instrumenten der Grobsteuerung** zählten:

- Variation des Mindestreservesatzes und
- Offenmarktgeschäfte in Form von längerfristigen Finanzierungsgeschäften

Dagegen zählten zu den **Instrumenten der Feinsteuerung** folgende Instrumente:

- Offenmarktgeschäfte in Form des Hauptrefinanzierungsgeschäftes und die
- speziell entwickelten Feinsteuerungsgeschäfte

Daß die Abgrenzung zwischen Grob- und Feinsteuerung nicht immer eindeutig vorgenommen werden kann, zeigt das Beispiel das Hauptrefinanzierungsgeschäft. Es nimmt eine Mittelstellung zwischen Grob- und Feinsteuerung ein, da es als eine Zwischenfinanzierung der Geschäftsbanken aber auch als eine Dauerfinanzierung (wegen ihrer regelmäßigen „Neuauflage") eingesetzt werden kann.
Seit Anfang der 70er Jahre wurden, nicht zuletzt unter dem Einfluß der Forderungen der Monetaristen nach marktkonformen Interventionen der Zentralbanken, die Instrumente der Feinsteuerung zugunsten der anderen Instrumente weiterentwickelt und häufiger eingesetzt.
Die Instrumente der Grobsteuerung, hier insbesondere die Mindestreservepolitik, sehen sich seit längerer Zeit harter Kritik durch die Geschäftsbanken ausgesetzt. Eine Kritik, die bis zur Abschaffung dieser Instrumente oder einfach eines Nichteinsatzes geht. Trotzdem wurde dieses Instrument auch von der EZB übernommen. Die Bundesbank hatte es (bis Ende 1998) mehrfach abgelehnt, das Instrument nicht anzuwenden.[1]

[1] Vgl. zuletzt im Artikel: Mindestreserveregelung im Ausland, in: BBank MB 3/90, S. 22 ff.) Vgl. außerdem: Hesse, H.: Ist eine Reform der Mindestreservepolitik geboten - insbesondere aus internationalen Gründen? abgedruckt in: Deutsche Bundesbank: Auszüge aus Presseartikeln Nr. 38 vom 24.5.91, S. 5-11

Im einzelnen bestehen im Eurosystem folgende **Instrumente zur Durchführung geldpolitischer Operationen in Form der Offenmarktgeschäfte und der ständigen Fazilitäten** wie Tab. 7.01 zeigt:[1]

Tab. 7.01: Geldpolitische Operationen des Eurosystems

Geldpolitische Geschäfte	Transaktionsart		Laufzeit	Rythmus	Verfahren
	Liquditäts-bereitstellung	Liquiditäts-abschöpfung			
Offenmarktgeschäfte					
Hauptrefinan-zierungsgeschäfte	Befristete Transaktionen	-	Zwei Wochen	Wöchentlich	Standard-tender
längerfristige Refinanzierungs-geschäfte	Befristete Transaktionen	-	Drei Monate	Monatlich	Standard-tender
Feinsteuerungs-operationen	Befristete Transaktionen	Befristete Transaktionen	Nicht standardisiert	Unregelmäßig	Schnelltender
	Devisenswaps	Devisenswaps			Bilaterale Geschäfte
		Hereinnahme von Termin-einlagen			
	Endgültige Käufe	Endgültige Verkäufe	-	Unregelmäßig	Bilaterale Geschäfte
Strukturelle Operationen	Befristete Transaktionen	Emission von Schuldver-schreibungen	Standardisiert/ nicht standardisiert	Regelmäßig und unregelmäßig	Standard-tender
	Endgültige Käufe	Endgültige Verkäufe	-	unregelmäßig	Bilaterale Geschäfte
Ständige Fazilitäten					
Spitzenrefinan-zierungsfazilität	Befristete Transaktionen	-	Über Nacht	Inanspruchnahme auf Initiative der Geschäftspartner	
Einlagenfazilität	-	Einlagen-annahme	Über Nacht	Inanspruchnahme auf Initiative der Geschäftspartner	

Quelle: EZB: Die einheitliche Geldpolitik in Stufe 3, November 2000, S. 7

7.3.4.1 OFFENMARKTGESCHÄFTE

Der Begriff „offener Markt“ ist historisch aus dem englischen Bankensystem zu erklären. Unter „open market policy“ verstand man in Großbritannien Verkäufe und Käufe von Staatsanleihen durch die Zentralbank am offenen Markt und nicht am geschlossenen, d. h. nur den sogenannten Diskonthäusern zugänglichen Markt. Diese Offenmarktgeschäfte um-

[1] Vgl. EZB: Die einheitliche Geldpolitik in Stufe 3: Allgemeine Regelungen für die geldpolitischen Instrumente und Verfahren des Eurosystems, November 2000; vgl. außerdem auch die Instrumente der Bundesbank, die sie bis Ende 1998 einsetzte S. 223 ff.

fassen daher den Kauf und den Verkauf von Wertpapieren durch die Zentralbank (für eigene Rechnung) gegen Zentralbankgeld am offenen Markt.
Dies ist auch grundsätzlich bei der EZB möglich, wie die nachfolgenden Instrumente zeigen, die Bundesbank, als Teil des Eurosystems, hat jedoch den Kauf und Verkauf von Wertpapieren, wie sie dies selbst im Rahmen des Wertpapierpensionsgeschäftes bis Ende 1998 praktizierte, abgelehnt. Sie gewährt im Rahmen der Offenmarktgeschäfte Kredite gegen die Wertpapiere als Sicherheit.

Im Rahmen der Offenmarktpolitik des Eurosystems werden folgende Instrumente eingesetzt:

a) Das **Hauptrefinanzierungsgeschäft** ist der regelmäßig wiederkehrende wöchentliche Standardtender (Zins- oder Mengentender) mit jeweils zweiwöchiger Laufzeit.
   Dies entspricht dem bisherigen Wertpapierpensionsgeschäft der Deutschen Bundesbank. Allerdings kauft die Bundesbank die Wertpapiere nicht, wie bereits erwähnt, sondern beleiht sie nur. Sie nimmt sie nur als Sicherheit.
   Das Hauptrefinanzierungsgeschäft hat sich zum wichtigsten Instrument des Eurosystems entwickelt, um den MFIs Liquidität zuzuführen. So lag der Umfang der geldpolitischen Geschäfte des Eurosystems mit diesem Instrument im September 2001 bei 147,1 Mrd. EUR, was einem Anteil von ca. 70 % entsprach.

b) Es können von den Geschäftsbanken **längerfristige Refinanzierungsgeschäfte** (als Zinstender) mit monatlichem Rhythmus und dreimonatiger Laufzeit abgeschlossen werden.
   Diese Form des Refinanzierungsgeschäftes kann als ein Ersatz für die Diskontpolitik angesehen werden. Der Anteil dieser Geschäfte an den geldpolitischen Geschäften des Eurosystems lag im September 2001 bei ca. 28 %. Es ist damit nach dem Hauptrefinanzierungsgeschäft das zweitwichtigste Instrument des Eurosystems.

c) Eine weitere Möglichkeit besteht in den sogenannten „**Feinsteuerungsoperationen**" mit einem begrenzten Kreis von Geschäftsbanken, und zwar **ohne** standardisierte Laufzeit. Die Geschäfte werden dann abgeschlossen, wenn unerwartete Liquiditätsschwankungen am Markt auftreten. Das Geschäft wird als Schnelltender abgewickelt, Devisenswaps und definitive Käufe von Wertpapieren oder sonstigen Aktiva.
   Damit soll Liquidität abgeschöpft werden. Daneben besteht die neue Möglichkeit der Hereinnahme von Termineinlagen für eine festgelegte Laufzeit und fester Verzinsung, echte Wertpapierpensionsgeschäfte (Verkauf und Rückkauf von Wertpapieren aus dem Bestand der Bundesbank) sowie definitive Verkäufe.
   Die EZB kann aber auch mit Hilfe von **Devisenswapgeschäften** Liquidität bereitstellen oder abschöpfen. Dabei handelt es sich um eine gleichzeitige Vorname einer Kassa- und einer Termintransaktion in Euro gegen Fremdwährung. Das Eurosystem kauft

(oder verkauft) Euro per Kasse gegen eine Fremdwährung und verkauft oder (kauft) diese Fremdwährung gleichzeitig per Termin zu einem festgelegten Datum.
Will das Eurosystem den Geschäftsbanken für eine bestimmte Zeit Zentralbankguthaben zur Verfügung stellen, dann kauft es im Rahmen eines Swapgeschäftes für eine bestimmte Zeit Devisenguthaben an. Hat das Eurosystem aber die Absicht, den Geschäftsbanken Liquidität zu zuzuführen, so kauft es Devisenguthaben für eine bestimmte Zeit von den Geschäftsbanken ab und gibt sie per Termin wieder zurück.
Der Swapsatz ist die Differenz zwischen dem Terminkurs und dem Kassakurs. Liegt der Terminkurs über (unter) dem Kassakurs, so ergibt sich ein Report (Deport).
Das Eurosystem kann mit Hilfe des Zinstenderverfahrens Swapgeschäfte abschließen, wobei die Geschäftsbanken bei Gebote für den Swapsatz abgeben können, wobei sowohl das holländische als auch das amerikanische Zinstenderverfahren möglich sind, was noch zu erklären sein wird.[1]
Vom Swapsatz des Eurosystems ist der Swapsatz zu unterscheiden, der sich am Markt bildet. Dieser Swapsatz hängt von der Zinssatzdifferenz zwischen dem Eurowährungsgebiet und dem Fremdwährungsgebiet ab.

d) Um strukturelle Probleme des Finanzsektors zu beheben, können daneben auch ohne standardisierte Laufzeit noch **„strukturelle Operationen“** durchgeführt werden.
Dabei kann mit befristeten Tendergeschäften und definitiven Käufen von Wertpapieren oder sonstigen Aktiva Liquidität für den Finanzsektor bereitgestellt werden.
Zur Liquiditätsabschöpfung besteht die Möglichkeit die Emission von kurzlaufenden abgezinsten Schuldverschreibungen der EZB im Standardtenderverfahren und die Möglichkeit definitiver Verkäufe der EZB.

Wie funktionieren die oben erwähnten Zins- und Mengentenderverfahren?

A. Mengentender: Die EZB macht im Rahmen eines Ausschreibungsverfahrens ein Angebot, zu welchem Zinssatz sie Hauptrefinanzierungsgeschäfte abschließen möchte. Sie läßt dann die einzelnen Geschäftsbanken die Beträge nennen, die sie übernehmen wollen. Dies nennt man einen **„Mengentender“**.[2] Da die EZB aber auch gleichzeitig das Gesamtvolumen der Zuteilung beschließt und die Summe der angeforderten Beträge der Geschäftsbanken das Gesamtvolumen übersteigt, teilt die EZB das Gesamtvolumen anteilmäßig zu.
Das folgende Zahlenbeispiel soll dieses Verfahren verdeutlichen:
Die EZB beschließt, dem Markt Liquidität in Form eines Mengentenders zuzuführen.[3]

[1] Vgl. EZB: Die einheitliche Geldpolitik in Stufe 3, S. 19 ff., S. 69 ff.; vgl. auch S. 236 über die Swappolitik der Deutschen Bundesbank.
[2] tender (engl.) = Angebot
[3] Vgl. EZB: Die einheitliche Geldpolitik in Stufe 3, S. 66

Von den Geschäftspartnern werden Gebote abgegeben, wie Spalte (2) der Tab. 7.02 zeigt. Andererseits begrenzt die EZB die Zuteilung auf 105 Mio. EUR. Daraus ergibt sich für die einzelne Geschäftsbank nur eine anteilige Zuteilung von 75 % aufgrund folgender Berechnung:

$$\frac{105}{(30+40+70)} = 75\,\%$$

Tab. 7.02 zeigt in der dritten Spalte die anteilmäßige Zuteilung.

Tab. 7.02: Mengentender

Geschäftspartner	Gebot (Mio. EUR)	Zuteilung (Mio. EUR)
(1)	(2)	(3)
Bank 1	30	22,5
Bank 2	40	30,0
Bank 3	70	52,5
Insgesamt	140	105,0

B. Zinstender: Die andere Möglichkeit besteht darin, daß die EZB im Rahmen des Ausschreibungsverfahrens ein Angebot macht, zu welchen festen Konditionen (Menge und Mindestzins) sie Pensionsgeschäfte abwickeln möchte, was als „**Zinstender**" bezeichnet wird. Die Geschäftsbanken geben andererseits an, in welchem Umfang (Beträge) zu welchem Zinssatz sie das Geschäft abschließen wollen. Auch hier legt die EZB das Gesamtvolumen der Zuteilung fest.
Beim **Zinstender** gibt es zwei Verfahren:

1. Das sogenannte „**holländische Verfahren**": Die Geschäftsbanken geben den Betrag und die Zinshöhe an. Zugeteilt wird für alle Banken zu einem **einheitlichen Zinssatz,** und zwar zu dem Zinssatz bei dem gerade noch eine Zuteilung aufgrund des begrenzten Gesamtvolumens möglich ist. Dieser Zinssatz wird der marginale Zinssatz genannt. Alle Gebote, die über diesem einheitlichen Zinssatz liegen, werden in voller Höhe zugeteilt. Gebote zu diesem Zinssatz werden anteilmäßig verteilt (repartiert).
2. Das sogenannte „**amerikanische**" Verfahren: Gebote werden zu individuellen Bietungssätzen zugeteilt. Gebote, die über dem niedrigsten noch zum Zuge kommenden Zinssatz (marginaler Zinssatz) liegen, werden voll zugeteilt, Gebote zu diesem Satz werden repartiert.

Dies bedeutet für die Geschäftsbanken, daß sie beim holländischen Verfahren Phantasiezinssätze nennen können, während sie beim amerikanischen Verfahren sehr vorsichtig sein müssen, da sie diesen Zins eventuell auch zahlen müssen. Die Zentralbank gewinnt beim amerikanischen Verfahren einen besseren Überblick über den tatsächlichen Liquiditätsbedarf der Geschäftsbanken. Die EZB ist inzwischen vom Mengentender zu Zinstender nach dem amerikanischen Verfahren übergegangen.

Das folgende Beispiel soll das Zinstenderverfahren nochmals veranschaulichen.
Die EZB beschließt, dem Markt Liquidität in Form eines Zinstenders zuzuführen.[1]
Sie beschließt, 94 Mio. EUR zuzuteilen und legt einen Mindestzinssatz von 2,9 % zugrunde.
Wie Tab. 7.03 zeigt, machen die einzelnen Geschäftsbanken auch beim Zinstender Angebote, welches Volumen sie zu welchem Zinssatz abnehmen würden. Dabei kann die einzelne Geschäftsbank ihr Angebot staffeln.
Alle Angebote über 3,05 % (bis zu einem kumulativen Betrag von 80 Mio. EUR) können von der EZB voll bedient werden. Beim marginalen Zinssatz von 3,05 % ergibt sich folgende prozentuale Zuteilung:

$$\frac{94-80}{35} = 40\,\%$$

Tab. 7.03: Zinstender

	Beträge in Mio. EUR				
Zinssatz (%)	Bank 1	Bank 2	Bank 3	Gebote insgesamt	Kumulative Gebote
3,15				0	0
3,10		5	5	10	10
3,09		5	5	10	20
3,08		5	5	10	30
3,07	5	5	10	20	50
3,06	5	10	15	30	80
3,05	10	10	15	35	115
3,04	5	5	5	15	130
3,03	5		10	15	145
Gebote insgesamt	30	45	70	145	
Zuteilung insgesamt	14	34	46	94	

Die Zuteilung beispielsweise an die Bank 1 zum marginalen Zinssatz beträgt dann:

$$0{,}4 \times 10 = 4 \quad \text{Mio. EUR}$$

Insgesamt erhält die Bank 1: 5 + 5 + 4 = 14 Mio. EUR

Erfolgt die Zuteilung nach dem **holländischen** Verfahren, so beträgt der Zinssatz für **alle** zugeteilten Beträge zum einheitlichen Zinssatz von 3,05 %.
Wenn die Zuteilung nach dem **amerikanischen** Verfahren erfolgt, wird **kein** einheitlicher Zinssatz angewendet: Bank 1 erhält zum Beispiel 5 Mio. EUR zu 3,07 % und 4 Mio. EUR zu 3,05 %.

[1] Vgl. EZB: Die einheitliche Geldpolitik in Stufe 3, S. 67

Die EZB kann mit diesen relativ kurzfristigen Geschäften sehr elastisch auf die Erfordernisse des Geldmarktes reagieren.
Beabsichtigt die EZB restriktiv am Geldmarkt vorzugehen, so kann sie im Rahmen des Zinstenderverfahrens beispielsweise die Zuteilung von Liquidität volumenmäßig gegenüber dem vorherigen Geschäft kürzen oder beim Mengentender den Zins relativ zum Geldmarktzins hoch setzen, da es sich ja um revolvierende Geschäfte handelte, d. h. die Geschäftsbanken betrachten den gewährten Kredit ähnlich wie einen auf Dauer eingeräumten „Überziehungskredit".

7.3.4.2 STÄNDIGE FAZILITÄTEN

Neben den oben erwähnten Offenmarktgeschäften gibt es noch die Möglichkeit (auf Initiative der Geschäftsbanken), einer sehr kurzfristigen Refinanzierung oder einer kurzfristigen Geldanlage in Form

- der Spitzenrefinanzierungsfazilität und
- der Einlagenfazilität.

a) Bei der **Spitzenrefinanzierungsfazilität** handelt es sich um den sogenannten „Übernachtkredit", den eine Geschäftsbank mit einer Laufzeit von einem Geschäftstag auf Antrag zu einem gegebenen Zinssatz in Anspruch nehmen kann. Dabei gelten Kontoüberziehungen am Ende eines Geschäftstages als Antrag auf Inanspruchnahme des Übernachtkredits.
Diese Regelung ähnelt dem bisherigen Lombardkredit der Deutschen Bundesbank in Form des sogenannten Giroüberzuglombards.

b) Mit der **Einlagenfazilität** wird den Geschäftsbanken die Möglichkeit eröffnet, überschüssige Habensalden bei der Bundesbank jeweils über Nacht als Einlagen zu einem bestimmten Zinssatz anzulegen.
Dabei ist zu beachten, daß die Zinsen der ständigen Fazilitäten den sogenannten Zinskanal abstecken wie Abb. 7.02.
Der Zinssatz für den Übernachtkredit ist die Obergrenze und der Zinssatz für die Einlagenfazilität die Untergrenze für den Tagesgeldsatz zwischen den Geschäftsbanken (Interbankengeldmarkt). Der Leitzins in Form des Hauptrefinanzierungsinstruments befindet sich innerhalb dieses Zinskanals und wird auf den Tagesgeldzinssatz ausgerichtet.

Abb. 7.02: Zinskanal

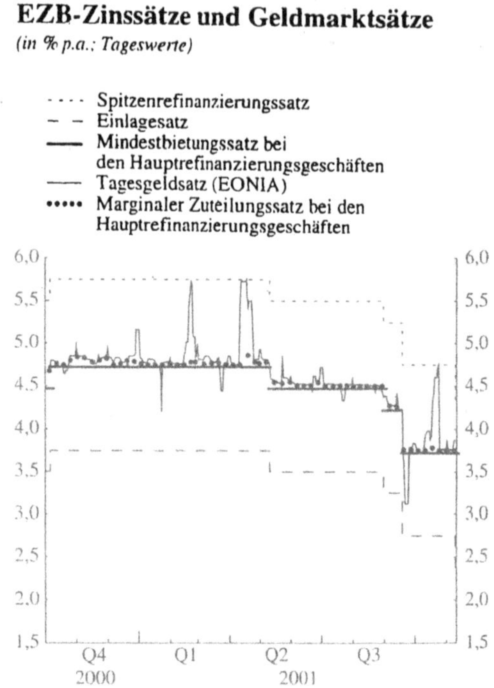

Quelle: EZB MB 9/2001, S. 9

Bei der Beschreibung der einzelnen Instrumente ist deutlich geworden, daß die Bundesbank sich bei einer Kreditgewährung absichern muß, und zwar vor allem deshalb, weil sich die Bundesbank dazu entschlossen hat, eine **Pfandlösung** zu wählen und nicht eine Repo (repurchasing agreements)-Lösung wie beim früheren Wertpapiergeschäft. Sie kauft die Wertpapiere nicht mehr mit Rückkaufsvereinbarung, sondern nimmt alle Papiere (auch die Wechsel) nur als Pfand.

Dazu war es notwendig zu entscheiden

- welche Papiere sie als Sicherheit nimmt,
- die Bewertung der Pfänder und das
- Besicherungsverfahren.

1. Arten der Sicherheiten:

Von der Deutschen Bundesbank werden folgende Sicherheiten hereingenommen:

- Wertpapiere, die in den veröffentlichten Verzeichnissen der EZB enthalten sind,
- Handelswechsel und

- Kreditforderungen der Geschäftsbanken gegen notenbankfähige Kreditschuldner (Nichtbankunternehmen oder wirtschaftlich Selbständige)

Mit der Hereinnahme von Handelswechseln und den nichtverbrieften Kreditforderungen der Geschäftsbanken gegen Nichtbankunternehmen soll ein Bezug zwischen Refinanzierung der Geschäftsbanken und dem güterwirtschaftlichen Bereich gesichert werden. Hier wird die Forderung der Banking-Theoretiker erfüllt wie sie im Rahmen der Diskontpolitik Anwendung gefunden hatte.
Ein Novum für die Bundesbank stellt die Hereinnahme von Kreditforderungen als Sicherheit dar. Allerdings werden hier nur Schuldner in Frage kommen, die die Voraussetzungen bei Handelswechseln erfüllen und die ihren Jahresabschluß regelmäßig bei der Bundesbank einreichen.
Tab. 7.04 zeigt die **generell im Eurosystem** als Sicherheit in Frage kommenden Sicherheiten, wobei zwischen den Sicherheiten der Kategorie 1 und der Kategorie 2 unterschieden wird. Den einzelnen nationalen Zentralbanken bleibt es überlassen, welche Sicherheiten der Kategorie 2 sie akzeptieren wollen. Eine Regelung, mit der auf die nationalen Besonderheiten Rücksicht genommen wurde.

2. Bewertung der Sicherheiten

Die einzelnen Sicherheiten werden zu einem bestimmten Beleihungswert einem „Pfandkonto" des Geschäftspartners gutgeschrieben. Der Beleihungswert ergibt sich aus dem Bruttowert abzüglich Bewertungsabschlag.
Der Abschlag orientiert sich an der Art der Sicherheit (daneben werden auch die Restlaufzeiten mit berücksichtigt). Als Orientierungsgrößen gelten folgende Werte: Abschlag in Prozent:

Wertpapiere	0-5 %
Handelswechsel	2 %
Kreditforderungen	20 %

Der Geschäftspartner erhält eine Mitteilung, sofern sich der Gesamtbeleihungswert seines Pfandbestandes ändert.
Zusätzliche Sicherheiten in Prozent des Geschäftswertes werden beim Übernachtkredit (1 %) und bei Offenmarktgeschäften (2 %) verlangt.
In welcher rechtlichen Form die Absicherung erfolgt, kann die einzelne nationale Zentralbank entscheiden: Sie hat dabei grundsätzlich die Möglichkeit einer Vollrechtsübertragung wie bei den bisherigen Pensionsgeschäften der Bundesbank oder Verpfändung der Sicherheiten wie beim bisherigen Lombardgeschäft der Bundesbank.
Die Bundesbank hat sich für die **Pfandlösung** entschieden:
Alle Pfänder werden auf einem Pfandkonto zu einem Pfand-Pool zusammengeführt und gutgeschrieben und damit alle Notenbankkredite abgesichert.

Der Vorteil liegt auf der Hand: Die Pfänder müssen nicht einzelnen Geschäften zugeordnet werden, so daß nur ein einziger Gesamtbeleihungswert zu ermitteln ist und als Beleihungsbasis dient.

Tab.7.04: Für geldpolitische Operationen des Eurosystems zugelassene Sicherheiten

Kriterien	Kategorie 1	Kategorie 2
Art der Sicherheit	- EZB-Schuldverschreibungen - Sonstige marktfähige Schuldtitel (1)	-Marktfähige Schuldtitel - Nicht marktfähige Schuldtitel - An einem geregelten Markt gehandelte Aktien
Abwicklungsverfahren	Die Sicherheiten müssen zentral in girosammelverwahrfähiger Form bei nationalen Zentralbanken oder einem Wertpapierabwicklungssystem hinterlegt werden, das den EZB-Mindeststandards entspricht.	Die Sicherheiten müssen der nationalen Zentralbank, die sie in ihr Kategorie-2-Verzeichnis aufgenommen hat, leicht zugänglich sein
Emittenten	- Eurosystem - Öffentliche Hand - Privater Sektor (2) - Internationale und supranationale Institutionen	- Öffentliche Hand - Privater Sektor (3)
Bonitätsanforderung	Der Emittent (Garant) muß von der EZB als bonitätsmäßig einwandfrei eingestuft worden sein.	Der Emittent/Schuldner (Garant) muß von der nationalen Zentralbank, die die Sicherheit in ihr Kategorie-2-Verzeichnis aufgenommen hat, als bonitätsmäßig einwandfrei eingestuft worden sein.
Sitz des Emittenten (oder des Garanten)	- Europäischer Wirtschaftsraum (EWR)(4)	- Euro-Währungsraum - Sitz in anderen EWR-Ländern kann vorbehaltlich der Genehmigung der EZB akzeptiert werden
Hinterlegung der Sicherheiten	- Euro-Währungsraum (5)	- Euro-Währungsraum (5)
Währung	Euro (6)	- Euro (6)
Nachrichtlich: Grenzüberschreitende Nutzung	Ja	Ja

Quelle: EZB: Die einheitliche Geldpolitik in Stufe 3, November 2000, S. 43

Anmerkungen zu Tab. 7.04:

(1) Schuldtitel, die in Aktien umgewandelt werden können (oder ähnliche Merkmale aufweisen) sowie Schuldtitel, deren gewährte Rechte den Ansprüchen der Inhaber von anderen vom Emittenten ausgegebenen Schuldtiteln untergeordnet sind, sind von Kategorie I ausgeschlossen.

(2) Von Kreditinstituten ausgegebene Schuldtitel, die die Kriterien gemäß Artikel 22 Absatz 4 der OGAW-Richtlinie (Richtlinie 85/611/EWG in der durch Richtlinie 88/220/EWG geänderten Fassung) nicht genau erfüllen, werden nur unter den folgenden drei Bedingungen als Kategorie-1-Sicherheiten akzeptiert: Jede Emission muß ein Emissionsrating (durch eine Ratingagentur) aufweisen, das den Bonitätsanforderungen des Eurosystems entspricht. 2. Die Schuldtitel müssen an einem geregelten Markt im Sinne der Wertpapierdienstleistungsrichtlinie (Richtlinie 93/22/EWG) eingeführt sein bzw. notiert werden. 3. Die

Schuldtitel müssen den Anforderungen der Verkaufsprospektrichtlinie (Richtlinie 89/298/EWG) entsprechen.
(3) Von Kreditinstituten begebene Aktien und von Kreditinstituten begebene Schuldtitel, die den in Artikel 22 Absatz 4 der OGAW-Richtlinie festgelegten Kriterien nicht genau entsprechen, können normalerweise nicht in das Verzeichnis der Kategorie-2-Sicherheiten aufgenommen werden. Die EZB kann den nationalen Zentralbanken jedoch gestatten, solche Sicherheiten unter bestimmten Bedingungen und Einschränkungen in ihr Kategorie-2-Verzeichnis aufzunehmen.
(4) Die Vorschrift, daß der Emittent seinen Sitz im EWR haben muß, gilt nicht für internationale und supranationale Organisationen.
(5) So daß die Verwendung nach dem Recht eines Mitgliedstaats des Euro-Währungsraums erfolgen kann.
(6) Euro oder nationale Denominierungen des Euro.

Für die Verpfändung von Wertpapieren gibt es zwei Möglichkeiten:

a) Aufnahme der Sicherheiten in ein Dispositionsdepot, das bei den Landeszentralbanken gehalten wird und
b) Aufnahme in das Sicherheitsverwahrsystem der Deutschen Börse Clearing AG

Zur Verpfändung von Handelswechseln ist zu bemerken, daß sie körperlich übergeben werden müssen. Den Wechseleinzug nimmt wie bisher die Bundesbank vor.

Die Geschäftsbanken können daneben auch im Ausland nachgewiesene Sicherheiten einbringen.

7.3.4.3 MINDESTRESERVEPOLITIK

Auch das Instrument „Mindestreservepolitik" wird von der EZB angewendet, denn der Vertrag von Maastricht sieht die Möglichkeit der Einführung von Pflichtreserven der Geschäftsbanken vor.

Die Berechnungsgrundlage für die Soll-Reserve ist die Höhe bestimmter Einlagen der Nichtbanken bei den Geschäftsbanken. Von den Geschäftsbanken aus gesehen sind diese Verbindlichkeiten gegenüber Nichtbanken, weshalb diese Art von Mindestreserve eine Passivreserve genannt wird.[1] Ausgenommen von der Reservepflicht sind Einlagen anderer reservepflichtiger inländischer Geschäftsbanken bei Geschäftsbanken.

Das Instrument der Mindestreserve geht auf einen Vorschlag von J. M. KEYNES zurück zur direkten Beeinflussung der Bankenliquidität. Es wurde in den USA erstmals realisiert, allerdings zur Sicherung der Einlagen der Nichtbanken bei den Geschäftsbanken. Mit dieser Zielsetzung wurde sie auch bereits 1934 in Deutschland in das Gesetz über das Kreditwesen aufgenommen. Heute wird diese Absicherung durch andere Auflagen für die Geschäftsbanken gewährleistet.

Die Mindestreservepolitik dient heute ausschließlich als **liquiditätspolitisches Instrument** der Zentralbank.

Bei der Ausgestaltung dieses Instruments durch die EZB mußten folgende Merkmale festgelegt werden:

1. Kreis der reservepflichtigen Institute,

[1] Eine weitere Möglichkeit der Mindestreserve könnte in einer Aktivreserve bestehen: Bei der Berechnung der Mindestreserven wäre dann von der Höhe und Art der gewährten Kredite auszugehen.

2. Art der reservepflichtigen Verbindlichkeiten,
3. Höhe des Reservesatzes,
4. Einführung eines pauschalen Freibetrags und
5. Verzinsung des Mindestreserveguthabens.[1]

Die obige Aufzählung zeigt bereits drei Aspekte, die bei diesen Regelungen anders sind als bei der Bundesbank: Die Verzinsung des Mindestreserveguthabens, der Freibetrags und das Fehlen einer Spannweite für den Reservesatz.

Was den Kreis der mindestreservepflichtigen Institute betrifft, so handelt es sich um **alle** im Euro-Währungsgebiet niedergelassenen Kreditinstitute, die in einer Liste erfaßt sind (MFI-Liste).[2] Dabei ist entscheidend: Nur die Institute, die in dieser Liste enthalten sind, können an der Refinanzierung im Eurosystem teilnehmen.

Was die **Art der reservepflichtigen Verbindlichkeiten** so hat der EZB-Rat am 13. Oktober 1998 bereits Entscheidungen getroffen, die im Prinzip auch heute noch weiter gelten. Die EZB unterscheidet dabei zwischen Verbindlichkeiten, die in die Mindestreservebasis einbezogen werden und entweder mit einem positiven Reservesatz oder mit einem Reservesatz von 0 % belegt werden und Verbindlichkeiten, die nicht in die Mindestreservebasis mit einbezogen werden:

A. In die Mindestreservebasis einbezogene Verbindlichkeiten
   a) mit einem **positiven Reservesatz**
      - täglich fällige Einlagen,
      - Einlagen mit einer vereinbarten Laufzeit von bis zu zwei Jahren,
      - Einlagen mit einer vereinbarten Kündigungspflicht von bis zu zwei Jahren,
      - ausgegebene Schuldverschreibungen mit einer vereinbarten Laufzeit von bis zu zwei Jahren sowie
      - Geldmarktpapiere.
   b) mit einem **Reservesatz von 0 %**
      - Einlagen mit einer vereinbarten Laufzeit von über zwei Jahren,
      - Einlagen mit einer vereinbarten Kündigungspflicht von über zwei Jahren,
      - Repogeschäfte und
      - ausgegebene Schuldverschreibungen mit einer vereinbarten Laufzeit von über zwei Jahren.

B. **Nicht** in die Mindestreservebasis einbezogenen Verbindlichkeiten
      - Verbindlichkeiten gegenüber Instituten, die selbst den Mindestreservevorschriften des Eurosystems unterliegen,

---

[1] Über die genaue Ausgestaltung des Instruments vgl. EZB: Die einheitliche Geldpolitik in Stufe 3: Allgemeine Regelungen für die geldpolitischen Instrumente und Verfahren des Eurosystems, November 2000, S. 56 ff.

[2] Die Liste kann im Internet abgerufen werden: http://www.ecb.int, item MFIs and assests.

- Verbindlichkeiten gegenüber der EZB und den nationalen Zentralbanken

Die Mindestreservebasis wird aus den einzelnen Bilanzpositionen eines Instituts ermittelt. Die Bilanzpositionen werden den nationalen Zentralbanken im Rahmen der Geld- und Bankenstatistiken gemeldet.

Die **Höhe des Reservesatzes** bestimmt der EZB-Rat. Seit Anfang 1999 liegt der positive Reservesatz bei 2 %. Das **Mindestreserve-Soll** des einzelnen Instituts wird errechnet, indem auf den Betrag der reservepflichtigen Verbindlichkeiten die entsprechenden Reservesätze angewendet werden. Der EZB-Rat kann einen pauschalen Freibetrag beschließen, den ein Institut bei der Berechnung des Mindestreserve-Solls abziehen kann. Dieser pauschale Freibetrag liegt augenblicklich bei 100.000 EUR. Für die Berechnung des Mindestreserve-Solls sind die reservepflichtigen Verbindlichkeiten am Ende des Monats maßgeblich, der dem Monat vorausgeht, in dem die Mindestreserveerfüllungsperiode beginnt.
Sollte ein Kreditinstitut seine Verbindlichkeiten in Form von Schuldverschreibungen von bis zu zwei Jahren und Geldmarktpapieren gegenüber anderen, selbst dem ESZB-Mindestreservesystem unterliegenden Institutionen nicht nachweisen können, gestattet die EZB dem Institut, einen pauschalen Abschlag auf die Mindestreservebasis (von derzeit 30 %) vorzunehmen.

Das Mindestreservesystem des Eurosystems erlaubt die Durchschnittserfüllung der Mindestreserve: Die Erfüllung der Mindestreservepflicht bemißt sich nach den durchschnittlichen Kalendertagesendguthaben auf dem Mindestreservekonto bei einer einmonatigen Mindestreserveerfüllungsperiode, die am 24. Kalendertag eines jeden Monats beginnt und am 23. Kalendertag des Folgemonats endet. Damit beginnt der Zeitpunkt zur Ermittlung des Mindestreserve-Solls zeitlich versetzt. Dies bringt eine Erleichterung für die Dispositionen der Geschäftsbanken im Hinblick auf die Erfüllung der Mindestreservepflicht.

Die Verzinsung von Mindestreserveguthaben erfolgt zum durchschnittlichen Zinssatz der EZB für die Hauptrefinanzierungsgeschäfte.

Die **Bedeutung der Mindestreservepolitik für die Geldpolitik** besteht darin, daß die Zentralbank von sich aus autonom Zentralbankgeld binden und freisetzen kann. Sie sieht eine wichtige Aufgabe dieser Mindestreservepolitik darin, die Geschäftsbanken an sich zu binden (Anbindungsfunktion), da sie mit Hilfe dieses Instruments bewußt eine strukturelle Liquiditätsknappheit der Geschäftsbanken auslösen kann.
Sie beeinflußt damit die **Geld- und Kreditschöpfungsmöglichkeiten** des Geschäftsbankensektors. Das Ausmaß der Wirkung einer Änderung des Mindestreservesatzes wurde bereits an anderer Stelle mit Hilfe des „Mindestreservesatzmultiplikators“ am Modell demonstriert.[1] Die Geld- und Kreditschöpfungsmultiplikatoren werden außerdem kleiner und

[1] Vgl. S. 70

damit auch die Geld- und Kreditschöpfungsmöglichkeiten des Geschäftsbankensektors. Die Existenz der Mindestreservepolitik führt außerdem zur Stabilisierung der Geldmarktsätze, und zwar aufgrund der technischen Erfüllung der Mindestreservepflicht. Nach Auffassung der EZB gibt die Mindestreservepflicht den Instituten einen Anreiz, die Auswirkungen zeitweiliger Liquiditätsschwankungen abzufedern. Dies ist eine Folge davon, daß es für die Geschäftsbanken erforderlich ist, die Mindestreservepflicht nur im Durchschnitt zu erfüllen.

Ein Nebeneffekt der Mindestreservepflicht ist die Tatsache, daß sie als sogenannter automatischer Stabilisator wirkt, auch wenn die Zentralbank keine Änderung des Mindestreservesatzes vornimmt. Steigen beispielsweise die Kredite an Nichtbanken aufgrund einer Hochkonjunktur, nehmen auch die Einlagen der Nichtbanken zu. Damit muß auch die Geschäftsbank höhere Mindestreserven halten. Werden die Mindestreservesätze erhöht, so vermindert sich - sofern vorhanden - die Überschußreserve. Ist der bisherige Bestand an Überschußreserve einer Geschäftsbank kleiner als die Mindestreserveerhöhung, so muß sich die Geschäftsbank z. B. über eine Refinanzierung bei der Zentralbank Zentralbankgeld beschaffen.

7.3.4.4 INSTRUMENTENVERGLEICH

Ein **Vergleich der Offenmarktpolitik als Refinanzierungspolitik mit der Mindestreservepolitik** ergibt folgende Unterschiede:

1. Die Mindestreservepolitik trifft **jede** reservepflichtige Geschäftsbank, während die Refinanzierungspolitik nur die Geschäftsbanken trifft, die einen Kredit bei der Zentralbank aufnehmen will.
   Die Mindestreservepolitik nimmt keine Rücksicht auf die Liquiditätslage der einzelnen Geschäftsbank. Ordnungspolitisch bedeutet die Mindestreservepolitik eine stärkere Reglementierung der Geschäftsbanken als die Refinanzierungspolitik.
   Ein Eingriff wie die Mindestreservepolitik ist nur aufgrund der hoheitlichen Funktion einer Zentralbank möglich.
   Bei der Refinanzierungspolitik überläßt es die Zentralbank der einzelnen Geschäftsbank, sich bei ihr zu refinanzieren oder darauf zu verzichten. Im Gegensatz dazu zwingt die Zentralbank aufgrund ihrer Monopolstellung bei der Mindestreservepolitik die einzelne Geschäftsbank zu einem bestimmten Verhalten.

2. Die Kreditgewährung durch die Zentralbank führt zunächst zu einer Geldmengenerhöhung und zu einem späteren Zeitpunkt bei der Rückzahlung des Kredits zu einer Vernichtung von Zentralbankgeld (Rückstromprinzip), während eine Mindestreservesatzsenkung zu einer dauerhaften Erhöhung der Zentralbankgeldmenge im Geschäftsbankensektor führt.

3. Die Initiative für die Änderung der Zentralbankgeldmenge im Geschäftsbankensektor geht bei der Mindestreservepolitik von der Zentralbank aus. Sie wirkt damit direkt auf die Kredit- und Geldschöpfungsmöglichkeit der Geschäftsbanken ein.
   Bei der Refinanzierungspolitik geht dagegen die Initiative von den Geschäftsbanken aus. Die Zentralbank legt nur die Geschäftsbedingungen für Geschäftsbanken fest, die sich Zentralbankgeld beschaffen will.

7.4 GELDPOLITISCHE STRATEGIEN

7.4.1 GRUNDPROBLEME GELDPOLITISCHER STRATEGIEN

Wie in der allgemeinen Wirtschaftspolitik ist es auch in der Geldpolitik sinnvoll, für den Einsatz der Instrumente zur Erreichung bestimmter Ziele eine **Strategie** zu entwickeln, d. h. **ein geldpolitisches Gesamtkonzept zu entwerfen und durchzusetzen, um diese Ziele zu erreichen**.

Bei einer Strategie geht es um ein **Gesamtkonzept** im Gegensatz zur **Taktik**, die sich mit den Einzelschritten des Gesamtkonzeptes befaßt.

Das geldpolitische Konzept muß sowohl die angestrebten Ziele als auch die Instrumente enthalten, die zur Durchführung der Strategie notwendig sind. Es muß außerdem den **Faktor Zeit** mit einbeziehen, da gerade in der praktischen Wirtschaftspolitik unterschiedliche zeitliche Verzögerungen zu beobachten sind.

Was die Ziele einer geldpolitischen Konzeption betrifft, so kann zumindest eine Zweiteilung in **Endziele** und **Zwischenziele** vorgenommen werden.[1]

Unter **Endziele** können hier die Ziele des Stabilitäts- und Wachstumsgesetzes angesehen werden, während als **Zwischen- oder Vorziel** beispielsweise die jährliche Wachstumsrate eines bestimmten monetären Aggregats verwendet werden kann.

Beim **Einsatz der Instrumente** ist davon auszugehen, daß jedes Instrument gewisse Vorzüge und Schwächen hat.[2]

So ist die Mindestreservepolitik ein besonders rasch wirkendes Instrument: Bei einer Erhöhung der Mindestreservesätze werden alle Geschäftsbanken in ihrer Liquiditätslage getroffen. Die Geschäftsbanken können sich dieser Verpflichtung nicht entziehen.

Dagegen hat eine Zinssatzerhöhung der Zentralbank eine andere Wirkung: Die Geschäftsbanken müssen sich selbst entscheiden, ob sie unter den neuen Bedingungen ihre Kreditaufnahme bei der Zentralbank reduzieren wollen.

Die Zentralbanken versuchen daher, ihre Instrumente **kombiniert** einzusetzen wie die **Zangenpolitik** einer Zentralbank zeigt: Will die Zentralbank die Verteuerung der Refinanzierung wirksam werden lassen, so setzt sie den Mindestreservesatz hoch. Die Geschäftsbanken müssen sich dann Liquidität beschaffen. Geht dies nur über eine Refinanzierung bei der Zentralbank, so ist es wahrscheinlich, daß eine Erhöhung des Zinssatzes für den Kredit auch tatsächlich wirkt.

Ein weiterer Aspekt ist die **Dosierung** der einzelnen Maßnahme. Hier kann generell davon ausgegangen werden, daß der konzertierte Einsatz mehrerer Instrumente die Dosierung der einzelnen Maßnahme vermindert.

Aber nicht nur die richtige Dosierung, sondern auch der richtige **Zeitpunkt** der Maßnahme, Timing genannt, kann für die Wirksamkeit der geldpolitischen Maßnahme entschei-

---

[1] Vgl. dazu auch die Zielpyramide von Tuchtfeldt in: Tuchtfeldt, E.: Grundlagen der Wirtschaftspolitik, in: Issing (Hrsg.): Allgemeine Wirtschaftspolitik, 2. Auflage, München 1988, S. 8

dend sein.
Hier ergeben sich für die Wirtschaftspolitik immer wieder die Probleme der **zeitlichen Verzögerungen (time lags)**.
Der **Faktor Zeit** muß in der Wirtschaftspolitik auch deshalb berücksichtigt werden, da gerade in der praktischen Wirtschaftspolitik unterschiedliche **zeitliche Verzögerungen** (time lags) zu beobachten sind und zu unterschiedliche Effekte auslösen.
Grundsätzlich können drei große Gruppen von zeitlichen Verzögerungen unterschieden werden[1]:

A. Innenverzögerungen (inside lags),
B. Zwischenverzögerungen (intermediate lags) und
C. Außenverzögerungen (outside lags).

A. INNENVERZÖGERUNGEN

Die **Innenverzögerungen** betreffen die Organisation des Entscheidungsprozesses des wirtschaftspolitischen Trägers, die Frage der Indikatoren und die Versuche, Einfluß auf den wirtschaftspolitischen Träger (in der Geldpolitik die Zentralbank) durch andere wirtschaftspolitische Träger wie Arbeitgeberverbände und Gewerkschaften zu nehmen.
Aufgabe der Wirtschaftspolitik ist es, diese Innenverzögerungen zu minimieren.
Die Innenverzögerungen beginnen mit dem Zeitraum zwischen dem Auftreten einer Störung im Wirtschaftsprozeß und ihrer Erfassung durch Indikatoren, was als **Störungsverzögerung** (disturbance lag) bezeichnet wird.
Selbst wenn die Änderung eines Indikators vom wirtschaftspolitischen Entscheidungsträger erkannt wird, besteht noch keine Klarheit darüber, ob überhaupt ein Handlungsbedarf vorliegt, d. h. ob die Indikatoränderung für politische Entscheidungen relevant ist. Der wirtschaftspolitische Entscheidungsträger braucht damit eine gewisse Zeit, um die Relevanz der Indikatoränderung zu erkennen, was als **Erkennungsverzögerung** (recognition lag) bezeichnet wird.
Dabei muß bei der Auswahl der Indikatoren darauf geachtet werden, daß neben den monetären Aggregaten (für Zwischenziele) möglichst primär Frühindikatoren und nicht Spätindikatoren als Basis für geldpolitische Entscheidungen herangezogen werden.[2] Schließlich kann eine weitere Verzögerung zwischen dem Erkennen der Relevanz der Indikatoränderung und dem Einsatz der geldpolitischen Instrumente eintreten, die sogenannte **Entscheidungsverzögerung** (decision lag oder auch administrative lag). Diese Art der Verzögerung ist bei den einzelnen Trägern der Wirtschaftspolitik unterschiedlich lang. So muß die Bundesregierung beispielsweise bei fiskalpolitischen Eingriffen in Form von Steuersenkungen

[1] Eine ausführliche Darstellung der zeitlichen Verzögerungen bringen: Berg, H./Cassel, D.: Theorie der Wirtschaftspolitik, in: Vahlens Kompendium der Wirtschaftstheorie und der Wirtschaftspolitik, Bd. 2, 4. Auflage, München 1990, S. 216 ff. Speziell zu den Time lags in der Geldpolitik vgl. Dürr, E.: Time lags der Geldpolitik, in: Kredit und Kapital Nr. 2/1970, S. 129-147 und Issing, O.: Geldpolitik, S. S. 145-149
[2] Zu den Konjunkturindikatoren vgl. Peto, R.: Makroökonomik, S. 163 ff.

in der Regel die ganze parlamentarische Prozedur durchstehen. Ein Beispiel für den Versuch, die Entscheidungsverzögerung im Bereich der Fiskalpolitik zu verkürzen, stellt das Stabilitäts- und Wachstumsgesetz dar, denn die Bundesregierung kann vielfach vorübergehend bestimmte steuerliche Maßnahmen auf dem Verordnungswesen treffen, ohne den langen Weg über das Parlament beschreiten zu müssen.
Die Entscheidungsverzögerung der Zentralbank ist dagegen in der Regel relativ kurz, was als eine **Stärke der Geldpolitik** bezeichnet werden kann, wenn man die Entscheidungskompetenz des EZB-Rates betrachtet.
Die Entscheidungsverzögerung fällt dann weg, wenn sogenannte automatische Stabilisatoren oder eine sogenannte regelgebundene Strategie vorliegen, wie beispielsweise bei den Vorschriften der Peelschen Bankakte für die Bank von England, bei der ja der Banknotenumlauf gesetzlich an den Goldbestand gebunden war.[1]

B. ZWISCHENVERZÖGERUNGEN

In der Geldpolitik tritt nach der Entscheidung über den Instrumenteneinsatz dann eine **Zwischenverzögerung** (intermediate lag) ein, denn der Instrumenteneinsatz beeinflußt zunächst nur den Geschäftsbankensektor, obwohl es das eigentliche Ziel ist, das Verhalten der Nichtbanken zu beeinflussen. So soll bei restriktiven Maßnahmen die Kreditschöpfung der Geschäftsbanken und damit auch die Geldmenge reduziert und bei expansiven Maßnahmen entsprechend ausgeweitet werden.
Dabei ist seit Anfang der 70er Jahre bei allen westlichen Industrienationen zu beobachten, daß dieser einfache Zusammenhang durch Ausweichreaktionen der Geschäftsbanken nicht mehr eindeutig in der gewünschten Richtung und mit dem gewünschten Tempo funktioniert.

C. AUSSENVERZÖGERUNGEN

Die zeitliche Verzögerung, die von der Änderung des Geschäftsbankenverhaltens bis zur Änderung der gesamtwirtschaftlichen Ziele auftritt, wird als **Wirkungsverzögerung** (effect lag) bezeichnet.[2] Dabei handelt es sich um eine Verzögerung der Wirkung einer Änderung der Geldmenge auf das Zinsniveau und damit auch auf die Investitionen.[3] Werden daraufhin Investitionen getätigt, erhöht sich mit einer zeitlichen Verzögerung das Volkseinkommen (Multiplikatoreffekt). Schließlich kann ein höheres Volkseinkommen zu einer Beschäftigungssteigerung und/oder zu einem höheren Preisniveau führen.
Der Einsatz der Instrumente beeinflußt aber auch mit zeitlicher Verzögerung via Zinssätze die Kapitalbilanz und via Volkseinkommen und Preisniveau die Leistungsbilanz.

---

[1] Vgl. S. 15 f.
[2] Da dieser Zeitpunkt meist nicht meßbar ist, werden bei empirischen Untersuchungen von den Wirkungen ab dem Zeitpunkt des Instrumenteneinsatzes der Zentralbank ausgegangen.
[3] Vgl. dazu S. 130 ff. und den Zinssatzmultiplikator in: Peto, R.: Makroökonomik, S. 145 ff.

Was die **Länge der zeitlichen Verzögerungen** monetärer Maßnahmen betrifft, so sind die Ergebnisse der bisherigen Untersuchungen widersprüchlich und zeigen eine große Schwankungsbreite. So ergaben die Untersuchungen von FRIEDMAN für die USA für eine expansive Geldpolitik eine zeitliche Verzögerung von durchschnittlich 18 Monaten und für eine restriktive Geldpolitik von 12 Monaten. Die Schwankungsbreite für die expansive Politik lag dabei von 4 bis 22 Monaten und für die restriktive Politik von 6 bis 29 Monaten.[1] Bei der Geldpolitik der EZB rechnet man mit einer Wirkungsverzögerung einer expansiven Politik von 18 bis 24 Monaten.

7.4.2 GRUNDFORMEN GELDPOLITISCHER STRATEGIEN

Nach der Analyse der Grundprobleme geldpolitischer Strategien sollen drei **Grundformen geldpolitischer Strategien** beschrieben werden:

1. Die diskretionäre Geldpolitik
2. Die regelgebundene Geldpolitik
3. Die formelflexible Geldpolitik

7.4.2.1 DIE DISKRETIONÄRE GELDPOLITIK

Bei dieser Strategie werden die geldpolitischen Maßnahmen dann ergriffen, wenn eine bestimmte Situation eingetreten ist. Die Eingriffe der Zentralbank erfolgen fallweise.
So wird mit Hilfe dieser Geldpolitik vor allem versucht, zyklische Konjunkturschwankungen zu dämpfen. Es wird eine **antizyklische Politik** betrieben:
In der Hochkonjunktur werden die Instrumente restriktiv eingesetzt, um eine Überbeschäftigung und die damit verbundenen Preisniveausteigerungen zu verhindern oder zu vermindern. In der Phase der Unterbeschäftigung wird dagegen eine expansive Politik betrieben, um diese Phase zu überwinden und wieder zur Vollbeschäftigung zu kommen.
Da hier je nach Konjunkturlage einmal eine expansive und dann wieder eine restriktive Geldpolitik betrieben wird, spricht man (eher abwertend) von einer Stop-and-Go-Politik oder nur Stop-Go-Politik.
Gerade die keynesianische Theorie sieht eine Konjunkturstabilisierung mit Hilfe von fallweisen Eingriffen je nach Konjunkturlage vor.
Diese Art der Politik wurde auch bis Anfang der 70er Jahre international mehr oder weniger praktiziert und erlebt seit einigen Jahren eine gewisse Renaissance bei der Geldpolitik der amerikanischen Notenbank (Federal Reserve System).
Allerdings war KEYNES, wie bereits an anderer Stelle dargelegt, der Meinung, daß die Geldpolitik asymmetrisch angelegt sei aufgrund der Existenz einer Liquiditätsfalle:[2]
Die Konjunktur kann zwar mit Hilfe monetärer Maßnahmen gedämpft, aber nicht mit Hilfe

---
[1] Vgl. Issing, O.: Geldpolitik, S. 148
[2] Vgl. S. 111

der Geldpolitik belebt werden. Aus diesem Grunde bleibt nach KEYNES keine andere Möglichkeit als die Rezession mit Hilfe der Fiskalpolitik zu überwinden.

7.4.2.2 DIE REGELGEBUNDENE GELDPOLITIK

Eine weitere mögliche Strategie besteht in der Vorgabe einer bestimmten Regel für die Geldpolitik.

Damit soll eine Automatik ausgelöst werden, ohne daß ein bewußter Eingriff fallweise erfolgt. Der Staat muß nur den „Automaten“ einbauen, dann regelt der Automat die Wirtschaftsaktivitäten von alleine (built-in-stabilizer).

Ein historisches Beispiel dafür ist die Anwendung der **Currency-Theorie** in der Peelschen Bankakte: Der Banknotenumlauf war automatisch an den Goldbestand der Bank von England gebunden, um inflationäre Entwicklungen zu verhindern.[1]

Diese Bindung des Banknotenumlaufs an den Goldbestand muß allerdings im Zusammenhang mit dem damals international gültigen **Goldstandard** gesehen werden: Die Parität der einzelnen Währung wurde in Gold ausgedrückt. Damit herrschte ein System fester Wechselkurse zwischen den Währungen. Die Defizite bzw. Überschüsse in den Leistungsbilanzen wurden in Gold ausgeglichen.

Entstand beispielsweise ein Leistungsbilanzdefizit in Großbritannien, so bedeutete dies einen Goldabfluß, was eine Reduzierung des Banknotenumlaufs nötig machte.

Die Schwächen dieses Systems sind erkennbar:

Es kann u.a. keine autonome Vollbeschäftigungs- und keine Wachstumspolitik betrieben werden, es sei denn, der Goldbestand eines Landes steige exogen bedingt durch Goldfunde im eigenen Land oder endogen bedingt durch einen Leistungsbilanzüberschuß.

Auch die **Monetaristen** haben eine **Regelbindung** gefordert. So verlangte FRIEDMAN, beeinflußt durch sein großes Vorbild H. C. SIMON, daß der Zentralbank gesetzlich vorgeschrieben werden solle, die Geldmenge jährlich um einen konstanten Prozentsatz zu erhöhen.

Diese kontinuierliche Erhöhung ist nach Friedman nötig, da eine überdimensionale Ausweitung der Geldmenge (als entscheidender Variablen der Monetaristen) inflationäre Entwicklungen auslösen könne.

Friedman wollte damit zu einer **Stabilisierung der Geldpolitik** beitragen, da aufgrund seiner Untersuchungen monetäre Eingriffe mit zeitlicher Verzögerung auch real wirksam werden. Ist die genaue Länge der Verzögerung nicht bekannt, so können diskretionäre Maßnahmen zyklenverstärkend wirken, d. h. genau das Gegenteil kann eintreten, was die Geldpolitik erreichen wollte.

Außer den Monetaristen plädieren auch die **Neuklassiker für eine Regelbindung der Wirtschaftspolitik**, die durch gesetzliche Vorschriften (normative Lösung) bestimmte Entwicklungen verhindern soll.

---

[1] Vgl. S. 20

Sie schließen sich damit der monetaristischen Ablehnung einer diskretionären Wirtschaftspolitik an, wobei sie diese Ablehnung aber anders begründen.
In der **Fiskalpolitik** wird eine gesetzlich vorgeschriebene Begrenzung der Verschuldung des Staates gefordert, wie das auch in den Vereinigten Staaten mit dem 1985 verabschiedeten Gramm-Rudman-Hollings-Gesetz versucht wurde, das allerdings erfolglos war, da es konjunkturelle Entwicklungen nicht berücksichtigte. Der Balanced Budget Act von 1997 führte dagegen tatsächlich zu einem ausgeglichenen Budget.
In der EU wird diese bewußte Begrenzung der Staatsverschuldung durch den Amsterdamer Vertrag und den Stabilitätspakt angestrebt. Aber auch hier ist der Erfolg fraglich, da ebenfalls konjunkturell bedingten Entwicklungen nicht ausreichend Rechnung getragen wurde.[1]
In der **Geldpolitik** soll die Autonomie der Zentralbank hergestellt und garantiert und ein Automatismus wie z. B. der Goldstandard wieder eingeführt werden.
Eine schwächere Version dieser Regelbindung sieht vor, daß der Zentralbank gesetzlich das Ziel „Preisstabilität" vorzuschreiben ist. Ein Ziel, das im Maastrichter Vertrag ausdrücklich als vorrangiges Ziel genannt wird und vielen europäischen nationalen Zentralbanken vor ihrer Zugehörigkeit zum Eurosystem bereits gesetzlich auferlegt wurde.
Auch für das Federal Reserve System der USA ist dieses Ziel nach dem Employment Act explizit vorgeschrieben, allerdings nicht als Primärziel:

> „The Federal Reserve System should seek to promote effectively the goals of maximal employment, stable prices and moderate long term interest rates."

Warum soll nun diese Regelbindung der Geldpolitik auferlegt werden?
Nach Auffassung der Neuklassiker F. E. KYDLAND und E. C. PRESCOTT entsteht bei einer diskretionären Wirtschaftspolitik, und damit auch bei einer diskretionären Geldpolitik, das Problem der **Zeitinkonsistenz** (time inconsistency): Der in der Ausgangssituation als optimal angesehene und angestrebte Zustand (z. B. Inflationsrate = Null) wird, von einem späteren Zeitpunkt aus gesehen, nicht mehr als optimal angesehen. Damit verliert die Wirtschaftspolitik an Glaubwürdigkeit. Die privaten Wirtschaftssubjekte berücksichtigen dies bei ihren rationalen Erwartungen. Die wirtschaftspolitischen Entscheidungen der Regierung werden daraufhin in ihrer Wirkung abgeschwächt.
Warum wird aber der angestrebte Zustand von der Regierung nicht mehr als optimal angesehen? Die Neuklassiker KYLAND und PRESCOTT gehen davon aus, daß es im ökonomischen Bereich nicht wie in den Naturwissenschaften einen direkten Zusammenhang in der Form gibt, daß mit Hilfe von bestimmten Instrumenten (Fiskalpolitik und Geldpolitik) ein Ziel erreicht werden kann. Nach Auffassung der Neuklassiker ist diese Vorgehensweise in den Sozialwissenschaften nicht möglich, da in gesellschaftlichen Systeme intelligente Wirtschaftssubjekte existieren, die versuchen, die wirtschaftspolitischen Maßnahmen der Regierung zu antizipieren. Damit liegt in den Sozialwissenschaften die Situation eines dynamischen Spiels zwischen den intelligenten Wirtschaftssubjekten und der Regierung (o-

[1] Vgl. Peto, R.: Makroökonomik, S. 100

der der Zentralbank) vor. Die Zentralbank muß daher unter Berücksichtigung der Reaktionen der Wirtschaftssubjekte in den nachfolgenden Periode, immer wieder ein neues Optimum für ihre Politik festlegen.
KYLAND und PRESCOTT formalisierten 1977 mit einem Modell, die bereits von H. C. SIMONS 1936 in seinem Aufsatz „Rules versus Authorities in Monetary Policy" entwickelten Gedanken.[1]
KYLAND und PRESCOTT gehen bei ihrem Modell von einer Zielfunktion der Zentralbank aus, die sowohl die Inflationsrate als auch die Arbeitslosenquote enthält. Die Zentralbank versucht die beide „Übel" zu minimieren. Durch eine Abweichung der geplanten von den realisierten Werten entstehen soziale Kosten. Sie gehen bei ihrem Modell von einem Trade-off zwischen Inflationsrate und Arbeitslosenquote aus, wie er von A.W. PHILLIPS angenommen wurde. Nimmt man diesen Wahlmöglichkeit an, so kann die Zentralbank versucht sein, wenn das angekündigte Inflationsziel erreicht ist, die Geldmenge zu erhöhen, und damit die Inflationsrate wieder steigen zu lassen, um das andere Ziel „niedrige Arbeitslosenquote" zu erreichen. Sie handelt inkonsistent. Die Geldpolitik wird damit unglaubwürdig, was sich auf die Planung der privaten Wirtschaftssubjekte auswirkt.
Die diskretionäre Geldpolitik hat nach Meinung der neuklassischen Schule aus den dargelegten Gründen, eine „Neigung zur Inflation" (inflation bias), weshalb diese Neigung durch eine gesetzliche Regelbindung verhindert werden muß.

7.4.2.3 DIE FORMELFLEXIBLE GELDPOLITIK

Bei der formelflexiblen Geldpolitik bindet die Zentralbank ihre Eingriffe an bestimmte Indikatoren, so z. B. an die Höhe des

- Wechselkurses, den
- Wachstumstrend des Bruttoinlandsprodukts oder des Produktionspotentials oder an die Höhe der
- Inflationsrate.

Die Zentralbank erklärt vorher, daß sie bei einer bestimmten Höhe eingreifen werde. Diese Eingriffsart wird als „Formelflexibilität" (formula flexibility) bezeichnet.
Die Höhe des Indikators, die den Eingriff auslöst, wird dabei in der Regel von der Zentralbank selbst festgelegt (Selbstbindung). Sie kann aber auch wie im oben erwähnten Falle der Höhe des Wechselkurses von der Regierung auferlegt sein. In diesem Falle ist die Zentralbank zur Intervention verpflichtet.
Der Vorteil dieser Interventionsart besteht sicher darin, daß sie für andere Wirtschaftssubjekte klar und verständlich ist. Andererseits kann diese Vorankündigung insofern dann ein Nachteil sein, wenn wichtige Gründe gegen eine Intervention sprechen, z. B. die Entwicklung anderer Indikatoren.

---

[1] Vgl. Kydland, F. E./Prescott, E. C.: Rules Rather Than Discretion: The Inconsistency of Optimal Plans, in: Journal of Political Economy, Vol. 85, Juni 1977, S. 473 ff.

A. DIE WECHSELKURSORIENTE GELDPOLITIK

Die wechselkursorientierte Geldpolitik wurde bis zum Zusammenbruch des Bretton-Woods-Systems im Jahre 1973 von den meisten Zentralbanken betrieben. Das Bretton-Woods-System war ein Festkurssystem, das von den Zentralbanken Interventionen am Devisenmarkt forderte, um den Wechselkurs auf dem von den einzelnen Staaten festgelegten Kurs zu halten.[1]

So war auch die Bundesbank zu Interventionen gezwungen, um den Dollarkurs zu halten. Diese Situation macht eine autonome Geldpolitik unmöglich.

Im Europäischen Währungssystem betrieben vor allen Dingen relativ kleine Staaten mit engen Verflechtungen zu großen Staaten wie Österreich und die Niederlande in bezug auf Deutschland und Irland in bezug auf Großbritannien eine wechselkursorientierte Geldpolitik, um ihren Export nicht zu gefährden.

Konsequenterweise orientierten sie auch ihre Geldpolitik in Form der Zinspolitik am großen Abnehmerland.

B. DIE TRENDORIENTIERTE GELDPOLITIK

Unter dem Einfluß und unter dem Eindruck der monetaristischen Theorie begannen die westlichen Zentralbanken Anfang der 70er Jahre, ihre bis dahin mehr diskretionär oder wechselkursorientierte Geldpolitik auf eine Geldpolitik mit jährlichen Geldmengenzielen umzustellen, um sich dann allerdings wieder in den 90er Jahren, bis auf die Deutsche Bundesbank, anderen Formen der Geldpolitik zuzuwenden. Wie bereits erwähnt, war diese autonome Geldpolitik erst durch die Abschaffung der festen Wechselkurse des Bretton-Woods-Systems vor allem für die Zentralbanken relativ großer Länder möglich geworden.

Während die diskretionäre Politik sehr stark an den einzelnen Konjunkturphasen ausgerichtet war, orientierte sich die neue Politik am längerfristigen **Wachstumstrend** der gesamtwirtschaftlichen Kapazität, d. h. am **Produktionspotential.**[2]

Sie wird daher als **trend- oder potentialorientierte Strategie** bezeichnet. Durch die Ausrichtung auf den längerfristigen Wachstumstrend sollte eine **Verstetigung der Geldpolitik** eintreten und damit die Nachteile einer diskretionären Politik vermieden werden.

Allerdings ist bei dieser Strategie die Ausweitung der Geldmenge nicht an eine gesetzlich festgelegte Regel gebunden, wie ursprünglich von Friedman gefordert. Die monetären Zwischenziele in Form von jährlichen Wachstumsraten der Geldmenge werden von den Zentralbanken entweder autonom oder im Einvernehmen mit der Regierung jährlich neu festgelegt.

Entscheidende Variable bei dieser Strategie bleibt wie bei der regelgebundenen Strategie das Zentralbankgeld: Wird die geplante Wachstumsrate des Indikators über- oder unterschritten, müssen die entsprechenden Maßnahmen ergriffen werden, weshalb diese Form

[1] Vgl. dazu ausführlich S. 208 ff.

[2] Vgl. dazu Peto, R.: Makroökonomik, S. 177

der Geldpolitik eine der Möglichkeiten der formelflexiblen Strategie darstellt.

B. DIE GELDPOLITISCHE STRATEGIE EINES DIREKTEN INFLATIONSZIELS

Die trendorientierte Geldpolitik mit Geldmengenzielen wurde Anfang der 90er Jahre von Ländern wie Großbritannien und Schweden zugunsten einer Geldpolitik mit einem direkten Inflationsziel aufgegeben, da es immer wieder mit dem Indikator „Geldmenge“ Schwierigkeiten gab.

Die Zentralbanken dieser Staaten setzten sich ein maximales Inflationsziel oder wurden von ihren Regierungen zur Einhaltung einer maximalen Inflationsrate aufgefordert. Die Zentralbanken beobachteten alle Indikatoren, die angestrebte Inflationsrate beeinflussen konnten und setzten ihr Instrumentarium ein, die entsprechende Inflationsrate zu begrenzen.

7.4.3 DIE STRATEGIE DER DEUTSCHEN BUNDESBANK

Da die Strategie der Deutschen Bundesbank für die Strategie der Europäischen Zentralbank eine wichtige Rolle spielt, soll sie im folgenden ausführlich erläutert werden:

Die Deutsche Bundesbank hat bis 1974 (wie andere westliche Zentralbanken) eine mehr oder weniger wechselkursorientierte Strategie verfolgt. Sie versuchte, im Rahmen dieser Strategie diskretionäre Maßnahmen zu ergreifen. Bei dieser Strategie hat sie sich zur Durchsetzung des Konzepts überwiegend an der **freien Liquiditätsreserve der Geschäftsbanken** ausgerichtet.[1] Über die Steuerung der Geschäftsbankenliquidität hat die Bundesbank bis Anfang der siebziger Jahre auch die Kreditgewährung der Geschäftsbanken beeinflußt und damit eine antizyklische Politik betrieben. Bereits im Jahre 1970 zeigte sich jedoch, daß die Geschäftsbanken, vor allem durch die rasche Entwicklung der nationalen und internationalen Geldmärkte, die freie Liquiditätsreserve nicht mehr als notwendige Liquiditätsreserve, sondern als ein unausgenutztes Potential für eine weitere Kreditexpansion betrachteten.[2]

Damit war durch die Änderung des Geschäftsbankenverhaltens auch die Abhängigkeit der Kreditexpansion von der Höhe der freien Liquiditätsreserve nicht mehr eindeutig gegeben, was zur Änderung der Bundesbankstrategie beitrug.

Eine weitere entscheidende Rolle beim Strategiewechsel der Bundesbank war der Zusammenbruch des Bretton-Woods-Systems, was sich in einer Aufhebung des festen Wechselkurses gegenüber dem US-Dollar im März 1973 manifestierte.

Ab diesem Zeitpunkt war die Bundesbank nicht mehr zur Intervention an den Devisenmärkten verpflichtet und kam aus ihrer Defensivpolitik heraus, die ihr durch das Wechsel-

[1] Vgl. Duwendag, D.: Kreditwesen in der Bundesrepublik Deutschland, II: Überblick, in: HdWW, Bd. 4, S. 636 ff.

[2] Vgl. Geschäftsbericht der Deutschen Bundesbank 1973, S. 3 zitiert nach Duwendag, a.a.O., S. 637

kurssystem aufgezwungen worden war. Bereits an anderer Stelle wurde deutlich gemacht, daß die fehlende Wechselkurskompetenz der Bundesbank eine wesentliche Einschränkung ihrer Autonomie bedeutete.

Nach der Abschaffung der festen Paritäten konnte die Bundesbank zum ersten Mal den Versuch unternehmen, eine autonome Geldpolitik offensiv zu betreiben. Bis zu diesem Zeitpunkt betrieb sie eine **wechselkursorientierte** Strategie.

Sie entschied sich für eine langfristig angelegte Strategie, aufbauend auf der Steuerung der Zentralbankgeldmenge als der von den Monetaristen als entscheidend angesehenen Variablen.

Mit der Steuerung dieser Variablen, hoffte sie, auch wieder die Kreditschöpfung der Geschäftsbanken, wenigstens trendmäßig, steuern zu können.

Ziel dieser neuen Strategie, die man als **Verstetigung der Geldpolitik** bezeichnete, war es, die Geldmenge kontinuierlich auszuweiten, orientiert am Potential der Wirtschaft.

Dabei sollten die jährlichen Geldmengenziele bewußt veröffentlicht werden, um den anderen Wirtschaftssubjekten eine **Orientierung** über die Absichten der Bundesbank zu geben.

Die Bundesbank begründete diese neue Geldpolitik wie folgt:

> „Die Bundesbank kam deshalb gemeinsam mit der Bundesregierung und dem Sachverständigenrat zur Begutachtung der gesamtwirtschaftlichen Entwicklung zur Überzeugung, daß es nützlich wäre, allen Verantwortlichen durch ein quantifiziertes Geldmengenziel den monetären Rahmen für das nominale gesamtwirtschaftliche Ausgabenwachstum ausdrücklich vorzugeben.“[1]

Damit sollte der stabilitätspolitische Wille der Bundesbank den anderen Wirtschaftssubjekten deutlich gemacht werden. Die Bundesbank ist sich aber im klaren, daß „auf mittlere Sicht ein Fortschreiten des Inflationsprozesses ohne ein starkes Wachstum der Geldbestände kaum möglich ist.“[2]

Andererseits hatte sie - nach ihrer eigenen Meinung - keinen Einfluß, ob der von ihr vorgegebene monetäre Rahmen zur Kapazitätserweiterung oder nur zu Preiserhöhungen oder Kostensteigerungen von den anderen Wirtschaftssubjekten genutzt wurde.[3]

Damit vertrat die Bundesbank eine differenzierte Form der Quantitätstheorie bzw. monetaristische Vorstellungen.

Als Indikator wurde von der Bundesbank in der Zeit von 1974-1987 die Globalgröße „Zentralbankgeldmenge“ verwendet.

Ein Indikator, der bei seiner Etablierung den drei Anforderungen der Bundesbank entsprach:

1. Er sollte hinlänglich von der Zentralbank kontrollierbar sein.

---

[1] Deutsche Bundesbank: Geldpolitische Aufgaben und Instrumente, 5. Auflage, S. 98

[2] ebenda

[3] Vgl. ebenda

2. Er sollte die Grundtendenz der monetären Entwicklung richtig wiedergeben.
3. Er sollte im engen Zusammenhang mit der wirtschaftlichen Entwicklung stehen.

Der Indikator „Zentralbankgeldmenge" bestand aus dem Bargeldumlauf (abzüglich Kassenbestände der Kreditinstitute) zuzüglich Mindestreserve-Soll der Geschäftsbanken für Inlandsverbindlichkeiten (mit konstanten Reservesätzen, Basis Januar 1974).
Damit war der Bargeldumlauf höher gewichtet als die Einlagen der Nichtbanken bei den Geschäftsbanken.
Die Deutsche Bundesbank hat diesen Indikator im Dezember 1987 (für 1988) zugunsten des Indikators **„Geldmenge M3"** aufgegeben, da die Zentralbankgeldmenge insbesondere den Punkt 2 ihrer eigenen Anforderungen an einen Indikator nicht mehr erfüllte:
Die Grundtendenz der monetären Entwicklung wurde **nicht mehr** wiedergegeben. Allein durch ein überproportionales Wachstum des Bargeldbestandes im Verhältnis zu den anderen Komponenten erhöhte sich der Indikator „Zentralbankgeldmenge" in nicht geplanter Höhe.
Die Festlegung des Geldmengenziels erfolgte jeweils vom 4. Quartal des Vorjahres zum 4. Quartal des laufenden Jahres. Außerdem wurde das Geldmengenziel im Juni jeden Jahres überprüft, damit es eventuell revidiert werden konnte. Bei der **Festlegung des Geldmengenziels** lehnte sich die Bundesbank an die Quantitätsgleichung in Form der prozentualen Änderungsraten an:[1]

$$\hat{M} = \hat{Y}^r + \hat{P} - \hat{V} \qquad (6.2''')$$

Die prozentuale Geldmengenänderung ($\hat{M}$) ergibt sich aus der Änderungsrate des realen Volkseinkommens ($\hat{Y}$) zuzüglich der Inflationsrate ($\hat{P}$) abzüglich der prozentualen Änderung der Umlaufsgeschwindigkeit ($\hat{V}$).
Als Entscheidungsgrundlage für die Geldmengenänderung verwendete die Deutsche Bundesbank für die Variable „Volkseinkommen" die erwartete **reale Wachstumsrate für das Produktionspotential** und die erwünschte Kapazitätsauslastung.
Der Berechnung des Produktionspotentials legte die Bundesbank eine Cobb-Douglas-Produktionsfunktion mit den Produktionsfaktoren Sachkapital, Arbeit und Energie zugrunde.[2]
Für die **Inflationsrate** ging die Bundesbank von einer normativen Preissteigerungsrate von 2 % aus. Sie wollte damit deutlich machen, daß sie eine eventuell höher liegende Infla-tionsrate nicht mit Hilfe einer Geldmengenerhöhung finanzieren wollte.
Was die Festlegung der prozentualen Änderung der **Umlaufsgeschwindigkeit** betrifft, so unterstellte die Bundesbank eine automatische Selbstkorrektur dieser Größe: Nach ihrer Auffassung steigt mit steigender Auslastung des Produktionspotentials auch die Umlaufsgeschwindigkeit, während sie im Abschwung bei sinkender Auslastung fällt. Das Geld-

[1] Vgl. S. 143
[2] Vgl. BBank MB 10/81, S. 32-38

mengenwachstum sollte sich daher nach ihrer Auffassung weniger stark ändern als die tatsächliche Produktionsentwicklung.

Tab. 7.04: Geldmengenziele der Deutschen Bundesbank
und ihre Realisierung (in %)

Jahr	Ziel: Wachstum der Zentralbankgeldmenge oder M3 (a)			Tatsächliche Entwicklung (b)		Ziel erreicht
	im Verlauf des Jahres (c)	im Jahres-durchschnitt	Konkreti-sierung im Verlauf des Jahres	im Verlauf des Jahres (c)	im Jahres-durchschnitt	
1975	etwa 8			10		nein
1976		8			9	nein
1977		8			9	nein
1978		8			11	nein
1979	6-9		Untergrenze	6		ja
1980	5-8		Untergrenze	5		ja
1981	4-7		untere Hälfte	4		ja
1982	4-7		obere Hälfte	6		ja
1983	4-7		obere Hälfte	7		ja
1984	4-6			5		ja
1985	3-5			5		ja
1986	3,5-5,5			8		nein
1987	3-6			8		nein
1988	3-6			7		nein
1989	etwa 5			5		ja
1990	4-6			6		ja
1991(d)	4-6		3-5	5		ja
1992	3,5-5,5			9		nein
1993	4,5-6,5			7,8		nein
1994	4-6			8,9		nein
1995	4-6			0,6		nein
1996	4-7			7,5		nein
1997(e)	3,5-6,5			ca.5		ja
1998	3,5-6,5			ca.5		ja

(a) ab 1988: Geldmenge M3; (b) gerundete Zahlen
(c) jeweils vom vierten Quartal des Vorjahres bis zum vierten Quartal des laufenden Jahres
(d) ab 1991 neues Bundesgebiet
(e) Das Zweijahresziel für 1997/98 wurde auf "etwa 5 %" festgelegt.
Quelle: Deutsche Bundesbank: Geschäftsberichte und Monatsberichte

Sie hat sich allerdings bei ihrer Geldmengenfestlegung nicht immer auf das traditionelle Konjunkturmuster verlassen, sondern die tendenziell Verlangsamung der Umlaufsgeschwindigkeit mit Zuschlägen beim Geldmengenwachstum berücksichtigt.
Versucht man nun die bisherigen Ergebnisse der Geldmengenpolitik zu würdigen, so zeigt die nachfolgende Tabelle, daß sie es in den letzten Jahren tatsächlich geschafft hat, die von ihr gesetzten Zwischenziele zu erreichen.

Aus Tab. 7.04 wird deutlich, daß die Bundesbank bereits für das Jahr 1979 von reinen **Punktzielen (fixierte Ziele)** zu **Intervallzielen (Bandbreiten)** überging. Sie hatte mit

Recht festgestellt, daß es auch für sie notwendig war, einen **Zielkorridor** festzulegen, der einen gewissen Spielraum zuließ.
Ein derartiger Zielkorridor ist allerdings nicht unproblematisch, wenn die Bandbreite relativ weit ist: Damit wird das so formulierte Ziel immer unverbindlicher. Die Gefahr ist dann nicht von der Hand zu weisen, daß man de facto unter dem Deckmantel von Geldmengenzielen zu einer diskretionären Strategie zurückkehrt.
Aufgrund der bisherigen Ausführungen bleibt die Frage nach der Aussagefähigkeit und Brauchbarkeit des monetären Indikators M3 offen. Man hat dabei den Eindruck, daß auch bei der Deutschen Bundesbank der von Charles GOODHART vermutete Zusammenhang galt: „there is a risk that the stability of a monetary aggregate is reduced when it is publicly announced by the central bank that the aggregate will be used as a target." (Goodhart's Law).[1]

7.4.4 DIE STRATEGIE DES EUROSYSTEMS

Vor der Übernahme der Verantwortung für die europäische Geldpolitik zum 1.1.1999 wurden im Rahmen des Europäischen Währungsinstituts, der EZB und von der Deutschen Bundesbank mögliche Strategien für das Eurosystem untersucht.[2]
Die Bundesbank ging bei ihren Überlegungen davon aus, daß nur Strategien in Frage kommen, die von den potentiellen Mitgliedern des Eurosystems praktiziert wurden.[3] Danach hat sie drei Gruppen von Ländern unterschieden, und zwar

1. Länder mit einem Geldmengenziel,
2. Länder mit einer Wechselkursorientierung und
3. Länder mit einem direkten Inflationsziel.

Zu den Ländern mit Geldmengenziel **und** Wechselkursorientierung als Zwischenziel zählte sie dabei Frankreich, Italien und Griechenland. Nur Deutschland war das Land mit ausschließlichem Geldmengenziel.
Die Mehrzahl der kleineren Länder verfolgte nach Auffassung der Bundesbank eine Wechselkursorientierung auch nach dem Zusammenbruch des Bretton-Woods-Systems, das bekanntlich feste Wechselkurse vorsah. Dazu gehörten vor allen Dingen Länder, die den Wechselkurs ihrer Währung an die D-Mark gebunden hatten wie Österreich, die Niederlande, Belgien (einschließlich Luxemburg) und Dänemark.
Auch die Notenbanken von Portugal und Irland haben eine wechselkursorientierte Strategie betrieben, allerdings nicht in Form einer direkten Bindung an die D-Mark.

---

[1] European Monetary Institute: The Single Monetary Policy in the Stage Three, Elements of the monetary policy strategy of the ESCB, February 1997, S. 8
[2] Vgl. dazu: Europäisches Währungsinstitut: Die einheitliche Geldpolitik in Stufe 3 – Festlegung eines Handlungsrahmens, Januar 1997 und Deutsche Bundesbank: Geldpolitische Strategien in den Ländern der Europäischen Union, in: BBank MB 1/98, S. 33 ff.
[3] Vgl. Deutsche Bundesbank: Geldpolitische Strategien in den Ländern der Europäischen Union, in: BBank MB 1/98, S. 33-47

Die Strategie des direkten Inflationsziels ist nach Auffassung der Bundesbank relativ neu und wurde zum ersten Mal in Europa im Jahre 1992 von Großbritannien betrieben. Schweden und Finnland folgten 1993 und Spanien 1994. In den Ländern war die Geldmengenstrategie und die Wechselkursorientierung (oder beide Konzepte nacheinander) gescheitert. Diese Länder strebten eine Strategie an, die nicht als diskretionär, sondern als formelflexibel bezeichnet werden kann.

Nach Auffassung der Bundesbank scheidet für Wechselkursorientierung als Strategie für das Eurosystem aus, da es aufgrund der Größe des neuen Währungsgebiets und der zu erwartenden Rolle des Euro keine andere Möglichkeit, als flexible Wechselkurse gegenüber dem US-Dollar und dem japanischen Yen gibt und eine autonome Geldpolitik möglich wäre.
Es blieben also nur noch die beiden anderen Strategien. Die Bundesbank versuchte dann die Vorteile einer Geldmengenstrategie nochmals deutlich zu machen.

Die Europäische Zentralbank hat sich schließlich für eine sogenannte „**Strategie der zwei Säulen**" entschieden.[1]

Nach Ansicht der EZB muß eine effiziente geldpolitische Strategie für das Eurosystem folgende Kriterien erfüllen:[2]

1. Die Strategie muß klar und verständlich sein.
2. Die Strategie muß transparent sein. Dies geschieht dadurch, daß die Öffentlichkeit im voraus informiert wird, wie die geldpolitischen Entscheidungen vom EZB-Rat getroffen werden. Außerdem müssen die wirtschaftlichen Gründe für die Entscheidung erläutert werden.
3. Die Strategie muß sicherstellen, daß die Erfolge des Eurosystems im Hinblick auf das vorrangige Ziel der Preisstabilität überprüfbar sind. Nach Auffassung des EZB-Rates verlangt dies die Veröffentlichung eines quantitativen Ziels.
4. Die Strategie muß mit der institutionellen Unabhängigkeit des Eurosystems vereinbar sein.

Die wichtigsten Elemente der Strategie des Eurosystems wurden der Öffentlichkeit am 13.10.1998 vorgestellt. Die Strategie des Eurosystems besteht aus **drei Teilen**:

1. einer quantitativen Festlegung des **vorrangigen Ziels**, nämlich der **Preisstabilität** und
2. den „**beiden Säulen**" der Strategie zur Erreichung dieses Ziels
   a) eine hervorragende Rolle der Geldmenge, die in der Verkündigung eines Referenzwertes für das Wachstum eines breiten monetären Aggregats zum

[1] Vgl. EZB MB 1/99, S. 43 ff.
[2] Vgl. ebenda, S. 50

Ausdruck kommt und

b) eine breit fundierte Beurteilung der Aussichten für die künftige Preisentwicklung und die Risiken für die Preisstabilität im Euro-Währungsgebiet insgesamt. (Multi-Indikatoren-Ansatz)

Auf der Basis dieser drei Teile hat der EZB-Rat folgende **quantitative Definition der Preisstabilität** beschlossen:

> „Preisstabilität wird definiert als Anstieg des Harmonisierten Verbraucherpreisindex (HVPI) für das Euro-Währungsgebiet von unter 2 % gegenüber dem Vorjahr".[1] Im Einklang mit dieser Definition muß die Preisstabilität mittelfristig beibehalten werden.

Diese Formulierung gibt eindeutig eine Obergrenze für den Preisanstieg nach dem HPVI an. Das bedeutet gleichzeitig, daß eine Deflation, als anhaltender Rückgang des HPVI nicht als Preisstabilität bezeichnet wird.
Sie macht aber auch deutlich, daß bei einer kurzfristigen Erhöhung des Preisindexes das Inflationsziel noch nicht gefährdet sein muß. Sie strebt eine **mittelfristige Orientierung** an. Konsequenterweise versucht die EZB einzelnen Teilindizes zu beobachten, wobei vor allem die Preisentwicklung der Energiemärkte und der saisonabhängigen Nahrungsmittel als vorübergehend angesehen wird.[2]

Bei den zwei Säulen der Strategie spielt die **Geldmenge** eine herausragende Rolle.
So ist die EZB in der monetaristischen Tradition der Meinung, daß die Inflation letztendlich ein monetäres Phänomen sei.[3] Sie ist außerdem der Auffassung, daß die Zentralbank die monetären Impulse besser steuern könne als die Inflationsrate selbst.
Um die Bedeutung der Geldmenge hervorzuheben, gibt der EZB-Rat einen quantitativen **Referenzwert für das Geldmengenwachstum** als eine Säule der Strategie bekannt.
Die EZB spricht in diesem Zusammenhang nicht von einem Geldmengenziel, sondern nur von einem **Referenzwert**, da es ihrer Meinung nach für ein Ziel klare zeitliche Vorgaben mit der Verpflichtung gäbe, , das Ziel zu verfolgen und über die Zielrealisierung Rechenschaft abzulegen.[4] Diese Verpflichtungen entfallen bei einem reinen Referenzwert.

Bei der Festlegung des Referenzwertes am 1.12.98 für 1999 von 4,5 % Wachstum der M3-Geldmenge ging die EZB von drei Annahmen aus:

- Der Anstieg des HPVI gegenüber dem Vorjahr muß unter 2 % liegen.

---

[1] ebenda, S. 51
[2] Vgl. EZB MB 12/2000, S. 31
[3] Vgl. EZB MB 1/99, S. 52
[4] Zu den folgenden Ausführungen vgl. EZB Jahresbericht 1998, S. 52 ff.

- Das mittelfristige Trendwachstum des realen BIP soll zwischen 2 % und 2,5 % pro Jahr liegen.
- Die Umlaufsgeschwindigkeit von M3 verringert sich mittelfristig um ca. 0,5 bis 1 % jährlich.

Legt man die Quantitätsgleichung zugrunde, so gilt für die prozentualen Wachstumsraten wie bei der Bundesbank wieder:

$$\hat{M} = \hat{Y}^r + \hat{P} - \hat{V} \qquad (6.2''')$$

Unter Berücksichtigung der Tatsache, daß die EZB das Bruttoinlandsprodukt und nicht das Produktionspotential wie die Bundesbank verwendet, ergibt dies rechnerisch mit den niedrigen Werten:

$$\hat{M} = 2\,\% + 2\,\% - (-0{,}5\,\%) = 4{,}5\,\%$$

Auch für das Jahr 2000 hat die EZB diesen Referenzwert beibehalten.

Die nachfolgende Abb. 7.03 zeigt die Änderungsraten der Geldmenge M3 seit dem 1.1.1999.
Wie bereits erwähnt, ist die Geldmenge M3 zwar keine Zwischenzielgröße mehr wie bis Ende 1998 bei der Deutschen Bundesbank, sondern nur noch ein Indikator, für den sie allerdings jährlich einen sogenannten **Referenzwert** festlegt.
Für die Jahre 1999, 2000, 2001 legte sie jeweils einen Referenzwert von durchschnittlich 4,5 % fest. Wie der Graphik in Abb. 7.03 zu entnehmen ist, wurde 1999 der Referenzwert für M3 leicht und 2000 erheblich überschritten. Anfang 2001 näherte sich der tatsächliche Wert wieder dem Referenzwert von 4,5 % an. Neben den tatsächlich realisierten Wachstumsraten von M3 benutzt die EZB für ihre Darstellung sogenannte zentrierte gleitende Dreimonatsdurchschnitte, so daß Zufallsschwankungen der einzelnen Monate etwas ausgeschaltet werden. Die **zweite Säule** der Strategie umfaßt eine breite Palette von **Konjunkturindikatoren**, die Risiken für die Preisstabilität anzeigen zu können. Es soll sich dabei vor allem um Frühindikatoren in dem Sinne handeln, daß es Vorlaufindikatoren für die Preisentwicklung sind.
Dazu gehören nach Ansicht des EZB-Rates die Löhne, der Wechselkurs, die Anleihekurse, die Zinsstrukturkurve, verschiedene Meßgrößen für die reale Wirtschaftstätigkeit, die die Produktions-, Nachfrage- und Arbeitsmarktentwicklung darstellen, wobei das Bruttoinlandsprodukt und die Arbeitslosenquote eine wichtige Rolle spielen, fiskalpolitische Indikatoren sowie Preis- und Kostenindizes.

Die Indikatoren umfassen dabei sowohl Zeitreihen als auch Ergebnisse von Branchen- und Verbraucherumfragen.[1]

Seit Ende 2000 werden daneben von Expertenteams halbjährlich sogenannte „Projektionen“ auf der Basis von Szenarien für den Zeitraum von zwei Jahren entwickelt, und zwar für die Entwicklung des Harmonisierten Verbraucherpreisindexes und des Bruttoinlandsprodukts.[2] Die Projektionen sind für den EZB-Rat unverbindlich.
Nach Meinung des EZB-Rates handelt es sich nicht um eine Prognose, weil die veröffentlichten Zahlen das Ergebnis eines Szenarios seien, das auf einer Reihe technischer Grundannahmen beruhe.
Damit hat der EZB-Rat den bisher in der deutschen Wirtschaftspolitik verwendeten Begriff „Projektion“ als „Ziel“ völlig umgedeutet, denn nach § 2 des Stabilitäts- und Wachstumsgesetzes muß die Bundesregierung einen Jahreswirtschaftsbericht vorlegen, der die von der Bundesregierung im laufenden Jahr angestrebten wirtschafts- und finanzpolitischen Ziele (Jahresprojektion) enthält.

Abb. 7.03: M3-Wachstumsraten
und Referenzwert (%)

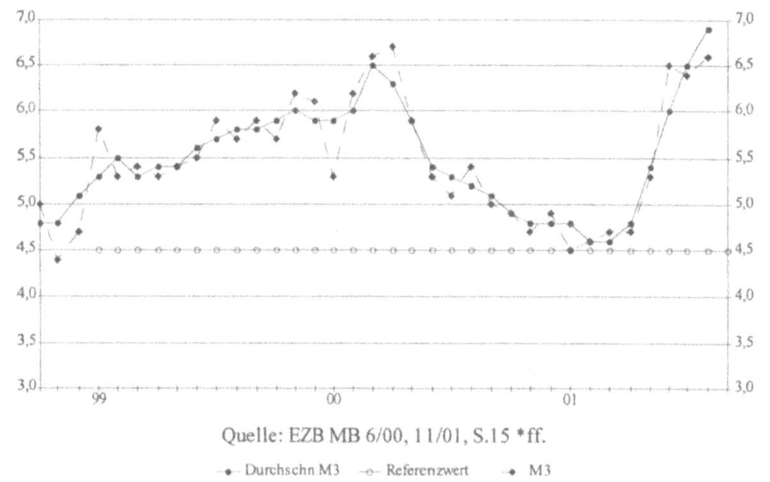

Quelle: EZB MB 6/00, 11/01, S.15 *ff.

[1] Vgl. EZB MB 1/99, S. 54 f. Zu den Konjunkturindikatoren und ihrer Systematisierung vgl. Peto, R.: Makroökonomik, S. 163 ff.
[2] Vgl. EZB: Jahresbericht 2000, S. 13 ff.

7.5 GELDPOLITIK BEI OFFENER VOLKSWIRTSCHAFT

7.5.1 DIE GRUNDPROBLEMATIK FLEXIBLER UND FESTER WECHSELKURSE

Die bisherigen Ausführungen haben, soweit es notwendig war, auch bereits auf die Problematik einer Geldpolitik bei offener Volkswirtschaft hingewiesen.
Diese Hinweise sollen noch erweitert werden unter besonderer Berücksichtigung möglicher und real existierender und historischer Wechselkurssysteme (Wechselkursregime).
Die Analyse beginnt mit der Darstellung eines Wechselkurssystems mit flexiblen Wechselkursen.

7.5.1.1 DAS SYSTEM FLEXIBLER WECHSELKURSE

Bei einem System frei schwankender Wechselkurse (Paritäten), auch flexible Wechselkurse genannt, bildet sich der Wechselkurs durch Angebot und Nachfrage am freien Markt ohne Eingriffe der Zentralbanken.
Das freie Schwanken der Wechselkurse wird auch als „reines Floaten" bezeichnet.
Anbieter von Devisen (Guthaben in ausländischer Währung) und damit Nachfrager nach der inländischen Währung sind Warenexporteure. Nachfrager nach Devisen und damit Anbieter der inländischen Währung sind Warenimporteure. Daneben treten als Devisenanbieter Wirtschaftssubjekte auf, die (kurzfristiges) Geld oder (langfristiges) Kapital importiert haben und analog dazu als Nachfrager die Geld- und Kapitalexporteure.
Die Devisenbörse umfaßt nur einen Teil der Devisengeschäfte. Meist werden an ihr nur Geschäfte zwischen den großen internationalen Geschäftsbanken getätigt, wenn Engpässe auftreten (Spitzenausgleich). Die Geschäfte zwischen den Geschäftsbanken und Nichtbanken werden meist direkt abgewickelt. Die Notierung an der Devisenbörse wird allerdings diesen Geschäften zugrundegelegt. An der Börse wird der Tageskurs zu einem bestimmten Zeitpunkt festgestellt.
Die Wechselkursbildung soll mit Hilfe des Modells „vollkommene Konkurrenz" (homogenes Polypol) am Beispiel des Dollarmarktes und des Euromarktes gezeigt werden. Die nachfolgende Abb. 7.04a und Abb. 7.04b bieten statische Analysen des Problems.
Der **Wechselkurs** ist der Umtauschkurs einer Währungseinheit ausgedrückt in der Einheit einer anderen Währung. Dabei ist es möglich, zwei **Notierungsarten** zu unterscheiden:

a) *Preisnotierung*:
z. B. 1 Dollar kostet 1,11 Euro
1 $ = 1,11 €

b) *Mengennotierung*:
z. B. für 1 Euro bekommt man 0,90 Dollar
1 € = 0,90 $

Die Mengennotierung gibt also den umgekehrten Wert der Preisnotierung an. Sie wird vor

allem in England verwendet, aber auch inzwischen beim Euro.
Abb. 7.04a zeigt die Mengennotierung und Abb. 7.04b die Preisnotierung.

Abb. 7.04a: Mengennotierung

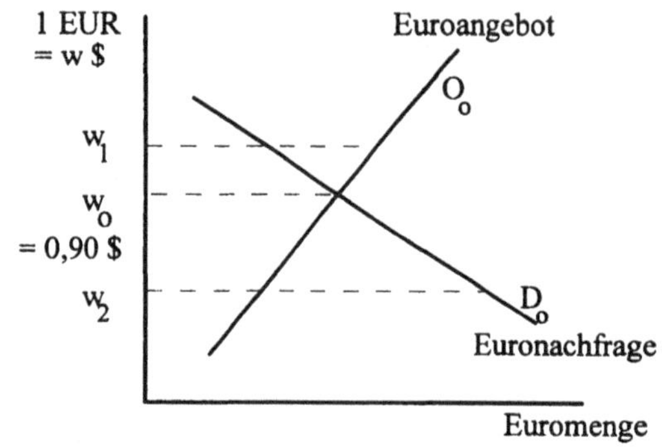

Abb. 7.04b: Preisnotierung

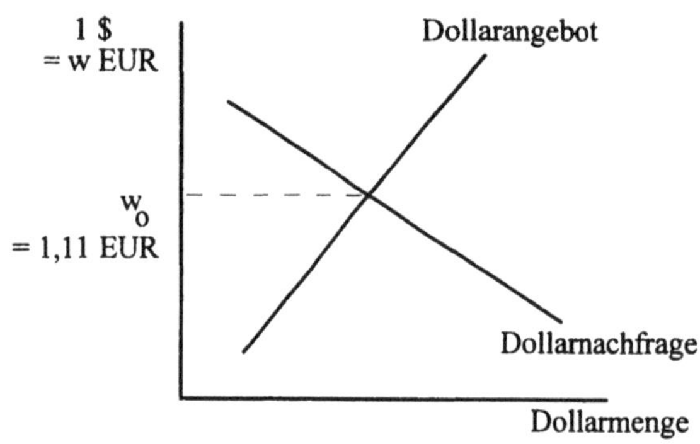

Bei der folgenden Analyse wird jedoch die Mengennotierung zugrunde gelegt, weshalb zur weiteren Erläuterung des Systems flexibler Wechselkurs (Abb. 7.04a) verwendet werden soll:

Beim Angebot (O) nach Euro und bei der Nachfrage (D) nach Euro werden normale Reaktionen unterstellt. Dann ergibt sich der Gleichgewichtskurs (w_0). Der Kurs w_1 zeigt eine Ungleichgewichtssituation: Das Angebot an Euro ist größer als die Nachfrage. Die Anbieter konkurrieren so lange untereinander, indem sie sich unterbieten, bis der Gleichgewichtskurs w_0 erreicht ist.

Beim Kurs w_2 ist die Nachfrage nach Euro größer als das Angebot. Die Nachfrager konkurrieren in diesem Falle so lange, d. h. sie überbieten sich gegenseitig, bis der Gleichgewichtskurs w_0 erreicht ist.

Mit Hilfe von komparativ-statischen Darstellungen sollen nun **Aufwertung und Abwer-**

tung der inländischen bzw. der ausländischen Währung erläutert werden.
Steigt die **Euronachfrage** bei Konstanz der Angebotskurve (Die Exporteure bieten Dollar an und fragen Euro nach.), so steigt der Wechselkurs von w_0 auf w_1, da sich die Nachfragekurve von D_0 nach D_1 verschiebt, wie Abb. 7.05 zeigt:
Dies bedeutet eine Euroaufwertung. Für einen Euro bekommt man jetzt mehr Dollar. Dies ist eine Dollarabwertung.
Sinkt dagegen die Euronachfrage, dargestellt durch die Verschiebung der Nachfragekurve von D_1 nach D_0, so ergibt sich daraus eine Euroabwertung und eine Dollaraufwertung.

Abb. 7.05: Nachfrageänderung

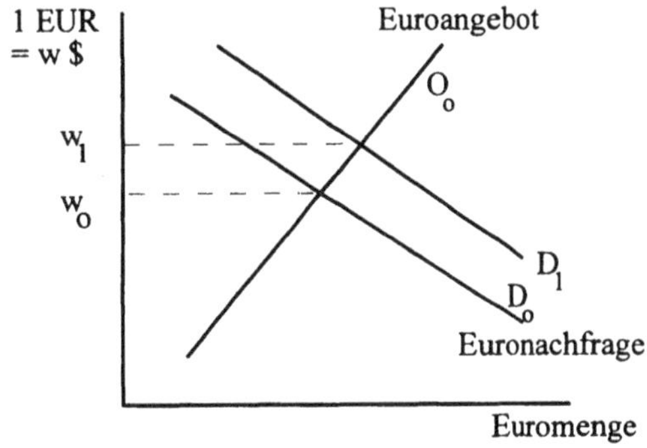

Eine Änderung des Angebots bei Konstanz der Nachfragekurve hat dagegen folgende Effekte:
Steigt das **Euroangebot** bei Konstanz der Nachfrage nach Euro (Abb. 7.06), so sinkt der Eurokurs von w_0 nach w_2. Das ist eine Euroabwertung und zugleich eine Dollaraufwertung.
Eine Abnahme des Angebots (Kurvenverschiebung von O_2 nach O_0 in Abb. 7.06) bedeutet dagegen eine Euroaufwertung und eine Dollarabwertung.

Abb. 7.06: Angebotsänderung

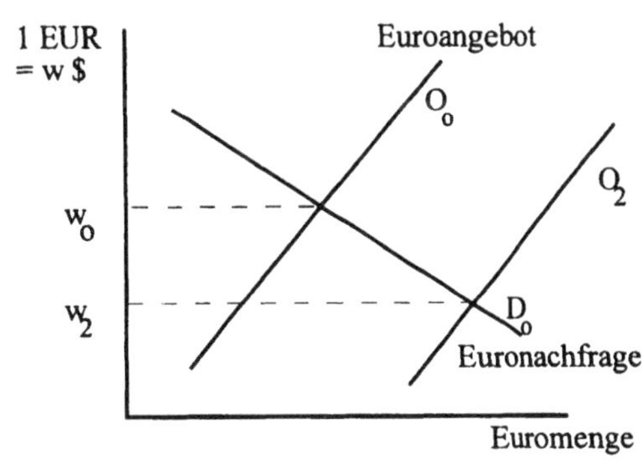

Abb. 7.07 zeigt den **Nettoeffekt** einer Nachfrageerhöhung und einer Angebotserhöhung. Beide Effekte sind in Abb. 7.07 als nicht gleich groß dargestellt. Die Angebotserhöhung von O_0 nach O_2 ist größer als die Nachfrageerhöhung von D_0 nach D_1.

Abb. 7.07: Angebots- und Nachfrageänderung bei flexiblem Wechselkurs

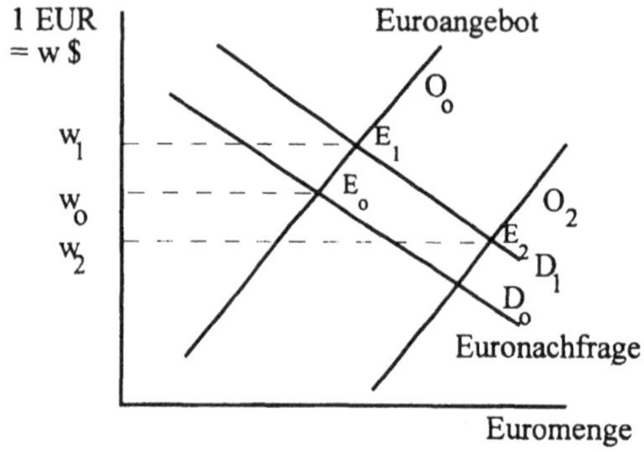

Zunächst befindet sich der Markt bei E_0 im Gleichgewicht. Dann steigt die Nachfrage nach Euro von D_0 auf D_1. Es stellt sich ein neues Gleichgewicht E_1 bei einem Eurokurs von w_1. Danach erhöht sich das Angebot an Euro von O_0 auf O_2. Es ergibt sich ein Gleichgewicht E_2 mit dem Wechselkurs w_2, der niedriger liegt als der ursprüngliche Wechselkurs w_0. Ökonomische Ursache dieser Situation könnte ein Defizit in der Leistungsbilanz sein: Das Inland hat an das Ausland weniger verkauft als es Leistungen abgenommen hat.
Oder aber: Es wurde mehr Dollar gegen Euro durch inländische Anleger nachgefragt als andererseits ausländische Anleger für den Geld- und Kapitalexport nachgefragt haben. Dies bedeutet bei flexiblen Wechselkursen einen **Abwertungseffekt für den Euro und einen Aufwertungseffekt für den Dollar**. In Zahlungsbilanzbegriffen besteht bei dieser Situation beispielsweise ein Leistungsbilanzdefizit, das aber die inländische Zentralbank nicht zu Interventionen veranlassen muß, da dieses Defizit eine Wechselkursänderung verursacht. Will die Zentralbank diese Abwertung des Euro nicht akzeptieren, so müßte sie intervenieren.[1]

Das System der flexiblen Wechselkurse ermöglicht die erfolgreiche Durchführung einer **autonomen Stabilitäts- und Wachstumspolitik einer Zentralbank mit dem Instrument der Geldpolitik**.
So kann die Zentralbank bei einer **restriktiven Geldpolitik** zur Sicherung der Geldwertstabilität den Leitzins und damit das allgemeine Zinsniveau der Volkswirtschaft erhöhen. Diese Aktion führt zu einem Nettokapitalimport, was eine Erhöhung der Nachfrage nach

[1] Zum Zusammenhang zwischen den einzelnen Teilbilanzen der Zahlungsbilanz vgl. Peto, R.: VRW, S. 135

heimischer Währung zur Folge hat. Damit erfolgt eine Aufwertung der heimischen Währung. Die Kapitalbilanz zeigt einen Überschuß. Bei einem idealtypischen Verlauf werden wegen der Aufwertung der inländischen Währung die Importe steigen und die Exporte sinken. Es kommt zu einem Leistungsbilanzdefizit. Die konjunkturelle Überhitzung geht zurück, was am Sinken der Inflationsrate erkennbar ist. Die Inflationsrate sinkt u. a. dadurch, daß das inländische Warenangebot durch die Steigerung der Importe größer wird. Die restriktive Politik war erfolgreich.

Der Rückgang kann aber auch eine reale Abnahme des Volkseinkommens zur Folge haben, da die Exporte rückläufig sind und die Importe zunehmen.[1]

Eine **expansive Geldpolitik** wirkt in analoger Weise:

Gelingt es der Zentralbank durch Geldmengenerhöhung die Zinsen zu senken, so führt das zu einem steigenden Kapitalexport. Die Kapitalexporteure fragen die ausländische Währung gegen inländische Währung nach, wodurch der Wechselkurs (unter sonst gleichen Bedingungen) sinkt.

Damit findet eine Abwertung der heimischen Währung statt, was wiederum eine Erhöhung der Güterexporte und einen Rückgang der Güterimporte zur Folge hat. Volkseinkommen und Beschäftigung der heimischen Volkswirtschaft nehmen zu.

Auch die expansive Geldpolitik kann bei einem System flexibler Wechselkurse erfolgreich sein.

Die Darstellung der Wirkungen geht allerdings von der keynesianischen Auffassung aus, daß eine expansive Geldpolitik bei Unterbeschäftigung **reale** Wirkungen haben kann, sofern die Geldmengenerhöhung nicht gerade durch die Liquiditätsfalle verhindert wird. Die klassische und die monetaristische Auffassung gehen dagegen immer von einer Vollbeschäftigungssituation aus. Eine Geldmengenerhöhung löst damit nach klassischer Auffassung entsprechend der Quantitätstheorie immer eine Erhöhung des Preisniveaus aus. Nach monetaristischer Auffassung werden die ursprünglich ausgelösten realen Wirkungen später ebenfalls durch Preisniveausteigerungen ergänzt.

Diese Überlegungen haben die sogenannte **Kaufkraftparitätentheorie** zur Folge: Im Wechselkurs kommt die unterschiedliche Entwicklung des Preisniveaus in den einzelnen Ländern zum Ausdruck. Die Höhe der Änderung des Wechselkurses entspricht der Differenz der Inflationsraten der betroffenen Länder.

Die Höhe der Inflationsraten ist aber nach klassischer und monetaristischer Auffassung allein wiederum abhängig von den unterschiedlichen Wachstumsraten der Geldmenge in den einzelnen Ländern. Der Wechselkurs ändert sich also nur nominal, nicht aber real. Die Geldpolitik hat damit keinen direkten Einfluß auf die realen Größen der Volkswirtschaft.

In der Realität ist weder die keynesianische noch die klassische und monetaristische Auffassung bestätigt worden, da verschiedene Unvollkommenheiten der Realität in bezug auf die Modellvorstellungen zu beobachten sind, was anhand einiger Beispiele gezeigt werden soll:

[1] Vgl. dazu den Exportmultiplikator in: Peto, R.: Makroökonomik, S. 118 ff.

Es treten **zeitliche Wirkungsverzögerungen** (effect lags) auf den Finanzmärkten und den Gütermärkten auf, und zwar mit unterschiedlicher Geschwindigkeit:
So reagieren die **Finanzmärkte** auf eine Wechselkursänderung relativ schnell, während die **Gütermärkte** erst mit einer erheblichen zeitlichen Verzögerung nachkommen. Andererseits ist auch die Annahme in der Realität nicht haltbar, daß es sich bei Geld- und Kapitalanlagen im Ausland um vollkommene Substitute der inländischen Anlagen handelt. Dies ist gerade bei flexiblen Wechselkursen mit einem erheblichen **Kursrisiko** nicht der Fall.
Neben den Gütermärkten müssen auch die Reaktionen auf dem **Arbeitsmarkt** berücksichtigt werden. Erleben die Arbeitnehmer durch die Abwertung der heimischen Währung eine Preiserhöhung über die Importgüterpreise und versuchen sie, den gesunkenen Reallohn durch Lohnforderungen auszugleichen, so wird der beabsichtigte Effekt der Geldpolitik unterlaufen.
Die bisherige Analyse ging davon aus, daß sich der Wechselkurs am freien Devisenmarkt ohne Interventionen der Zentralbank bildet.
In der Realität besteht die Möglichkeit, daß die Zentralbanken marktkonform durch Angebot oder Nachfrage nach Devisen bewußt diesen Wechselkurs beeinflussen. Man spricht dann im Gegensatz zum „reinen Floaten“ von einem **kontrollierten oder schmutzigen Floaten**. Die Zentralbanken können damit den Wechselkurs entweder auf dem ursprünglichen Niveau durch kompensatorische Maßnahmen halten oder aber den Kurs im gesamtwirtschaftlichen Interesse auf das gewünschte Niveau bringen. Der Kurs ist in diesem Falle allerdings nicht fixiert. Die Zentralbank ist damit auch nicht verpflichtet, den Kurs auf einem bestimmten Niveau zu halten.

7.5.1.2 DAS SYSTEM FESTER WECHSELKURSE

Wird das Austauschverhältnis einer Währung gegenüber einer anderen Währung, einer Gruppe von Währungen oder gegenüber dem Gold (Goldstandard) festgelegt, so spricht man von einem System mit festen Wechselkursen oder **Festkurssystem**.
Bei außerordentlichen Situationen wie einem fundamentalen (strukturellen) Ungleichgewicht der Zahlungsbilanz kann der Wechselkurs allerdings geändert werden. Er ist damit nicht auf alle Ewigkeit fest. Diese Eigenschaft wird dann als **Stufenflexibilität** bezeichnet. Eine weitere Variante, das System etwas flexibler zu gestalten, besteht in der Schwankungsmöglichkeit des Wechselkurses einer innerhalb bestimmten **Bandbreite**.
Dieses **System fester Wechselkurse mit Stufenflexibilität und Bandbreiten** soll im folgenden kurz beschrieben werden, da es sich im Prinzip um das alte System des Internationalen Währungsfonds von 1944 bis 1973 handelt, das in abgewandelter Form vom Europäischen Währungssystem (EWS) übernommen wurde.
Abb. 7.08 zeigt in Form einer komparativ-statischen Analyse ein derartiges System mit einer festgelegten Parität von w_0.

Abb. 7.08: Festkurssystem mit Bandbreite und Interventionspunkten

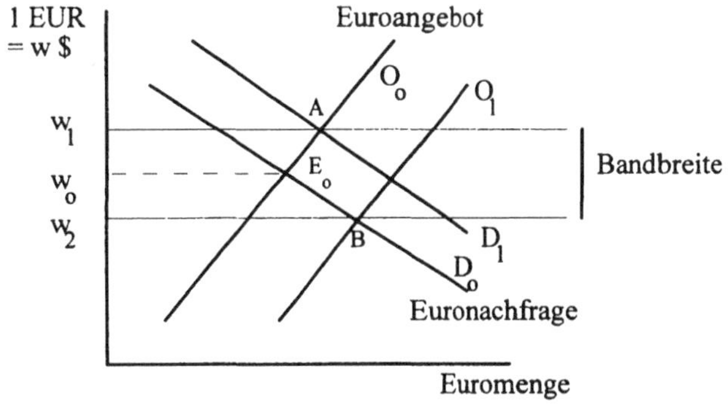

Die Zentralbank ist bei diesem System zur Intervention verpflichtet, bevor der Kurs die festgelegte Bandbreite zu verlassen droht.

Erreicht der Wechselkurs aufgrund einer Nachfrageerhöhung von D_0 auf D_1 (bei Konstanz des Angebots O_0) den Punkt A, oberer Interventionspunkt genannt, so wird die Zentralbank durch Kauf von Devisen das Angebot an inländischer Währung erhöhen und damit den Kurs nicht weiter als w_1 steigen lassen.

Analog dazu muß die Zentralbank bei einer Angebotserhöhung von O_0 nach O_1 (bei Konstanz der Nachfrage D_0) das Angebot an der ausländischen Währung erhöhen und ihre eigene Währung aufkaufen, damit der Kurs nicht unter w_2 am unteren Interventionspunkt B sinkt.

Siedelt sich der Wechselkurs der inländischen Währung am **unteren Interventionspunkt** (B) an, so muß die Zentralbank laufend aus ihrem Bestand ausländische Währung abgeben und erhält dafür inländische Währung (Abwertungstendenz der inländischen Währung). Das kann sie so lange durchhalten, bis ihre Devisenreserven aufgebraucht sind. Sie muß danach einen Devisenkredit aufnehmen. Dem kann sie durch eine **Abwertung der eigenen Währung** entgehen. Der neue Wechselkurs kann dann beispielsweise bei w_2 liegen. Das gesamte Kurvensystem wird dann um die Differenz w_1-w_0 nach unten verschoben.

Durch diese Abwertung kann sich das Land kurzfristig international einen Wettbewerbsvorteil bei seinen Exporten verschaffen. Eine Methode, die insbesondere in den 20er Jahren des vergangenen Jahrhunderts angewendet wurde. Mit dieser Abwertung wird durch den Wettbewerbsvorteil die Arbeitslosigkeit exportiert und damit die Lage der Handelspartner negativ beeinflußt. Man macht seinen Handelspartner zum „Bettler“, weshalb diese Politik auch als Beggar-my-neighbour-policy bezeichnet wird.

Eine weitere Möglichkeit wäre die **Erweiterung der Bandbreite**. Diese Maßnahme ist allerdings nur dann sinnvoll, wenn die Abwertungstendenz als vorübergehend angesehen wird. Die Bandbreite selbst wird mit einem Prozentsatz angegeben. So kann sie $\pm$ 6 % bezogen auf die festgelegte Parität w_0 betragen.

Hat der Kurs die Tendenz am **oberen Interventionspunkt** (A) zu bleiben, so bedeutet dies, daß die Zentralbank laufend die ausländische Währung gegen ihre eigene Währung aufkaufen muß. Sie hat damit kein Liquiditätsproblem, da sie selbst ihre eigene Währung unbegrenzt produzieren kann.

Allerdings tritt dabei die Folge einer meist **unerwünschten Ausweitung der inländischen Geldmenge** auf.

Ursache einer Aufwertungstendenz der inländischen Währung ist meist eine **Politik der Geldwertstabilität**, die im Verhältnis zum Ausland eine niedrige Inflationsrate aufweist. Aufgrund dieser restriktiven Politik, die mit hohen Zinsen verbunden ist, wird der Kapitalexport reduziert und der Kapitalimport ausgeweitet.

Dies führt zu einem Nettokapitalzufluß, den die Zentralbank in heimische Währung umtauschen muß, um den Wechselkurs halten zu können. Die Zentralbankpolitik wird damit von außen konterkariert. Sie kann aber den Versuch machen, den Kapitalzufluß zu neutralisieren, indem sie Guthaben von Gebietsfremden mit einem Mindestreservesatz von 100 % belegt, wie das die Deutsche Bundesbank bis 1974 machen konnte. Außerdem muß sie versuchen auch den Kapitalzufluß aus einem anderen Währungsgebiet zu begrenzen, indem sie auch eine Mindestreservepflicht für Nichtbanken auf Kredite aus anderen Währungsgebieten für Nichtbanken einführt.[1] Eine weitere Möglichkeit besteht in der Subventionierung des Kapitalexports.[2]

Ist es der Zentralbank gelungen, den Kapitalzufluß aus anderen Währungsgebieten zu neutralisieren, kann die **restriktive Politik** bei festen Wechselkursen zugleich zu einem Exportanstieg führen, wenn die inländischen Güter relativ zu den ausländischen billiger werden. Die Importe nehmen dabei ab. Dies läßt aber Überschüsse in der Leistungsbilanz mit einer erneuten unerwünschten Geldmengenexpansion entstehen.

Der oben beschriebene Prozeß zeigt, daß **eine autonome Geldpolitik unter den Bedingungen eines Systems fester Wechselkurse fast nicht möglich ist**.

Eine **expansive Geldpolitik** in Form einer Zinssenkung führt bei festen Wechselkursen zu einem vermehrten Kapitalexport und zu einem verminderten Kapitalimport, sofern das ausländische Zinsniveau nicht ebenfalls gesenkt wird.

Im Inland erhöhen sich durch die Zinssenkung die Investitionen, allerdings nicht in dem Maßnahme wie ohne Abfluß von Kapital an das Ausland.

Durch die Investitionserhöhung steigt im Falle der Nichtauslastung der vorhandenen Kapazitäten das Volkseinkommen. Die Beschäftigung nimmt zu. Zugleich erhöhen sich die Importe. Da im Ausland durch die Zunahme der Exporte das Volkseinkommen der ausländischen Handelspartner zunimmt, steigt auch deren Import und damit der Export des Inlandes usw. (Einkommensmechanismus mit Rückkopplungseffekte).[3]

Sind die Ressourcen bei der Zinssenkung allerdings bereits ausgelastet, führt dies zu einer Preissteigerung im Inland. Da kein Ausgleich über eine Wechselkursänderung möglich ist,

---

[1] Vgl. Das Instrument „Bardepot“, S. 236

[2] Vgl. Das Instrument „Swappolitik“, S. 235

[3] Vgl. Peto, R.: Makroökonomik, S. 121 ff.

wird der Export zurückgehen und damit auch das Volkseinkommen.
Die expansive Geldpolitik ist in diesem Falle gescheitert.
Wie bereits mehrfach erläutert, führte dieser internationale Zins- und Einkommenszusammenhang zu der Forderung nach einer international abgestimmten Wirtschaftspolitik, die insbesondere gemeinsame Anstrengungen im Hinblick auf eine Konjunkturbelebung zum Ziele hat.

7.5.2 AKTUELLE UND HISTORISCHE WECHSELKURSSYSTEME

Im folgenden sollen das aktuelle System des Internationalen Währungsfonds und das Europäische Währungssystem (EWS I und EWS II) in Kurzfassung dargestellt werden im Hinblick auf die Tatsache, daß beide Systeme die Geldpolitik der Zentralbank entscheidend beeinflussen. Zusätzlich wird auf den Weg hin zur Schaffung des Europäischen Systems der Zentralbanken und ihrer Vorstufen eingegangen.[1]

7.5.2.1 DER INTERNATIONALE WÄHRUNGSFONDS (IWF)

Der Internationale Währungsfonds (International Monetary Fund) ist eine internationale Organisation, die im Jahre 1945 aufgrund einer 1944 in Bretton Woods (USA) stattgefundenen internationalen Währungskonferenz geschaffen wurde.
Es war der Versuch, eine neue Weltwährungsordnung nach dem Zweiten Weltkrieg mit bestimmten Regeln zu schaffen nach den negativen Erfahrungen der Zeit zwischen den beiden Weltkriegen, die vor allem durch einen allgemeinen Abwertungswettlauf zur Schaffung von Wettbewerbsvorteilen gekennzeichnet war.
Der IWF-Vertrag sah eine internationale Kooperation in der Währungspolitik und eine gegenseitige Hilfe bei Zahlungsbilanzdefiziten vor. Ziel der Kooperation war eine **Förderung des Welthandels** durch Abbau der Devisenbewirtschaftungen und durch Sicherung der internationalen Liquidität.
Die Währungsordnung, wie sie 1945 geschaffen wurde, bestand de facto bis 1973 und wird als das **Bretton-Woods-System** bezeichnet.

Das **Bretton-Woods-System** hatte folgende Charakteristika:

1. Die Paritäten der Währungen wurden in Gold als gemeinsamen Nenner ausgedrückt oder in US-Dollar vom Gewicht und der Feinheit in Gold, die am 1. Juli 1944 galten. (Gold-Devisen-Standard oder Gold Exchange Standard)
Der Goldpreis lag bis Dezember 1971 bis 35 $ je Feinunze und wurde dann auf 38 $ festgelegt. Da die Vereinigten Staaten von Amerika sich bereit erklärten, Währungsgold der

[1] Vgl. dazu insbesondere: Deutsche Bundesbank: Internationale Organisationen und Abkommen im Bereich der Währung und Wirtschaft, Sonderdruck Nr. 2, Mai 1986 und Weltweite Organisationen und Gremien im Bereich von Währung und Wirtschaft, April 1997

Zentralbanken in Dollar umzutauschen (bis zum 15. August 1971), war der Dollar so gut wie Gold.

2. Neben dem Gold wurden von den Zentralbanken überwiegend Dollarguthaben als Währungsreserve gehalten. Der Dollar galt als Leitwährung (Dollarstandard).

3. Das Bretton-Woods-System war ein System mit Bandbreite und Stufenflexibilität. Die Bandbreite lag bis Dezember 1971 bei ± 1 % und danach bei ± 2,25 %. Die Zentralbanken waren verpflichtet, die vereinbarten Paritäten durch Interventionen am Devisenmarkt innerhalb der vereinbarten Bandbreite zu halten.

4. Ab- oder Aufwertung einer Währung waren pro Jahr bis zu 10 % ohne ausdrückliche Zustimmung des IWF bei Vorliegen eines „fundamentalen Ungleichgewichts" in der Zahlungsbilanz möglich. (Was allerdings unter einem fundamentalen Ungleichgewicht zu verstehen war, blieb umstritten.) Höhere Paritätenänderungen konnten nur mit Zustimmung des IWF erfolgen.

5. Alle Mitgliedsländer waren verpflichtet, entsprechend ihrer Quote am Fonds, Einlagen in den Währungsfonds zu leisten, und zwar 25 % in Gold (Goldtranche) und 75 % in eigener Währung.

6. Bei Zahlungsbilanzdefiziten konnte in Höhe der Goldtranche jederzeit Devisen angefordert (gezogen) werden, um ein Zahlungsbilanzdefizit zu decken. Daneben bestand die Möglichkeit bis zu maximal 200 % (zeitlich gestreckt) der Einlage der eigenen Währung, die Währung eines anderen Mitglieds des IWF zu ziehen.
Außerdem gab es außerhalb dieser Quoten Beistandsvereinbarungen (Stand-by arrangements). Schließlich wurden zum 1.1.1970 weitere Möglichkeiten der Kreditaufnahme in Form der Sonderziehungsrechte (Special Drawing Rights) geschaffen.

Das **Bretton-Woods-System** führte nach dem Zweiten Weltkrieg zu einer erheblichen Ausweitung des Welthandels, da relativ stabile Wechselkurse garantiert wurden, was für die Unternehmen eine stabile Grundlage ihrer Kalkulation ohne zusätzliche Kurssicherungskosten bedeutete.
Dieses Wechselkurssystem mit festen Wechselkursen brachte aber auch für die Zentralbanken erhebliche Probleme mit sich, da es zu großen **außenwirtschaftlichen Ungleichgewichten** führte, die sich in Form von Zahlungsbilanzdefiziten bzw. Zahlungsbilanzüberschüssen zeigten.
Eine autonome Geldpolitik war nicht möglich. Die Geldpolitik wurde vom Wechselkurs dominiert.
Die Erosion des Systems begann bereits in den 50er Jahren durch exzessive Zahlungsbilanzdefizite der USA, die allerdings nicht durch die Leistungsbilanz bedingt waren, son-

dern durch die Kapitalbilanz: Die Auslandsinvestitionen der USA führten zu diesem Defizit. Mitte der 60er Jahre traten jedoch auch Leistungsbilanzdefizite der USA verbunden mit einer laschen Geldpolitik auf.
Da die amerikanische Währung von den anderen Staaten als Reservewährung gehalten wurde, konnte sich die amerikanische Zentralbank wie eine Weltzentralbank verhalten und die Dollarmenge unbegrenzt erweitern.
Diese Dollarschwemme hatte in der Bundesrepublik mit traditionellen Leistungsbilanzüberschüssen den unerwünschten Zufluß von spekulativen Geldern zur Folge, was zu Abwehrmaßnahmen der Bundesbank führte, um die Geldwertstabilität der D-Mark zu sichern.

Im März 1973 stellte die Bundesbank (wie auch andere europäische Zentralbanken) ihren Ankauf von US-Dollar ein. Die Bundesrepublik ging zu flexiblen Wechselkursen über.
Der erste Ansatz einer Legalisierung dieser Praxis erfolgte dann im IWF-Beschluß von Jamaica 1974 durch die allgemeine Freigabe der Wechselkurse. Die endgültige rechtliche Absicherung erfolgte durch die Änderung des IWF-Abkommens, die am 1.4.78 in Kraft trat.
Das bedeutete das endgültige Ende des Bretton-Woods-Systems bezüglich fester Wechselkurse mit Bandbreiten.
Jedem Mitglied des IWF bleibt es heute überlassen, den Wert seiner Währung an eine andere Währung oder an die Sonderziehungsrechte zu binden (jedoch nicht an Gold). Ländergruppen (wie die EU) können sich auch zu einem Wechselkursverbund mit intern festen Wechselkursen zusammenschließen. Das einzelne Land kann aber auch eine beliebige andere Wechselkursregelung treffen.

7.5.2.2 DAS EUROPÄISCHE WÄHRUNGSSYSTEM (EWS I UND II)

Mit der Schaffung des **Europäischen Wechselkursverbundes** (der sogenanten „Währungsschlange“) wurde am 10.4.72 (Basler Abkommen) erstmals der Versuch gestartet, feste Wechselkurse mit engen Bandbreiten (± 2,25) zwischen den Währungen von einigen EG-Ländern festzulegen.
Teilnehmerländer des Wechselkursverbundes bei seiner Gründung waren: Belgien, Bundesrepublik Deutschland, Frankreich, Italien, Luxemburg, Niederlande. Dieser Wechselkursverbund blieb auch nach der Aufhebung der festen Wechselkurse im IWF bestehen.
Der Wechselkursverbund floatete ab März 1973 gemeinsam gegenüber dem US-Dollar („Schlange im Tunnel“).
Dieser Wechselkursverbund war dadurch gekennzeichnet, daß Beitritte und Austritte von Teilnehmern aber auch Auf- und Abwertungen relativ häufig auftraten. Das beabsichtigte **Ziel** „feste Wechselkurse zwischen den Währungen der EG-Länder“ war nicht zu erreichen.
Ein neuer Anlauf, feste Wechselkurse in Europa einzuführen, wurde mit der Resolution des Europäischen Rates vom 5.12.1978 unter der Federführung von Helmut SCHMIDT und

Valéry GISCARD D'ESTAING gemacht. Das **Europäische Währungssystem (EWS)** wurde geschaffen und trat am 13. März 1979 in Kraft.

Dem EWS gehörten bis Ende 1998 alle **Mitgliedsländer der EU** an. **Ziel des EWS** war es, eine stabile Währungszone in Europa zu schaffen. Der dauerhafte Erfolg sollte durch eine Wirtschaftspolitik erreicht werden, die auf größere innere und äußere Stabilität gerichtet war. Weiteres Ziel des EWS war die Förderung der währungspolitischen Zusammenarbeit in der EU. Vor der Schaffung der Europäischen Wirtschafts- und Währungsunion zum 1.1.1993 wurden diese Ziele als besonders wichtig angesehen. Die Wirtschafts- und Währungsunion brachte einen gemeinsamen Binnenmarkt und eine einheitliche Währung.

Wichtigste **Merkmale des EWS** waren:

- Der Wechselkursmechanismus,
- die Europäische Währungseinheit und
- die Interventionsfinanzierung.

Der **Wechselkursmechanismus** bestand in der Festlegung von bilateralen Leitkursen, Paritätengitter (parity grid) genannt, für die Währungen der Teilnehmerländer.

Um diese Leitkurse konnten die Wechselkurse mit einer Bandbreite von ± 2,25 % schwanken, in Ausnahmefällen um ± 6 %.

Die Zentralbanken mußten am oberen bzw. unteren Interventionspunkten des Leitkursgitters **in unbegrenzter Höhe intervenieren** (obligatorische Interventionen).

Die Interventionen sollten möglichst in Teilnehmerwährungen erfolgen.

Weiteres Merkmal des EWS war die bereits erwähnte **Europäische Währungseinheit**.

Die Europäische Währungseinheit (European Currency Unit = ECU) war eine „Kunstwährung", entstanden durch die Zusammenfassung (mit unterschiedlicher Gewichtung) der Währungen der EWS-Teilnehmerländer in einem „Währungskorb". Die Gewichtung der einzelnen Währung entsprach der wirtschaftlichen Bedeutung des betreffenden Teilnehmerlandes.

Leitkursänderungen konnten nur im **Einverständnis aller Partnerländer** getroffen werden.

Der ECU diente vor allem als Zahlungsmittel unter den EG-Zentralbanken und im EG-Haushalt aber auch als Währungsreserve für die nationalen Zentralbanken.

Was nun die Folgen der Errichtung des EWS für die **nationale Geldpolitik** betrifft, so gelten grundsätzlich die allgemeinen Ausführungen über eine Geldpolitik bei festen Wechselkursen:

Eine autonome nationale Geldpolitik war nur noch begrenzt möglich.

Da die nationale Geldpolitik durch die Politik der anderen Länder unterlaufen werden konnte.

Hier muß allerdings differenziert werden zwischen einem kleinen Land innerhalb eines festen Wechselkursverbundes und einem großen Land. Die Bundesrepublik Deutschland war im Bretton-Woods-System mit festen Wechselkursen ein kleines Land (in einer großen

Welt) und konnte sich deshalb an die gesamte Entwicklung nur anpassen. Im EWS war sie jedoch als großes Land zu betrachten, weshalb sie maßgeblich die Entwicklung mitbestimmen konnte. Die D-Mark hatte von 1979 bis Ende 1998 eine sogenannte **Ankerfunktion** übernommen durch die konsequente Stabilitätspolitik der Bundesbank. Sie wurde de facto zur Leitwährung.
Über die Stabilitätspolitik der Bundesbank wurden die anderen Länder ebenfalls zu einer Stabilitätspolitik gezwungen.
Helmut SCHMIDT und Valéry GISCARD D'ESTAING haben mit der Schaffung des EWS die bereits Anfang der siebziger Jahre diskutierte „**Grundsteintheorie**" in die Tat umgesetzt, nach der zuerst eine währungspolitische Integration erfolgen soll, um damit zu einer Konvergenz der Wirtschaftspolitik in Form einer Stabilitätspolitik zu kommen. Demgegenüber steht die „**Krönungstheorie**", die eine Währungsintegration als krönenden Abschluß nach einer Konvergenz der Wirtschaftspolitiken vorsieht.
Die wichtigsten Teilnehmerländer, insbesondere Frankreich, gingen seit Ende der 80er Jahre zur Politik der Preisniveaustabilität über.
Vorausgegangen waren aber Jahre mit sehr unterschiedlichen Inflationsraten in den Teilnehmerländern, die bis 1987 zu beinahe jährlichen Leitkursanpassungen führten, so daß der Versuch einer Konvergenz der Wirtschaftspolitiken über feste Wechselkurse nur bedingt als erfolgreich angesehen werden konnte.
Seit dem letzten Realignment von 12.1.1987 wurde allerdings die (notwendige) Anpassung der Leitkurse bedauerlicherweise wie ein Tabu behandelt.
Mit der Schaffung des ESZB zum 1.1.1999 ist das sogenannte EWS I, auch Wechselkursmechanismus I (WKM I) genannt, praktisch untergegangen, da die überwiegende Zahl der EWS-Mitglieder jetzt zum Eurosystem gehören.
Für die restlichen Länder der EU (Großbritannien, Dänemark, Griechenland, Schweden) blieb die Möglichkeit, sich ab 1.1.1999 am EWS II (WKM II) zu beteiligen. Von dieser Möglichkeit haben Dänemark und Griechenland Gebrauch gemacht. Griechenland ist ab dem 2001 dem Eurosystem beigetreten.
Die Bandbreite im EWS wurde auf ± 15 % erweitert, allerdings gegenüber dem Euro, was als Nabe- und Speichenansatz bezeichnet wird. Der Euro wird zur Nabe des EWS II. Er übernimmt eine Ankerfunktion im Währungsgefüge der Gemeinschaft. Das Paritätengitter ist damit abgeschafft. Dänemark hat auf eigenen Wunsch eine Bandbreite von 2,25 % gegenüber dem Euro gewählt. Griechenland nahm die Bandbreite von ± 15 % bis Ende 2000 in Anspruch.
Die Zentralbanken des EWS II und die EZB intervenieren, um diese Bandbreiten zu halten. Allerdings die EZB nur dann dazu verpflichtet, wenn die Preisstabilität durch diese Intervention nicht gefährdet wird.

Voraussetzung für eine Mitgliedschaft im Eurosystem ist die Unabhängigkeit der jeweiligen nationalen Zentralbank und die Erfüllung bestimmter sogenannter Konvergenzkriterien von Maastricht (EGV Art. 121 j in Verbindung mit den dazugehörigen Protokollen) wie folgt festgelegt wurden:

1. Der Mitgliedstaat muß einen hohen Grad an Preisstabilität erreicht haben, der ersichtlich sein muß aus einer Inflationsrate, die der Inflationsrate jener - höchstens drei - Mitgliedstaaten nahe kommt (nicht mehr als 1,5 Prozentpunkte über der Inflationsrate dieser Mitgliedstaaten während des letzten Jahres vor dem Beitritt), die auf dem Gebiet der Preisstabilität das beste Ergebnis erzielt haben.
2. Der Mitgliedstaat muß eine auf Dauer tragbare Finanzlage der öffentlichen Hand aufweisen, ersichtlich aus einer öffentlichen Haushaltslage ohne übermäßiges Defizit im Sinne des Art. 104c Absatz 6. Dies bedeutet, daß zum Zeitpunkt der Prüfung keine Ratsentscheidung vorliegt, wonach in dem betreffenden Mitgliedstaat ein übermäßiges Defizit besteht. Referenzwerte bezüglich der öffentlichen Finanzlage sind
   - 3 % für das Verhältnis zwischen dem geplanten oder tatsächlichen öffentlichen Defizit und dem Bruttoinlandsprodukt zu Marktpreisen,
   - 60 % für das Verhältnis zwischen dem öffentlichen Schuldenstand und dem Bruttoinlandsprodukt zu Marktpreisen.
3. Der Mitgliedstaat muß die normalen Bandbreiten des Wechselkursmechanismus des Europäischen Währungssystems zumindest in den letzten zwei Jahren vor Beitritt ohne starke Spannung eingehalten haben.
4. Der durchschnittliche langfristige Nominalzins des Mitgliedstaates darf den entsprechende Satz der drei preisstabilsten Länder im Verlauf von einem Jahr vor der Prüfung um nicht mehr als 2 % überstiegen haben.

Als normale Bandbreite des EWS gilt seit Juni 1997 auf Beschluß des Europäischen Rats in Amsterdam eine Bandbreite von ± 15 %.
Die Maastricht-Kriterien spielen wieder eine wichtige Rolle, wenn die Osterweiterung der EU kommt und die Zentralbanken dieser neuen Mitgliedstaaten in das Eurosystem aufgenommen werden wollen.

KONTROLLFRAGEN ZU KAPITEL 7

1. Wer ist in der Bundesrepublik Deutschland für die Währungspolitik verantwortlich?

2. Erklären Sie die Autonomiearten der Europäischen Zentralbank!

3. Wo liegen die Grenzen der EZB-Autonomie?

4. Welche Zielsetzungen muß die EZB und die Bundesbank verfolgen?

5. Wie sehen die Regelungen einer Kooperation zwischen EZB und den anderen EU-Institutionen aus?

6. Wer hat die Wechselkurskompetenz im Eurosystem?

7. Welche Organe hat die Deutsche Bundesbank und welche Aufgaben haben diese Orga ne?

8. Erklären Sie das Hauptrefinanzierungsgeschäft des Eurosystems!
   Welche Möglichkeiten hat die Europäische Zentralbank, mit diesem Instrument eine ex pansive Geldpolitik zu betreiben?

9. Wie ist die Mindestreservepolitik im Eurosystem ausgestaltet?

10. Welches Ziel wird mit dem Einsatz der Mindestreservepolitik verfolgt?

11. Vergleichen Sie die Mindestreservepolitik mit der Refinanzierungspolitik im Eurosystem!

12. Was wird allgemein unter einer Offenmarktpolitik verstanden?

13. Was versteht man unter dem Instrument „ständige Fazilitäten“ der EZB?

14. Was versteht man unter einem Mengentender und unter einem Zinstender?

15. Welches Instrument der EZB kann als ein Ersatz für das Instrument „Diskontpolitik“ der Deutschen Bundesbank angesehen werden?

16. Was wird unter einer „geldpolitischen Strategie“ verstanden?

17. Welche geldpolitische Strategiearten können Zentralbanken verfolgen?

18. Worin besteht die Zwei-Säulen-Strategie der EZB?

19. Was versteht man unter einer Mengennotierung und unter einer Preisnotierung auf dem Devisenmarkt?
20. Erklären Sie die Kaufkraftparitätentheorie!

21. Was versteht man unter einem „schmutzigen Floaten“?

22. Was ist ein System fester Wechselkurse mit Stufenflexibilität?

23. Was bedeutet eine Bandbreite bei festen Wechselkursen für die Zentralbank?

24. Wie wirkt eine autonome Zinssatzerhöhung der Zentralbank in einem System mit festen Wechselkursen?

25. Welches Wechselkurssystem wird als Bretton-Woods-System bezeichnet?

26. Welches Wechselkurssystem gilt heute für die Mitglieder des IWF?

27. Was versteht man unter der Krönungstheorie und der Grundsteintheorie bei einer Währungsintegration?

28. Welche Konvergenzkriterien müssen EU-Mitgliedstaaten erfüllen, um in das Eurosystem aufgenommen zu werden?

29. Welche Kriterien des Maastrichter Vertrages gelten auch weiter für Mitglieder des Eurosystems im Rahmen des Stabilitätspaktes?

LITERATURHINWEISE ZU KAPITEL 7

Deutsche Bundesbank	Die Deutsche Bundesbank, geldpolitische Aufgaben und Instrumente, Sonderdruck Nr. 7, 5. Auflage 1989
Deutsche Bundesbank	Gesetz über die Deutsche Bundesbank und Satzung des Europäischen Systems der Zentralbanken und der Europäischen Zentralbank, Bankrechtliche Regelungen 1, Juni 1998
Deutsche Bundesbank	Weltweite Organisationen und Gremien im Bereich von Währung und Wirtschaft, April 1997
Deutsche Bundesbank	Europäische Organisationen und Gremien im Bereich von Währung und Wirtschaft, Mai 1997
Europäische Zentralbank	Die Einheitliche Geldpolitik in Stufe 3, Allgemeine Regelungen für die geldpolitischen Instrumente und Verfahren des Eurosystems, November 2000
Görgens, E./ Ruckriegel, K./ Seitz, F.	Europäische Geldpolitik, Düsseldorf 1999
Hasse, R.H./ Schäfer, W.(Hg.)	Europäische Zentralbank, Europas Währungspolitik im Wandel, Göttingen 1990
Issing, O.	Einführung in die Geldpolitik, 2. Auflage, München 1987
Jacob, K.-D.	Geldlehre, Wiesbaden 1981
Jarchow, H.-J.	Theorie und Politik des Geldes I, 10. Auflage, Göttingen 1998
Jarchow, H.-J.	Monetäre Außenwirtschaft, II. Internationale Währungspolitik, Göttingen 1984
Peto, R.	Einführung in das volkswirtschaftliche Rechnungswesen, 5., überarbeitete Auflage, München 2000
Peto, R.	Grundlagen der Makroökonomik, 12., überarbeitete und erweiterte Auflage, München 2001
Schoofs, V.	Flexible Wechselkurse und Zentralbankpolitik, Göttingen 1983
Stützel, W.	Liquidität, in: HDSW, Bd. 6, S. 622-629
Weinbörner, S.	Die Stellung der Europäischen Zentralbank (EZB) und der nationalen Zentralbanken in der Wirtschafts- und Währungsunion nach dem Vertrag von Maastricht, Frankfurt 1998

ANHANG

A 1. DAS INSTRUMENTARIUM DER DEUTSCHEN BUNDESBANK BIS ZUM 31.12.1998

A 1.1 EINLEITUNG

Der Deutschen Bundesbank stand bis zum 31.12.1998 zur Erreichung ihrer Ziele ein umfangreiches geldpolitisches Instrumentarium zur Verfügung, das sich aus dem Bundesbankgesetz ergab und von ihr (im Rahmen der gesetzlichen Regelungen) zum Teil weiterentwickelt wurde.
Im folgenden soll die Ausgestaltung der Instrumente

- Refinanzierungspolitik in Form der Diskont- und der Lombardpolitik,
- Offenmarktpolitik und
- Mindestreservepolitik

erläutert werden.[1]

A 1.2 DIE AUSGESTALTUNG DER EINZELNEN INSTRUMENTE

A 1.2.1 DIE REFINANZIERUNGSPOLITIK

Unter Refinanzierungspolitik wurde die Politik der Deutschen Bundesbank in bezug auf die Refinanzierungsmöglichkeiten der Geschäftsbanken bei ihr verstanden, wenn es sich um die Rediskontierung eines Wechsels (Diskontkredit) oder aber um die Beleihung von Wertpapieren (Lombardkredit) handelte.
Die Refinanzierungspolitik bestand dabei sowohl aus der **Variation der Zinssätze** für den Diskontkredit (Diskontsatz) und für den Lombardkredit (Lombardsatz) als auch aus der **Variation der Bedingungen** für diese Kredite. Dabei spielte der Kreditrahmen eine entscheidende Rolle.
Den Diskont- und Lombardkredit bei der Bundesbank konnten nur Geschäftsbanken in Anspruch nehmen. Es bestand allerdings kein genereller Refinanzierungsanspruch. Die Bundesbank hatte sich besonders beim Lombardkredit eine sehr flexible Handhabung vorbehalten. Der Besitz von lombardfähigen Wertpapieren führte noch nicht zu einem Anspruch auf einen Lombardkredit.

A 1.2.1.1 DIE DISKONTPOLITIK

Nach § 19 BBankG97 hat die Bundesbank zwar auch nach dem 1.1.1999 die Möglichkeit, Handelswechsel aber auch Schatzwechsel des Bundes, der Länder und der Sondervermögen des Bundes im Rahmen zu kaufen, sie nimmt sie jedoch nur noch als Sicherheit für die Kreditgewährung an Geschäftsbanken.

[1] Auf die Darstellung der anderen Instrumente soll verzichtet werden. Vgl. dazu die erste Auflage von 1993, S. 207ff.

Bis zum 31.12.1998 hatte die Bundesbank nach § 15 BBankG92 die Möglichkeit, den Diskontsatz festzulegen, zu dem sie die Wechsel gekauft hat.

Die Diskontpolitik der Bundesbank bestand überwiegend aus der
- Variation des Diskontsatzes,
- der Festlegung der Qualität des von der Bundesbank akzeptierten Wechselmaterials und aus der
- Variation der Rediskontkontingente.

Die Diskontpolitik in Form der Variation des Diskontsatzes ist die klassische Form der Beeinflussung des Wirtschaftsprozesses durch die Zentralbank. Sie stellte auch die wichtigste Einflußmöglichkeit der Deutschen Reichsbank während der Weltwirtschaftskrise in den dreißiger Jahren dar.
Auch der **Diskontsatz** der Deutschen Bundesbank war nicht nur der Zinssatz, mit dem sie die eingereichten Wechsel diskontierte. Eine Änderung des Diskontsatzes hatte darüber hinaus noch eine gesamtwirtschaftliche **Signalwirkung** über die Absicht der Bundesbank. Was die maximale Höhe des Diskontsatzes betraf, so legte das Bundesbankgesetz keinerlei Höchstgrenze fest. Der Diskontsatz lag jedoch unter dem Geldmarktzins, weshalb er als eine begrenzte Subventionierung der Geschäftsbanken zum Ausgleich für die (damals) unverzinsliche Mindestreserve angesehen wurde.

Das Wechselmaterial, das die Bundesbank übernahm, mußte nach dem Bundesbankgesetz bestimmte Mindestanforderungen erfüllen (§ 19 BBankG92):
- Es mußten Handelswechsel sein, d. h. Wechsel, „die aufgrund von Warenlieferungen oder Dienstleistungen zwischen Unternehmen und/oder wirtschaftlich Selbständige begeben worden sind.“[1]
- Aus dem Wechsel sollte drei als zahlungsfähig bekannte Verpflichtete haften.[2]
- Die Wechsel mußten innerhalb von drei Monaten nach dem Tag des Ankaufs fällig sein.
- Der Wechsel mußte an einem Bankplatz fällig sein.

Die Bundesbank konnte im Rahmen ihrer Geschäftsbedingungen erklären, welche Wechsel sie rediskontieren wollte. Sie konnte auch im Rahmen des Diskontkredits Schatzwechsel des Bundes, der Länder und der Sondervermögen des Bundes übernehmen.

Eine wichtige Eingriffsmöglichkeit der Bundesbank war die **Variation der Rediskont-**

---

[1] Geschäftsbericht 1986 der Bundesbank, S. 105

[2] Die Bundesbank hat in ihren kreditpolitischen Regelungen festgelegt, welche Unternehmen als zahlungsfähig zu gelten haben: Es sind nur Wechselverpflichtete, für die eine hinreichende Beurteilung z. B. anhand von Jahresabschlüssen möglich ist. (Vgl. Deutsche Bundesbank: Die Deutsche Bundesbank, Sonderdruck Nr. 7, S. 47)

kontingente:
Die Geschäftsbanken konnten nur im Rahmen der für sie individuell festgelegten Diskontkreditlimits Wechsel bei der Bundesbank zum Rediskont einreichen.
Bei der Festlegung des Kontingents, die für die Geschäftsbanken von den Landeszentralbanken und für die Kreditinstitute mit Sonderaufgaben vom Direktorium vorgenommen wurde, spielte u. a. das haftende Eigenkapital der Bank und ihre Geschäftsstruktur eine Rolle.
Das Gesamtvolumen für die Refinanzierung über den Diskontkredit wurde vom Zentralbankrat festgelegt und dann nach den oben genannten Kriterien auf die einzelnen Geschäftsbanken verteilt.
Die Wirkung einer **Änderung von Rediskontkontingenten** besteht darin, daß damit der Refinanzierungsspielraum und die Liquiditätsbeschaffungsmöglichkeiten der Geschäftsbanken berührt werden: Wurden die Rediskontkontingente erhöht, so stieg der Kreditspielraum der Geschäftsbanken bei der Bundesbank.
Sie konnten sich, sofern sie redikontfähige Wechsel besaßen, Zentralbankgeld beschaffen, und - sofern notwendig - auf dieser Basis Kreditschöpfung betreiben.
Eine Kürzung der Kontingente führte dagegen zu einer entsprechenden Einschränkung der Refinanzierungsmöglichkeiten der Geschäftsbanken.
Eine **Diskontsatzänderung** bewirkte dagegen zunächst nur eine Änderung der Refinanzierungskosten später aber auch eine Änderung der Geldmenge.
Bei einer Erhöhung des Diskontsatzes der Bundesbank versuchten die Geschäftsbanken, diese Erhöhung der Refinanzierungskosten auf ihre Kunden überzuwälzen.
Das führte zu einer Verteuerung der Wechselfinanzierung bei den Nichtbanken und damit bei einer „normalen“ (zinselastischen) Nachfragereaktion zu einer betragsmäßigen Einschränkung der Wechselfinanzierung und folglich zu einem Rückgang der Geldmenge.
Die Bundesbank hatte dann ihr Ziel erreicht.
Beabsichtigte die Bundesbank die Geldmenge dagegen zu erhöhen, senkte sie den Diskontsatz, um damit die Refinanzierungskosten der Geschäftsbanken zu senken, was sich indirekt wieder auf das Finanzierungsverhalten der Nichtbanken auswirkte: Sie erhöhten jetzt ihre Wechselfinanzierung. Damit stieg die Geldmenge des Nichtbankensektors. Bei Existenz einer Liquiditätsfalle kann diese Reaktion der Nichtbanken nicht erwartet werden.
Die Geldmenge sank allerdings, wenn die Wechsel eingelöst und nicht neue Wechsel in gleicher Höhe refinanziert wurden, was dem Rückstromprinzip entspricht, das auch als Selbstliquidationsprinzip bezeichnet wird.

A 1.2.1.2 DIE LOMBARDPOLITIK

Die Deutsche Bundesbank durfte den Geschäftsbanken nach § 19 BBankG92 verzinsliche Darlehen gegen die Verpfändung von bestimmten Wertpapieren und Schuldbuchforderungen gewähren.
Die Beleihungsgrenze war für die einzelnen Pfandtypen unterschiedlich und betrug entwe-

der neun Zehntel oder drei Viertel des jeweiligen Kurswertes.
Die Pfänder wurden im Lombardverzeichnis genau aufgelistet. Bei den Pfändern handelte es sich u.a. um bundesbankfähige Wechsel, Schatzwechsel und unverzinsliche Schatzanweisungen, Schuldbuchforderungen und andere verzinsliche Wertpapiere.
Der Lombardkredit wurde meist nur dann gewährt, wenn eine **kurzfristige Liquiditätsverknappung** der Geschäftsbanken auftrat.
Lombarddarlehen mußten innerhalb von 5-10 Tagen wenigstens einmal vollständig zurückgezahlt werden. Das Bundesbankgesetz sah einen Zeitraum von maximal 3 Monaten vor.
Der Zinssatz für die Verzinsung des Lombardkredits wurde **Lombardsatz** genannt. Dieser Lombardsatz wurde genauso wie der Diskontsatz durch Beschluß des Zentralbankrates festgelegt und war in der Regel höher als der Diskontsatz.
Die Bundesbank hatte bei der Lombardpolitik die Möglichkeit der **Variation des Lombardsatzes** als geldpolitisches Instrument.
Daneben bestand die Möglichkeit einer generellen quantitativen Begrenzung der Lombardkredite. Ende 1998 gab es allerdings keine Lombardkontingente mehr (im Gegensatz zu den Rediskontkontigenten). Die Bundesbank ging nur intern von einer Höchstgrenze bei der Gewährung eines Lombardkredits an eine einzelne Geschäftsbank aus.
Neben der Gewährung eines „normalen" Lombardkredits hatte die Bundesbank noch die Möglichkeit, im Rahmen des sogenannten „**Sonderlombards**" den Geschäftsbanken Kredit zu gewähren. Allerdings hat sie diese Form seit Dezember 1986 nicht mehr praktiziert.
Die Besonderheit des Lombardkredits bestand darin, daß die Verzinsung der Kredite je nach Geldmarktlage von der Bundesbank täglich geändert werden kann. Das bedeutete nicht die Einräumung eines Kredits zu einem variablen Zinssatz, sondern die tägliche Neufestsetzung des Zinssatzes für die neu zu gewährenden Kredite.

Was die Wirkung einer Zinssatzänderung bei einem „normalen" Lombardkredit betrifft, so ist sie analog der bereits dargelegten Wirkung einer Diskontsatzänderung zu bewerten. Zwar waren die Kreditmarktzinsen nicht direkt an den Diskont- und Lombardsatz gebunden, doch hatten beide Zinssätze eine Orientierungsfunktion. Daneben beeinflußte der Lombardsatz direkt den Geldmarktzins und indirekt den Kapitalmarktzins. So bildete der Lombardzins eine Obergrenze für den Geldmarktzins, da eine Kreditaufnahme einer Geschäftsbank bei der Bundesbank dann günstiger gewesen wäre als bei anderen Geschäftsbanken, wenn der Geldmarktzins über dem Lombardzins gelegen hätte. Dies galt allerdings nur dann, wenn der Lombardkreditspielraum noch nicht ausgeschöpft war.
Neben den binnenwirtschaftlichen sind auch die **außenwirtschaftlichen Effekte** der Refinanzierungspolitik zu bedenken:
In einem System mit freiem Kapitalverkehr aber festen Wechselkursen wie beim Europäischen Währungssystem (EWS I) von 1979 bis Ende 1998 und dem Bretton-Woods-System bis März 1973 bestand ein internationaler Zinszusammenhang:
Eine Anhebung des Diskont- und Lombardsatzes bei Konstanz des Zinsniveaus im Aus-

land konnte eine Kapitalzufuhr aus dem Ausland zur Folge haben und damit ein Unterlaufen der beabsichtigten restriktiven Geldpolitik der Bundesbank. Die Bundesbank hätte dann versuchen müssen, die zugeflossenen Beträge mit Hilfe anderer Instrumente wie der Mindestreservepolitik und der Bardepotpflicht[1] stillzulegen.
Außerdem wäre sie gezwungen gewesen, am Devisenmarkt zu intervenieren.
Der Spielraum der Bundesbank bei der Festlegung des Diskont- und Lombardsatzes war daher ab 1973 etwas größer geworden, aber nicht so groß wie er bei wirklich frei schwankenden Wechselkursen hätte sein könnte.

A 1.2.2 DIE MINDESTRESERVEPOLITIK

Die Mindestreservepolitik der Deutschen Bundesbank bestand in der Verpflichtung der Geschäftsbanken, Guthaben zinslos bei der Deutschen Bundesbank auf einem Girokonto (Mindestreserveeinlagen) zu halten. Bargeldbestände konnten auf die Mindestreserveverpflichtung angerechnet werden.[2]
Dieses Instrument existiert praktisch in allen westlichen Staaten mit wenigen Ausnahmen wie beispielsweise in Großbritannien und der Schweiz. Da die Mindestreserven bei der Bundesbank zinslos zu halten waren, bestanden daher in bezug auf Bankplätze außerhalb Deutschlands ohne Mindestreservevorschrift Wettbewerbsnachteile für die deutschen Geschäftsbanken. Von Geschäftsbankenseite wurde aus diesem Grunde regelmäßig die Abschaffung oder die Nichtanwendung dieses Instruments gefordert.[3] Die Bundesbank wies das Kostenargument mit dem Hinweis zurück, daß die deutschen Geschäftsbanken als Ausgleich u. a. eine subventionierte Refinanzierung über den Rediskontkredit bekämen.
Die Bundesbank hatte außerdem die Befürchtung, daß die Geschäftsbanken ohne diese Zwangsreserven nicht die notwendige Liquiditätsvorsorge treffen würden und es deshalb bei Liquiditätsengpässen auf die Bundesbank zugreifen müßten, was sie nicht unbedingt hätte ablehnen können. Damit hätte die Bundesbank aber die Kontrolle über die Geldmenge verloren.
Außerdem wollte die Bundesbank am Instrument „Mindestreservepolitik“ festhalten, da es auch bei konstanten Reservesätzen als automatischer Stabilisator des Geldschöpfungsprozesses wirkt.
Die Ausgestaltung der Mindestreservepolitik war in § 16 Abs. 1 des Bundesbankgesetzes (1992) festgelegt.
Was den **Kreis der mindestreservepflichtigen Geschäftsbanken** betraf, so ging aus § 16 BBankG92 hervor, daß grundsätzlich alle Geschäftsbanken in der Bundesrepublik mindestreservepflichtig waren und ein Girokonto bei der Bundesbank aus diesem Grunde hal-

[1] Beim Bardepot handelte es sich um die zwangsweise Haltung von zinslosen Sichtguthaben von inländischen Nichtbanken bei der Deutschen Bundesbank für im Ausland aufgenommene Kredite. Man kann dies als eine „Mindestreserve für Nichtbanken“ bezeichnen.
[2] Die Anrechnung durfte maximal 50 % des Reserve-Solls betragen.
[3] Vgl. Mindestreserveregelung im Ausland, in: BBank MB 3/90, S. 22 ff.

ten mußten.
Seit Anfang 1984 waren auch Bausparkassen reservepflichtig. Allerdings unterlagen Bauspareinlagen, über die der Bausparer vor der Zuteilung nicht verfügen konnte, auch nicht der Mindestreservepflicht.
Bei der Frage der Mindestreservepflichtigkeit der Einlagen und der Höhe des Mindestreservesatzes waren drei Kriterien entscheidend, und zwar

1. der Kreis der Einleger,
2. der Liquiditätsgrad der Einlage und
3. die Höhe der Einlagen der Nichtbanken.

Was den **Kreis der Einleger** betraf, so waren Gebietsfremde (§ 4 Abs. 1 Nr. § Außenwirtschaftsgesetz) von Gebietsansässigen zu unterscheiden. Von Gebietsansässigen waren nur die **Einlagen von Nichtbanken** mindestreservepflichtig, während die Einlagen von anderen inländischen Geschäftsbanken der Mindestreservepflicht nicht unterlagen.
Je nach **Liquiditätsgrad** galten für Einlagen **inländischer Nichtbanken** folgende maximale Mindestreservesätze (§ 16 Abs. 1 BBankG92):

- Sichtverbindlichkeiten (Verbindlichkeiten mit einer Laufzeit oder Kündigungsfrist von weniger als 30 Tagen bzw. einem Monat)	nicht über 30 %
- befristete Verbindlichkeiten (Verbindlichkeiten mit einer Laufzeit oder Kündigungsfrist von mindestens 30 Tagen bzw. einem Monat bis unter 4 Jahren)	nicht über 20 %
- Spareinlagen	nicht über 10 %

Eine weitere Differenzierung der Mindestreservesätze konnte die Bundesbank im Rahmen der gesetzlichen Regelung mit Hilfe eines Erlasses, den „Anweisungen über Mindestreserven (AMR)“, vornehmen. Sie durfte dies aber nicht in selektiver Weise tun, sondern nur generell für alle gleich gelagerten Fälle.[1]
Im Rahmen der gesetzlichen Höchstgrenzen gab es für die einzelnen Verbindlichkeitsarten gegenüber Gebietsansässigen bis zum 1. Mai 1986 jeweils eine weitere Differenzierung der Reservesätze je nach Höhe der Verbindlichkeiten, und zwar mit Progressionsstufen.
Ab 1. Mai 1986 galten die folgenden **Progressionsstufen** nur noch für **Sichtverbindlichkeiten**:

Progressionsstufe 1: bis 10 Mio. DM
" 2: über 10 Mio. DM bis 100 Mio.DM
" 3: über 100 Mio. DM

[1] Die jeweils neueste Fassung der AMR war dem jährlichen Geschäftsbericht der Bundesbank als Anhang beigefügt.

Die Banken mußten den für jede Stufe geltenden Reservesatz anwenden, d. h. bei einem Wechsel in eine höhere Stufe unterlag nur der die Grenze überschreitende Betrag einem höheren Reservesatz.
Die Neuregelung zum 1. Mai 1986 brachte eine Senkung der Mindestreserveverpflichtungen der Geschäftsbanken um 8 Mrd. DM und sollte die Position des Bankplatzes „Bundesrepublik Deutschland" gegenüber anderen Ländern mit geringerer Mindestreservepflicht verbessern.
Seit dem 1. Mai 1986 unterlagen außerdem Inhaberschuldverschreibungen und Orderschuldverschreibungen mit einer Laufzeit von weniger als zwei Jahren der Mindestreservepflicht für befristete Verbindlichkeiten. Die Bundesbank hatte damit eine Lücke der Mindestreserveregelung geschlossen, denn den Geschäftsbanken war es vorher möglich, sich durch die Ausgabe von Einlagenzertifikaten auf befristete Einlagen der Mindestreservepflicht zu entziehen.
Was die **Einlagen von Gebietsfremden** bei deutschen Geschäftsbanken betraf, so durfte der

Mindestreservesatz nicht über 100 %

betragen.
Seit der Novellierung des Bundesbankgesetzes vom 22. Juli 1969 schrieb das Gesetz bei Einlagen von Gebietsfremden nicht mehr vor, nach der Einlagenart, d. h. nach dem Liquiditätsgrad der Einlage zu differenzieren. Der maximale Reservesatz galt für alle Arten von Einlagen. Allerdings differenzierte die Bundesbank von sich aus wie bei den Einlagen von Gebietsansässigen, aber ohne Progressionsstufen bei den Sichteinlagen. Der Mindestreservesatz für Sichteinlagen war der Reservesatz der höchsten Progressionsstufe.
Die Novellierung von 1969 mit einem maximal möglichen Mindestreservesatz bis zu 100 % für Einlagen von Gebietsfremden wurde zur Abwehr unerwünschter Auslandsgelder (bei damals festen Wechselkursen) notwendig. Damit sollte der geldpolitische Handlungsspielraum der Bundesbank wieder hergestellt werden. Die Diskontpolitik der Bundesbank in Form einer Erhöhung des Diskontsatzes sollte nicht mehr durch den Zufluß von Einlagen Gebietsfremder unterlaufen werden können.
Im Rahmen der gesetzlichen Höchstsätze konnte die Bundesbank nicht nur den absoluten Bestand an reservepflichtigen Verbindlichkeiten mit der Mindestreserve belegen sondern auch den **Zuwachs an Verbindlichkeiten**. Dieser Zuwachssatz konnte bis zu hundert Prozent (auf den Zuwachs bezogen) betragen. Das bedeutete, daß für den Zuwachs an Verbindlichkeiten ab einem bestimmten Stichtag in voller Höhe Mindestreserve gehalten werden mußte. Von dieser Möglichkeit hat die Bundesbank in den letzten Jahren keinen Gebrauch gemacht. Ende 1998 gab es keine besonderen Sätze für Zuwachsverbindlichkeiten.

Berechnungsgrundlage für die Mindestreserve war die Höhe der reservepflichtigen Verbindlichkeiten der Geschäftsbanken. Das waren (mit Ausnahmen) alle Verbindlichkeiten aus Einlagen und aufgenommenen Geldern mit einer Befristung von weniger als vier Jahren gegenüber

- Nichtbanken,
- nicht reservepflichtigen Kreditinstituten und
- Banken im Ausland.

Die Berechnung des Mindestreserve-Solls erfolgte **nicht** nach dem Bestand dieser Verbindlichkeiten zu einem einzigen Zeitpunkt. § 16 Abs. 2 BBankG bestimmte vielmehr:

> „Das monatliche Durchschnittsguthaben eines Kreditinstituts bei der Deutschen Bundesbank (Ist-Reserve) muß mindestens die nach Absatz 1 festgesetzten Vom-Hundert-Sätze des Monatsdurchschnitts seiner reservepflichtigen Verbindlichkeiten (Reserve-Soll) erreichen."

Es mußte daher ein Durchschnittswert für das Reserve-Soll berechnet werden. Dieser Wert konnte von der Geschäftsbank als Durchschnittswert der Endbestände der Kalendertage vom 16. des Vormonats bis 15. des laufenden Monats errechnet werden. Die Geschäftsbank konnte auch (zur Arbeitserleichterung) einen Durchschnittswert der Bestände an vier Stichtagen, und zwar am 23. und Ultimo des Vormonats und am 7. und 15. des laufenden Monats errechnen.
Die Ist-Reserve wurde als Monatsdurchschnitt des Sichtguthabens der Geschäftsbank bei der Bundesbank berechnet, wobei der Stand am Ende sämtlicher Tage des Monats zugrundegelegt wurde.
Lag die Ist-Reserve über der Soll-Reserve, so bestand eine **Überschußreserve**. Diese wurde von den Geschäftsbanken möglichst niedrig gehalten, da es dafür keine Verzinsung gab. Sie entstand meist unbeabsichtigt durch Gelddispositionen der Geschäftsbanken.
War dagegen die Ist-Reserve kleiner als das Reserve-Soll, so verlangte die Bundesbank von der Geschäftsbank für den Differenzbetrag einen Sonderzins (Strafzins) in Höhe von 3 % über dem jeweiligen Lombardsatz für jeweils 30 Tage. Wiederholte Unterschreitungen des Solls wurden dem Bundesaufsichtsamt für das Kreditwesen gemeldet.

Die Art der Berechnung des Mindestreserve-Solls bedeutete, daß die Geschäftsbanken **nicht jeden Tag** ihr Soll erfüllen mußten. Damit ergab sich für die Geschäftsbanken die Möglichkeit, diese Gelder für ihre täglichen Dispositionen als „**Arbeitsguthaben**" (working balances) zu benutzen. Für den Überweisungsverkehr war es nicht notwendig, noch besondere Guthaben bei der Bundesbank zu unterhalten. Durch Aufnahme kurzfristiger Gelder am Geldmarkt bei anderen Geschäftsbanken war es den einzelnen Geschäftsbanken möglich, ihr Soll an bestimmten Stichtagen zu erfüllen. Damit änderte sich allerdings der gesamte Bestand an Zentralbankgeld des Geschäftsbankensektors nicht. Es ergaben sich nur Verschiebungen innerhalb des Sektors.

A 1.2.3 DIE OFFENMARKTPOLITIK

Die Offenmarktpolitik der Deutschen Bundesbank wurde durch Offenmarktgeschäfte betrieben, die überwiegend zwischen Geschäftsbanken und der Bundesbank abgeschlossen wurden. erreicht[1]
Diese Geschäfte umfaßten den Kauf und den Verkauf von Wertpapieren durch die Bundesbank (für eigene Rechnung) gegen Zentralbankgeld am offenen Markt.

Nach § 21 BBankG92 durfte die Bundesbank **zur Regelung des Geldmarktes** am offenen Markt bestimmte Wertpapiere kaufen und verkaufen:

- bundesbankfähige Wechsel,
- Schatzwechsel (max. Laufzeit 90 Tage) und unverzinsliche Schatzanweisungen (sogenannte U-Schätze) des Bundes, seiner Sondervermögen[2] oder der Länder. (Die Laufzeit der U-Schätze beträgt 6-24 Monate.)
- Schuldverschreibungen und Schuldbuchforderungen und langfristige Papiere des Bundes und der Länder sowie der Sondervermögen und
- andere Schuldverschreibungen und Kapitalmarktpapiere.

Am Handel mit Offenmarktpapieren konnten sowohl die Bundesbank, Geschäftsbanken, öffentliche Haushalte als auch private Nichtbanken beteiligt sein. Überwiegend fand jedoch der Handel zwischen der Bundesbank und den Geschäftsbanken statt.
Neben der **allgemeinen (traditionellen) Offenmarktpolitik** gab es seit Anfang der siebziger Jahre eine **spezielle** Offenmarktpolitik zwischen der Bundesbank und den Geschäftsbanken: Die **Offenmarktgeschäfte mit Rückkaufsvereinbarung, Wertpapierpensionsgeschäft** genannt.
Die folgenden Ausführungen beginnen mit der Darstellung der allgemeinen Offenmarktpolitik und werden danach mit der Darstellung der speziellen Offenmarktpolitik abgeschlossen.

A 1.2.3.1 DIE ALLGEMEINE OFFENMARKTPOLITIK

Die Zentralbank beeinflußt über den Handel mit Geldmarktpapieren die Liquidität der Geschäftsbanken und in beschränkterem Umfang der Nichtbanken.
Dabei sind grundsätzlich zwei Verhaltensweisen einer Zentralbank möglich:

1. Die Zentralbank setzt das Volumen der von ihr abzugebenden oder von ihr abzunehmenden Geldmarktpapiere fest und beeinflußt so die Marktzinssätze und die Liquidität

[1] Vgl. dazu Deutsche Bundesbank: Sonderdruck Nr. 7, S. 27-33 und S. 67-77
[2] Als Sondervermögen war bisher im Bundesbankgesetz nur die Bahn, die Post, der Ausgleichsfonds und das ERP-Sondervermögen expressis verbis aufgezählt. Diese Aufzählung ist seit der Novellierung weggefallen, da die Sondervermögen aufgrund der Wiedervereinigung zugenommen haben wie z. B. um den Fonds Deutsche Einheit und die Reichsbahn.

der Geschäftsbanken und der Nichtbanken.

2. Sie legt die Konditionen fest (Zinssätze, Abgabesätze) und überläßt es den Handelspartnern, das Volumen für den Verkauf und Kauf der Papiere zu bestimmen.

Die erste Regelung ist bei einem sehr breiten Markt angebracht, während die zweite Regelung bei einem engen Markt vorzuziehen ist. Da der deutsche Markt für Geldmarktpapiere relativ eng ist, wurde von der Deutschen Bundesbank im Rahmen der allgemeinen Offenmarktpolitik die **zweite** Regelung gehandhabt.
Dabei ergab sich trotzdem für sie die Möglichkeit, in bestimmten Fällen auch das Volumen zu regulieren: Sie konnte die Abgabe von Papieren für kürzere oder längere Zeit einstellen.

Die Möglichkeiten der Bundesbank Geldmarktpapiere zu verkaufen, waren durch gesetzlich festgelegte Höchstbeträge begrenzt. Außerdem hatte die Bundesbank de jure nicht das Emissionsrecht sondern nur die öffentlichen Haushalte. De facto waren aber die sogenannten Liquiditätspapiere Emissionen der Bundesbank.
Dabei waren grundsätzlich zwei Arten von Wertpapieren zu unterscheiden, und zwar die Finanzierungspapiere und die Liquiditätspapiere.

Unter **Finanzierungspapieren** sind die Offenmarktpapiere zu verstehen, die durch die Kreditaufnahme öffentlicher Haushalte entstehen, d. h. sogenannte **echte** Schatzwechsel und U-Schätze. Die öffentlichen Haushalte können diese Papiere nur im Benehmen mit der Bundesbank emittieren.
Im Gegensatz zu den Finanzierungspapieren hatten die **Liquiditätspapiere** (gemäß Neufassung des § 42 BBankG92) nichts mit der Finanzierung der öffentlichen Haushalte zu tun. Sie dienten der Bundesbank ausschließlich zur Regulierung des Geldmarktes.
Die Liquiditätspapiere hatten daher ausschließlich eine geldpolitische Funktion.
Der Umfang der Liquiditätspapiere durfte nach dem Inkrafttreten der Novellierung des Bundesbankgesetzes 50 Mrd. DM betragen.

Beim Verkauf von Finanzierungspapieren wird dem Geldkreislauf wie bei Liquiditätspapieren Zentralbankgeld entzogen. Allerdings fließt das Geld über die Staatsausgaben bei den Finanzierungspapieren wieder in den Kreislauf zurück, während es bei den Liquiditätspapieren bei der Zentralbank stillgelegt wurde und damit zu einer Reduzierung der Zentralbankgeldmenge außerhalb der Zentralbank führte.
Da die traditionelle Offenmarktpolitik bis Ende 1998 so gut wie ausschließlich zur **Abschöpfung** von Zentralbankgeld eingesetzt wurde, soll nur die **Funktionsweise der allgemeinen (traditionellen) Offenmarktpolitik** der Bundesbank bei einer **restriktiven Geldpolitik** erläutert werden:
Versuchte die Bundesbank, die umlaufende Zentralbankgeldmenge zu vermindern, um damit die Geldmenge des Nichtbankensektors zu treffen, hat sie Geldmarktpapiere mit einer Rendite angeboten, die über dem Marktzins lag.

Gelangt es, die Geschäftsbanken zum Kauf von Geldmarktpapieren zu bewegen, so bedeutete dies eine Verminderung an Zentralbankgeld im Geschäftsbankensektor (Liquiditätseffekt), was eine Reduzierung der Kreditschöpfungsmöglichkeiten auslöste. Außerdem wurden zugleich das Zinsniveau des Geldmarktes und damit auch die Sollzinsen der Geschäftsbanken berührt (Zinseffekt). Die Zinserhöhung bewirkte eine Verminderung der Kreditnachfrage.
Neben diesen Offenmarktgeschäften mit kurzfristigen Titeln führte die Bundesbank auch Geschäfte mit (langfristigen) öffentlichen Anleihen durch, um den Geldumlauf und die Kreditgewährung zu beeinflussen.[1]

A 1.2.3.2 DIE SPEZIELLE OFFENMARKTPOLITIK

Seit den siebziger Jahren gewannen die **Wertpapierpensionsgeschäfte** an Bedeutung. Es handelte sich dabei um **Offenmarktgeschäfte mit Rückkaufsvereinbarung.** Es waren Offenmarktgeschäfte auf Zeit. Die Bundesbank kaufte bestimmte Wertpapiere von den Geschäftsbanken unter der Voraussetzung an, daß die Geschäftsbanken diese Papiere per Termin wieder zurücknahmen. Im einzelnen waren das die folgende Papiere:

- lombardfähige festverzinsliche Wertpapiere, die an einer Börse amtlich notiert werden,
- im geregelten Markt notierte Schuldverschreibungen des Bundes, der Bundesbahn, der Bundespost und der Länder sowie
- unverzinsliche Schatzanweisungen der gleichen Emittenten mit einer Laufzeit von bis zu einem Jahr.

Die Bundesbank machte im Rahmen eines Ausschreibungsverfahrens ein Angebot, zu welchem Pensionssatz sie Wertpapiergeschäfte abschließen wollte. Sie ließ dann die Geschäftsbanken die Beträge nennen, die die Geschäftsbanken übernehmen wollten. Dies nennt man den einen „**Mengentender**".
Die andere Möglichkeit bestand darin, daß die Bundesbank im Rahmen des Ausschreibungsverfahrens ein Angebot machte, zu welchen festen Konditionen (Menge und Mindestzins) sie Pensionsgeschäfte abwickeln wollte, was als „**Zinstender**" bezeichnet wird. Die Geschäftsbanken gaben andererseits an, zu dem welchem Zinssatz sie das Geschäft machen wollten.
Beim **Zinstender** wurden von 1988-1998 bei der Bundesbank sowohl das holländische als auch das amerikanische Verfahren praktiziert.[2]
Die Bundesbank konnte daher sehr elastisch auf die Erfordernisse des Geldmarktes reagieren.
Beabsichtigte die Bundesbank restriktiv am Geldmarkt vorzugehen, so konnte sie im Rah-

[1] Die Bundesbank betrieb daneben auf Rechnung der Emittenten auch Kurspflegeoperationen. Diese Geschäfte wurden nicht zur Offenmarktpolitik gezählt.
[2] Zu den einzelnen Verfahren vgl. S. 174 ff.

men des Zinstenderverfahrens beispielsweise die Zuteilung von Liquidität volumenmäßig gegenüber dem vorherigen Geschäft kürzen oder beim Mengentender den Zins relativ zum Geldmarktzins hoch setzen, da es sich ja um revolvierende Geschäfte handelte.

A 1.2.4 DIE LIQUIDITÄTSPOLITIK ÜBER DEN DEVISENMARKT

Die Geldpolitik der Deutschen Bundesbank wurde, wie bereits bei der Darstellung der Refinanzierungspolitik deutlich wurde, stark durch die internationale Verflechtung der Bundesrepublik bestimmt.
Dies bedeutete insbesondere, daß bei einem Währungssystem mit festen Wechselkursen eine autonome Geldpolitik nicht möglich war, wenn es nicht gelang, eine unerwünschte Ausweitung der Liquidität zu verhindern.
Ein derartiges System mit festen Paritäten existierte (de facto) bis März 1973. Es war das 1944 in Bretton Woods (USA) bei Gründung des Internationalen Währungsfonds (IWF) vereinbarte Währungssystem, weshalb es auch das **Bretton-Woods-System** genannt wird.[1]
Beim Bretton-Woods-System war die Bundesbank verpflichtet, den Wechselkurs am Devisenmarkt so zu beeinflussen, daß er sich stets innerhalb der zulässigen Bandbreiten befand. Zu diesem Zweck kaufte oder verkaufte die Bundesbank Devisen am Devisenkassamarkt, d. h. an einem Markt, wo Devisen „heute" gegen DM „heute" getauscht werden.
Versuchte nun die Deutsche Bundesbank eine restriktive Politik durch Anhebung des deutschen Zinsniveaus (Diskont- und Lombardsatz) zu betreiben, löste diese Änderung des deutschen Zinsniveaus relativ zum ausländischen Zinsniveau Geldbewegungen in Richtung Bundesrepublik aus. Die ausländischen Anleger versuchten, die Zinssatzdifferenz auszunutzen (Zinsarbitrage).
Um den festen Wechselkurs zu halten, war die Bundesbank gezwungen, Devisenguthaben in DM-Guthaben umzutauschen. Die restriktive Geldpolitik der Bundesbank konnte damit unterlaufen werden.
Die Bundesbank versuchte nun, mit Hilfe verschiedener Instrumente diese unerwünschten Effekte zu neutralisieren. Dabei reichte allerdings die Erhöhung des Mindestreservesatzes für Einlagen Gebietsfremder auf 100 % nicht aus.
Die Bundesbank entwickelte im Rahmen ihrer Geschäftspolitik zusätzliche Geschäftspraktiken über den Devisenmarkt, und zwar

- die Swappolitik,
- die Interventionen an den Devisenterminmärkten (Outright-Termingeschäfte) und

zusammen mit der Bundesregierung das konjunkturpolitische Instrument „Bardepot".

---

[1] Vgl. S. 211 ff.

Diese Instrumente wurden überwiegend zur Abwehr von Dollarguthaben eingesetzt, weshalb ihr Einsatz seit der Einführung eines flexiblen Wechselkurses gegenüber dem US-Dollar im März 1973 nicht mehr notwendig war.
Bei flexiblen Wechselkursen war die Bundesbank nicht verpflichtet, Devisen zu kaufen oder zu verkaufen, um einen Wechselkurs zu stützen, denn der Wechselkurs soll ja frei schwanken (floaten).
Dennoch kann nicht behauptet werden, daß es seit März 1973 immer einen flexiblen Wechselkurs gegenüber dem Dollar gegeben hat. Die Zentralbanken haben immer wieder versucht, heftige Kursausschläge durch ihre Interventionen zu verhindern, was dann ein „schmutziges Floaten" der Wechselkurse zur Folge hatte.
Diese Interventionen der Zentralbanken wurden oft in Form einer konzertierten Aktion vorgenommen, wobei die Zentralbanken sich sogar vertraglich zu Interventionen verpflichtet hatten, „erratische" Kurssprünge zu verhindern, wie es im Louvre-Akkord vom Februar 1987 heißt.
Damit war natürlich auch in diesem sogenannten System flexibler Wechselkurse keine völlig autonome Geldpolitik der Deutschen Bundesbank möglich.
Auch durch die Schaffung des **Europäischen Währungssystems** im Jahre 1979 wurden die geldpolitischen Möglichkeiten der Bundesbank beschränkt, da nun feste Wechselkurse mit Bandbreiten zwischen den Währungen der EWS-Mitgliedsländer vereinbart wurden.[1]
Dies führte allerdings nicht dazu, die oben erwähnten Geschäftspraktiken in alter Form zu reaktivieren, sondern zur Schaffung etwas anders ausgestalteter Geschäftspraktiken, und zwar der

- **Devisenswapgeschäfte und der**
- **Devisenpensionsgeschäfte.**

Im folgenden soll jedoch auch auf die bis 1973 verfolgten Geschäftspraktiken eingegangen werden, um den Unterschied der geldpolitischen Konzeption von 1974-1998 gegenüber der früheren deutlich zu machen:

Das **Bardepot** existierte zwar noch bis Ende 1998 als konjunkturpolitisches Instrument, wurde aber seit 1973 nicht mehr eingesetzt.
Das Bardepot war die zwangsweise Haltung von zinslosen Sichtguthaben inländischer Nichtbanken bei der Deutschen Bundesbank für im Ausland aufgenommene Darlehen. Man kann dies als eine „Mindestreservepflicht für Nichtbanken" bezeichnen.
Es handelte sich um ein gemeinsames Instrument der Bundesbank und der Bundesregierung. Das Bardepot war daher auch nicht im Bundesbankgesetz sondern im Außenwirtschaftsgesetz (AWG) geregelt, und zwar durch eine Hinzufügung des § 6a im AWG am 23.12.1971.

[1] Vgl. S. 213 ff.

Die Bundesbank konnte von der Bundesregierung ermächtigt werden, mit Zustimmung des zuständigen Bundesministers einen Bardepotsatz festzusetzen. So betrug der Depotsatz beispielsweise am 1. Juli 1972 50 %, wobei es einen Freibetrag von 500.000 DM gab. Der Einsatz dieses Instruments erfolgte von 1972 bis März 1973 zur Abwehr unerwünschter Auslandsgelder, denn die Geschäftsbanken versuchten, die Stillegung ihrer Auslandsverbindlichkeiten mit Hilfe der Mindestreservepolitik (Reservesatz 100 %) durch die Vermittlung von Auslandskrediten an die deutsche Wirtschaft zu umgehen.
Die Wirksamkeit des Instruments war insofern in Frage gestellt, als multinationale Unternehmen versuchten, die Bardepotpflicht zu unterlaufen. Da die finanziellen Transaktionen des Waren- und Dienstleistungsverkehrs und die Erhöhung des Eigenkapitals durch die ausländische Muttergesellschaft nicht der Bardepotpflicht unterlagen, wurden gerade hier Umgehungsversuche unternommen.

Die **Swappolitik** der Bundesbank begann Ende 1958 mit der Absicht, den Geschäftsbanken beim Aufbau von kurzfristigen Auslandsanlagen zu helfen. Sie wurde dann aber seit 1971 mit dem Ziel eingesetzt, den Geldreexport zu fördern, d. h. unerwünschte Devisenzuflüsse wieder ins Ausland zurückfließen zu lassen.
Die Swappolitik bestand darin, daß die Bundesbank mit deutschen Geschäftsbanken ein Swapgeschäft abschloß: Die Bundesbank verkaufte den interessierten Banken Kassadollar und nahm die Dollar gleichzeitig per Fälligkeit zurück.
Zur Förderung des Geldexports verbesserte sie die Kurssicherungskonditionen. Sie verbesserte die Zinssatzdifferenz zwischen dem Ausland und dem Inland zugunsten der Geschäftsbanken. Sie zahlte den Geschäftsbanken zur Aufbesserung der im Ausland zu erzielenden Bruttoverzinsung einen Aufschlag (Report) oder einen niedrigeren Abschlag (Deport). Eine andere Möglichkeit bestand darin, daß sie Kassadollar abgab und sie zum gleichen Preis (pari Kassa) wieder zurücknahm.
Dabei war zwischen den Swapsätzen der Deutschen Bundesbank zu unterscheiden, die sie autonom festsetzte, und den Swapsätzen, die sich an den Devisenmärkten als Differenz zwischen dem Kassa- und Terminkurs ergaben.
Liegt der Terminkurs über (unter) dem Kassakurs, so ergibt sich ein Report (Deport), je nach Zinssatzdifferenz zwischen Inland und Ausland.

Die Problematik dieser Art von Swappolitik lag darin, daß sie nur eine zeitweilige Entlastung bei Devisenzuflüssen brachte, denn nach Ablauf der Frist (3 Monate) strömten die Gelder wieder zurück. Die Swappolitik konnte außerdem dadurch unterlaufen werden, daß die Beträge vor dem Termin wieder ins Inland zurückflossen und der Bundesbank nochmals angeboten wurden (Karusselgeschäfte).

Die **Devisenswappolitik** der Bundesbank, die von 1979 bis Ende 1998 betrieben wurde, diente nur der **Feinsteuerung des Geldmarktes**.

Wollte die Bundesbank den Geschäftsbanken für eine bestimmte Zeit Zentralbankguthaben zur Verfügung stellen, dann kaufte sie im Rahmen eines Swapgeschäftes für eine bestimmte Zeit Devisenguthaben an. Hatte die Bundesbank dagegen die Absicht, den Geschäftsbanken Liquidität zu entziehen, so gab sie Devisenguthaben für eine bestimmte Zeit an die Geschäftsbanken ab und nahm sie per Termin wieder zurück.
Diese Swapgeschäfte wurden im Gegensatz zu früher zu **Marktsätzen** abgewickelt. Damit ergaben sich keine Einflüsse auf den Devisenkurs.

Neben dem Einsatz der Swappolitik versuchte die Bundesbank mit Hilfe von **Interventionen an den Devisenterminmärkten**, auch **Outright-Terminoperationen** genannt, von Ende 1968 bis März 1973 den Dollarkurs zu stützen. Diese Interventionen unterschieden sich von den Swapgeschäften dadurch, daß das Termingeschäft nicht mit einem Kassageschäft gekoppelt war.
Die Konsequenzen von Interventionen auf den Devisenterminmärkten sind schwerwiegender als die Konsequenzen einer Swappolitik:
Die Swapgeschäfte wurden nur zwischen der Bundesbank und den Geschäftsbanken abgewickelt und berührten nur den Geldverkehr. Veränderte Bedingungen an den Devisenterminmärkten dagegen berühren alle grenzüberschreitenden Zahlungsvorgänge, die mit Devisentermingeschäften zu tun haben wie die Termingeschäfte der Exporteure und der Importeure. Von dieser Form der Termingeschäfte hat die Bundesbank im März 1973 bereits Abschied genommen.

Ab 1979 betrieb die Bundesbank **Devisenpensionsgeschäfte** mit den Geschäftsbanken, mit dem **Ziel der Geldmarktsteuerung**.
Mit Hilfe dieser Geschäfte sollte die Liquidität der Geschäftsbanken vorübergehend vermindert werden.
Den Geschäftsbanken wurde bei diesem Geschäft der „Herausgabeanspruch“ auf Auslandsaktiva der Bundesbank vorübergehend übertragen. Die Bundesbank blieb allerdings Eigentümerin der Auslandsaktiva im Gegensatz zur Situation beim Devisenswapgeschäft.
Die Liquiditätswirkung beim Devisenpensionsgeschäft ist die gleiche wie bei einem Devisenswapgeschäft, bei dem Dollar für eine bestimmte Zeit an die Geschäftsbanken verkauft werden: Die Zentralbankguthaben der Geschäftsbanken nehmen für eine bestimmte Zeit ab. Beim Devisenpensionsgeschäft nahmen allerdings außerdem die Verbindlichkeiten der Bundesbank gegenüber den Geschäftsbanken zu.
Die Bundesbank hat die Devisenswap- und die Devisenpensionsgeschäfte sehr erfolgreich zu **Feinsteuerung des Geldmarktes** eingesetzt, und zwar fiel diesen Geschäftspraktiken eine Art „Pufferrolle“ zu, um unerwünschte Schwankungen der Zentralbankguthaben der Geschäftsbanken zu verhindern.

B. KEYNESIANISCHES TRANSMISSIONSMODELL

Das folgende ökonomische Modell 5.01 in Gleichungsform zeigt mit Hilfe von Funktionen und unter Berücksichtigung der Nachfrageelastizität nach Geld die Transmission vom monetären zum güterwirtschaftlichen Bereich.

Die Gleichungen (1) bis (3) sind Gleichungen des **Gütermarktes** für eine geschlossene Volkswirtschaft ohne staatliche Aktivität (in bezug auf den Staatshaushalt):
Gleichung (1) ist dabei die Definitionsgleichung. Die Gleichungen (2) und (3) sind Verhaltensgleichungen: Gleichung (2) beschreibt das Verhalten der Konsumenten (Konsumfunktion). Gleichung (3) beschreibt das Verhalten der Investoren (Investitionsfunktion) mit Hilfe einer Investitionsfunktion.
Die Gleichungen (4) bis (8) sind Gleichungen des **Geldmarktes**:
Gleichung (1) ist die Definitionsgleichung. Die Gleichung (5) ist eine Verhaltensgleichung für die Anbieter von Geld. Es wird angenommen, daß das Geldangebot autonom festgelegt werden kann. Die Gleichung (6) beschreibt das Verhalten der Geldnachfrager, wobei angenommen wird, daß sowohl Geld für Transaktionszwecke (Gleichung 7) als für Spekulationszwecke (Gleichung 8) nachgefragt wird.

Modell 5.01:

Gütermarkt:		Intervalle:
$Y = C + I$	(1)	
$C = C(Y)$	(2)	$0 < \frac{\partial C}{\partial Y} < 1$
$I = I(Y)$	(3)	$\frac{\partial I}{\partial i} < 0$
Geldmarkt:		
$M = L$	(4)	
$M = M_0$	(5)	$M_0 > 0$
$L = L_T + L_S$	(6)	
$L_T = L_T(Y)$	(7)	$\frac{\partial L_T}{\partial Y} > 0$
$L_S = L_S(i)$	(8)	$\frac{\partial L_S}{\partial i} < 0$

Zur Lösung des Modells, werden auf dem ***Gütermarkt*** die Gleichungen (2) und (3) in die Definitionsgleichung (1) eingesetzt. Es ergibt sich folgende Gleichung (1'):

$$Y = C_0 + C(Y) + I_0 + I(Y) \qquad (1')$$

Auf dem ***Geldmarkt*** werden die Gleichungen (7) und (8) in Gleichung (6) eingesetzt, so daß sich die Gesamtnachfrage nach Geld mit Gleichung (6') ergibt:

$$L = L_T(Y) + L_S(i) \qquad (6')$$

Wird nun Gleichung (5) und Gleichung (6') in Gleichung (4) eingesetzt, so erhält man Gleichung (4'):

$$M_o = L_T(Y) + L_S(i) \qquad (4')$$

Differenziert man die Gleichungen (1') und (4') total, so ergibt sich:

$$dY = \frac{\partial C}{\partial Y} dY + \frac{\partial I}{\partial i} di \qquad (1'')$$

$$dM_o = \frac{\partial L_S}{\partial i} di + \frac{\partial L_T}{\partial Y} dY \qquad (4'')$$

Gleichung (4") wird zunächst nach „di" aufgelöst und dann dieser Wert in (1") eingesetzt:

$$di = \frac{dM_o - \frac{\partial L_T}{\partial Y} dY}{\frac{\partial L_S}{\partial i}} \qquad (4''')$$

$$dY = \frac{\partial C}{\partial Y} dY + \frac{\partial I}{\partial i} \left(\frac{dM_o - \frac{\partial L_T}{\partial Y} dY}{\frac{\partial L_S}{\partial i}} \right) \qquad (1''')$$

Multipliziert man den Klammerwert in (1''') aus und faßt die Werte mit der Volkseinkommensänderung (dY) zusammen, erhält man:

$$dY - \frac{\partial C}{\partial Y} dY + \frac{\frac{\partial I}{\partial i}}{\frac{\partial L_S}{\partial i}} \frac{\partial L_T}{\partial Y} dY = \frac{\frac{\partial I}{\partial i}}{\frac{\partial L_S}{\partial i}} dM_o \qquad (1'''')$$

$$\left(1-\frac{\partial C}{\partial Y}+\frac{\frac{\partial I}{\partial i}}{\frac{\partial L_S}{\partial i}}\frac{\partial L_T}{\partial Y}\right)dY=\frac{\frac{\partial I}{\partial i}}{\frac{\partial L_S}{\partial i}}dM_o \qquad (1^{\text{`````}})$$

$$\Rightarrow \frac{dY}{dM_o}=\frac{1}{1-\frac{\partial C}{\partial Y}+\frac{\frac{\partial I}{\partial i}}{\frac{\partial L_S}{\partial i}}\frac{\partial L_T}{\partial Y}}\cdot\frac{\frac{\partial I}{\partial i}}{\frac{\partial L_S}{\partial i}}>0 \qquad (1^{\text{``````}})$$

bzw.

$$\frac{dY}{dM_o}=\frac{\frac{\partial I}{\partial i}}{\frac{\partial L_S}{\partial i}(1-\frac{\partial C}{\partial Y})+\frac{\partial I}{\partial i}\frac{\partial L_T}{\partial Y}}>0 \qquad (1^{\text{```````}})$$

Dies ist der **Geldmengenmultiplikator**, der den Zusammenhang zwischen einer Änderung der Geldmenge und dem Volkseinkommen zeigt.
Unter Berücksichtigung der Nachfrageelastizität nach Geld

$$\eta_{L,i}=\frac{\partial L_S}{\partial i}\frac{i}{L_S}$$

kann der Multiplikator durch eine Erweiterung mit dem Wert $\frac{i}{L_S}$ umgeschrieben werden:

$$\frac{dY}{dM_o}=\frac{\frac{\partial I}{\partial i}\frac{i}{L_S}}{\underbrace{\frac{\partial L_S}{\partial i}\frac{i}{L_S}}_{\eta_{L,i}}(1-\frac{\partial C}{\partial Y})+\frac{\partial I}{\partial i}\frac{\partial L_T}{\partial Y}\frac{i}{L_S}}>0 \qquad (1^{\text{````````}})$$

Betrachtet man die Konsequenzen bei der Existenz einer Liquiditätsfalle, bei der bekanntlich

$\eta_{L,i}=-\infty$ gilt, so folgt daraus, daß $\frac{\partial Y}{\partial M_o}=0$ wird.

Eine Geldmengenerhöhung führt zu keiner Zinssatzsenkung und damit zu keiner Änderung des Volkseinkommens über die Erhöhung der Investitionen.

Der andere Extremfall ist der klassisch-neoklassische Fall, bei dem keine Spekulationskasse existiert: $L_S = 0$. Daraus folgt, daß auch die Nachfrageelastizität nach Geld (in bezug auf den Zinssatz) gleich Null ist.

$$\eta_{L,i} = 0$$

Die Geldmengenmultiplikator-Gleichung reduziert sich damit auf:

$$\frac{dY}{dM_0} = \frac{1}{\frac{\partial L_T}{\partial Y}}$$

Wird eine Transaktionsfunktion vom Typ

$$L_T = k\,Y$$

unterstellt, so erhält man: $\frac{dY}{dM_0} = \frac{1}{k} = V$ oder $dY = V \cdot dM_0$

da bekanntlich der Kehrwert des Kassenhaltungskoeffizienten (k) gleich der Umlaufsgeschwindigkeit (V) ist.
Dies bedeutet, daß eine Volkseinkommenserhöhung direkt proportional zu einer Geldmengenerhöhung ist: Eine Erhöhung des realen Volkseinkommens ist allerdings nur möglich, wenn die Kapazitätsgrenzen noch nicht erreicht sind, sonst erhöht sich das Preisniveau entsprechend.

AUTOREN- BZW. NAMENSVERZEICHNIS

STICHORTVERZEICHNIS

www.ingramcontent.com/pod-product-compliance
Lightning Source LLC
LaVergne TN
LVHW010549300926
849162LV00002B/276

* 9 7 8 3 4 8 6 2 5 9 6 4 3 *